国家自然科学基金项目：海岛型旅游目的地生态补偿标准研究——以舟山市普陀区为例（编号：41301622）

山东省自然科学基金项目：基于空间尺度的海岛型旅游目的地生态补偿标准研究——以山东省长岛县为例（编号：ZR2013GQ005）

海岛型旅游目的地
生态补偿标准研究

肖建红 王敏◎著

中国社会科学出版社

图书在版编目（CIP）数据

海岛型旅游目的地生态补偿标准研究/肖建红，王敏著．—北京：
中国社会科学出版社，2016.12
ISBN 978 - 7 - 5161 - 9158 - 3

Ⅰ．①海… Ⅱ．①肖… ②王… Ⅲ．①岛—旅游业发展—生态
环境—补偿机制—研究—中国 Ⅳ．①F592.3 ②X321

中国版本图书馆 CIP 数据核字（2016）第 260567 号

出 版 人	赵剑英
责任编辑	刘晓红
责任校对	周晓东
责任印制	戴 宽

出 版	中国社会科学出版社
社 址	北京鼓楼西大街甲 158 号
邮 编	100720
网 址	http：//www.csspw.cn
发 行 部	010 - 84083685
门 市 部	010 - 84029450
经 销	新华书店及其他书店

印 刷	北京君升印刷有限公司
装 订	廊坊市广阳区广增装订厂
版 次	2016 年 12 月第 1 版
印 次	2016 年 12 月第 1 次印刷

开 本	710 × 1000 1/16
印 张	16.75
插 页	2
字 数	248 千字
定 价	62.00 元

前　言

我国是一个海洋大国，拥有面积大于 500 平方米的海岛 7300 多个，海岛陆域总面积近 80000 平方千米，海岛岸线总长 14000 千米。有舟山市和三沙市两个海岛地级市及长海县、长岛县、崇明县、嵊泗县、岱山县、定海区、普陀区、玉环县、洞头县、福州市琅岐经济开发区、平潭综合实验区、东山县、南澳县和珠海市万山海洋开发试验区（不包括台湾地区）14 个海岛县（区），191 个海岛乡（镇），全国海岛人口约 547 万人（不包括港、澳、台和海南岛）。岛屿性是一种吸引游客的特色，国际著名的旅游度假胜地大多数在海岛地区。目前，随着海洋渔业资源的持续衰退，海岛旅游产业已经成为许多岛屿经济收入的重要来源。初步统计，2013 年，到我国海岛旅游的游客超过 5200 万人次，约相当于海岛总人口的 9.5 倍以上；且游客和海岛居民 98% 以上集中在市、县和乡（镇）的中心岛上。然而，由于海岛生态环境脆弱，大量游客的涌入给当地带来了诸如水体污染、珊瑚礁破坏、渔业减产、红树林砍伐、地表植被破坏、淡水资源短缺、海水入侵、生物栖息地破坏等一系列生态环境问题，海岛旅游可持续发展正面临着严重威胁。本书以生态补偿理论与方法为基础，选取舟山市普陀区和烟台市长岛县两个典型海岛型旅游目的地为案例地，较系统地研究了海岛型旅游目的地的生态补偿标准问题。

本书以课题研究过程中发表的多篇文章为基础，对研究内容和研究方法进行了统一归纳和整理。全书分为七篇，十五章。第一篇是基础信息，包括我国海岛和海岛旅游基本概况、研究区域基本概况两章；第二篇是旅游资源价值评估，包括普陀旅游金三角旅游资源游憩价值评估和普陀旅游金三角旅游资源非使用价值评估两章；第三篇是海岛型旅游目的地生态补偿标准：一种新的方法体系构建与应用，包括海岛型旅游目的地生态补偿标准方法体系构建和海岛型旅游目的地生态补偿标准方法体系应用两章；第四篇是海岛型旅游目的地生态补偿标准：生态足迹成分法，包括长岛县渔家乐旅游发展现状、问题与对策和长岛县渔家乐旅游生态补偿标准两章；第五篇是海岛型旅游目的地生态补偿标准：生态系统服务付费制度和生态标签制度，包括生态系统服务付费制度和海洋渔业生态标签制度两章；第六篇是海岛型旅游目的地生态补偿标准：碳排放增量收费，包括舟山旅游交通及其碳排放的变化、长岛旅游交通碳排放特征和减排策略、旅游业碳排放增量生态补偿标准三章；第七篇是海岛型旅游目的地生态补偿标准：绿色发展综合方法，包括海岛旅游绿色发展生态补偿理论与方法和海岛旅游绿色发展生态补偿标准评估两章。

　　本书的研究内容和出版得到了国家自然科学基金项目（41301622）和山东省自然科学基金项目（ZR2013GQ005）的资助；项目调研过程得到了舟山市旅游委，舟山市定海区、普陀区、岱山县和嵊泗县旅游局，普陀山风景区管委会，朱家尖国际沙雕广场景区，桃花岛大佛岩景区旅游开发公司，桃花岛安期峰景区旅游开发公司，桃花岛桃花峪景区旅游开发公司，中国舟山国际水产城，半升洞码头，普陀山码头，蜈蚣峙码头，墩头码头，茅草屋码头，普陀长途客运中心，定海长途客运中心，普陀山客运公司，普陀山客运索道公司，桃花岛客运公司，舟山市环境卫生管理处，舟山市定海区、普陀区和临城新区环境卫生管理处，普陀山供电营业所；长岛县旅游局，长岛码头，长岛县南北长山岛各村渔家乐管理办公室和各村村委会，长岛县垃圾中转站及其他相关单位的支持，在此表示衷心感谢！同时，感谢张然、王忠诚、张海波、管建世、马学勇、于震、李伟、王明玉、房甜甜、刘伟、杜媛媛、李莹坤、张志刚、岳少坤、刘大放、陈宇菲、郭东蕾等研究生为问卷调查付出的努力；感谢于庆东教授和陈东景教授在研究过程中给予的帮助；感谢中国社会科学出版社的责任编辑刘晓红女士及其团队卓有成效的工作。

　　生态补偿是资源与环境经济学、生态经济学等研究的前沿领域，特别是涉及旅游领域的生态补偿相关研究才刚刚起步，本书的研究内容只是一项初步研究成果。由于作者水平有限，书中不足之处，请各位学者批评指正！

肖建红

2016 年 6 月于青岛

目　录

第三篇 海岛型旅游目的地生态补偿标准：一种新的方法体系构建与应用

第四篇 海岛型旅游目的地生态补偿标准：生态足迹成分法

第五篇　海岛型旅游目的地生态补偿标准：生态系统服务付费制度和生态标签制度

第六篇　海岛型旅游目的地生态补偿标准：碳排放增量收费

第七篇　海岛型旅游目的地生态补偿标准：绿色发展综合方法

第 一 篇

基 础 信 息

第一章 我国海岛和海岛旅游基本概况

第一节 我国海岛基本概况

一 我国海岸基本概况①

我国濒临渤海、黄海、东海、南海及台湾以东海域，跨越温带、亚热带和热带。渤海大陆海岸线从老铁山角至蓬莱角，长约 2700 千米，海域面积约 7.7×10^4 平方千米。沿海地区包括辽宁省（部分）、河北省、天津市和山东省（部分）。黄海大陆海岸线北起辽宁鸭绿江口，南至江苏启东角，大陆海岸线长约 4000 千米，海域面积约 38×10^4 平方千米。沿海地区包括辽宁省（部分）、山东省（部分）和江苏省。东海大陆海岸线北起江苏启东角，南至福建诏安铁炉港，大陆海岸线长约 5700 千米，海域面积约 77×10^4 平方千米。沿海地区包括江苏省部分地区、上海市、浙江省和福建省。南海大陆海岸线北起福建诏安铁炉港，南至广西北仑河口，大陆海岸线长约 5800 千米，海域面积约 350×10^4 平方千米。沿海地区包括广东、广西和海南三省。

二 我国海岛基本概况②

我国拥有面积大于 500 平方米的海岛 7300 多个，海岛陆域总面积近 80000 平方千米，海岛岸线总长 14000 千米。其中，渤海区、黄

---

① 中国国家海洋局：《全国海洋功能区划（2011—2020 年）》，2012 年。
② 中国国家海洋局：《全国海岛保护规划（2011—2020 年）》，2012 年。

海区、东海区和南海区海岛数量分别占我国海岛总数量的4%、5%、66%和25%；距离大陆岸线0—10千米、10—100千米和大于100千米的海岛数量分别占我国海岛总数量的70%、27%和3%。全国现有两个海岛市，14个（不包括台湾地区）海岛县（区），191个海岛乡（镇），全国海岛人口约547×10^4人（不包括港、澳、台和海南岛），其中98.50%居住在上述市、县、乡中心岛上。

（1）黄渤海区。黄渤海区划分为长山群岛及辽东沿岸区、渤海区、庙岛群岛区、环山东半岛区、江苏沿岸及辐射沙洲区五个区。黄渤海区共有海岛722个，是辽宁、河北、天津、山东、江苏等省市海洋经济发展的前沿阵地。①长山群岛及辽东沿岸区规划范围包括丹东市鸭绿江口至大连市老铁山角的毗邻海域内的所有海岛。②渤海区规划范围从大连市老铁山角起，沿辽东湾、渤海湾和莱州湾分布，至烟台蓬莱角。③庙岛群岛区规划范围包括渤海、黄海交汇处的渤海海峡内的海岛。④环山东半岛区规划范围包括从烟台市蓬莱角起延伸到鲁苏交界的绣针河口山东省管辖海域范围内的海岛。⑤江苏沿岸及辐射沙洲区规划范围包括分布于江苏沿海区域的海岛及辐射沙洲群；辐射沙洲群南北长200千米，东西宽140千米，面积约22470平方千米。

表1-1　　　　　　　　黄渤海区规划范围海岛数量　　　　　　　单位：个

区域	海岛	有居民海岛	无居民海岛
长山群岛及辽东沿岸区	194	28	166
渤海区	271	8	263
庙岛群岛区	32	10	22
环山东半岛区	210	20	190
江苏沿岸及辐射沙洲区	15	4	11
合计	722	70	652

（2）东海区。东海区划分为长江口—杭州湾区、舟山群岛区、浙中南区和福建沿岸区四个区。东海区共有海岛4265个，是我国对外经济开放的门户，对于中西部内陆地区的经济发展具有重要的辐射意

义和区位意义。①长江口—杭州湾区规划范围为长江口区域上海辖区内海岛以及上海芦潮港灯标至浙江甬江口东侧长跳嘴一线以西海域内诸岛。②舟山群岛区规划范围包括上海芦潮港灯标至浙江甬江口东侧长跳嘴一线以东的舟山市管辖区域内海岛。③浙中南区规划范围包括浙江甬江口东侧长跳嘴一线以南区域内海岛。④福建沿岸区规划范围包括福建辖区内的所有海岛。

表1-2　　　　　　　东海区规划范围海岛数量　　　　单位：个

区域	海岛	有居民海岛	无居民海岛
长江口—杭州湾区	74	4	70
舟山群岛区	1258	139	1119
浙中南区	1559	99	1460
福建沿岸区	1374	101	1273
合计	4265	343	3922

（3）南海区。南海区划分为粤东区、珠江口区、粤西区、广西北部湾区、海南岛区、西沙群岛区、中、南沙群岛区七个海区。南海区（除西、中、南沙群岛区外）共有海岛1591个，是连接东北亚—西太平洋与印度洋—中东地区的交通枢纽，具有重要的权益、安全价值。①粤东区规划范围包括自闽粤交界的大埕湾至大鹏湾东部海区内的海岛。②珠江口区规划范围包括从高栏列岛至大鹏湾海域内的海岛。③粤西区规划范围包括从黄茅海以西至粤桂交界处海域内的海岛。④广西北部湾区规划范围包括广西辖区内的所有海岛。⑤海南岛区规划范围包括海南岛及周边海域内海岛。⑥西沙群岛区规划范围包括宣德、永乐群岛等30多个岛礁，位于南海中部、海南岛的东南方。⑦中、南沙群岛区（略）。

表1-3　南海区（除西、中、南沙群岛区外）规划范围海岛数量 单位：个

区域	海岛	有居民海岛	无居民海岛
粤东区	322	12	310

续表

区域	海岛	有居民海岛	无居民海岛
珠江口区	185	14	171
粤西区	252	18	234
广西北部湾区	651	11	640
海南岛区	181	12	169
合计	1591	67	1524

第二节　我国海岛县旅游发展基本概况[①]

一　海岛县经济发展概况

我国是一个海洋大国，有舟山市和三沙市两个海岛地级市及长海县、长岛县、崇明县、嵊泗县、岱山县、定海区、普陀区、玉环县、洞头县、福州市琅岐经济开发区、平潭综合实验区、东山县、南澳县和珠海市万山海洋开发试验区（不包括台湾地区）14 个海岛县（区）。以下为部分海岛县经济发展概况：

（1）长海县经济发展概况。2014 年，长海县 GDP 为 89.3×10^8 元，其中，第一产业增加值为 50.5×10^8 元，第二产业增加值为 7.2×10^8 元，第三产业增加值为 31.6×10^8 元；按户籍人口计算，全县人均 GDP 达到 123117 元（按常住人口计算为 93347 元）。

（2）崇明县经济发展概况。2014 年，崇明县 GDP 为 272.2×10^8 元，其中，第一产业增加值为 23.4×10^8 元，第二产业增加值为

① 辽宁省长海县统计局：《2014 年长海县国民经济和社会发展统计公报》，2015 年；上海市崇明县统计局：《2014 年崇明县国民经济和社会发展统计公报》，2015 年；浙江省玉环县统计局：《2014 年玉环县国民经济和社会发展统计公报》，2015 年；浙江省洞头县统计局：《2014 年洞头县国民经济和社会发展统计公报》，2015 年；福建省平潭综合实验区统计局：《平潭综合实验区 2013 年国民经济和社会发展统计公报》，2014 年；福建省东山县统计局：《2014 年东山县国民经济和社会发展统计公报》，2015 年；广东省南澳县人民政府：《政府工作报告：南澳县第十四届人民代表大会第五次会议》，2015 年。

128.4×10^8 元，第三产业增加值为 120.4×10^8 元；2014 年，全县农村居民家庭人均可支配收入为 14910 元，城镇居民家庭人均可支配收入为 35058 元。

（3）玉环县经济发展概况。2014 年，玉环县 GDP 为 422.88×10^8 元，其中，第一产业增加值为 26.92×10^8 元，第二产业增加值为 248.84×10^8 元，第三产业增加值为 147.12×10^8 元；全县人均 GDP 为 98535 元。

（4）洞头县经济发展概况。2014 年，洞头县 GDP 为 54.56×10^8 元，其中，第一产业增加值为 4.17×10^8 元，第二产业增加值为 22.60×10^8 元，第三产业增加值为 27.79×10^8 元；按户籍人口计算，全县人均 GDP 为 41322 元。

（5）平潭综合实验区经济发展概况。2013 年，平潭综合实验区 GDP 为 155.39×10^8 元，其中，第一产业增加值为 35.32×10^8 元，第二产业增加值为 48.29×10^8 元，第三产业增加值为 71.78×10^8 元；全区人均 GDP 为 39339 元。

（6）东山县经济发展概况。2014 年，东山县 GDP 为 139.5×10^8 元，其中，第一产业增加值为 29.53×10^8 元，第二产业增加值为 67.74×10^8 元，第三产业增加值为 42.23×10^8 元；全县人均 GDP 为 64198 元。

（7）南澳县经济发展概况。2014 年，南澳县 GDP 为 14.69×10^8 元，规模以上工业增加值为 2.03×10^8 元；农业总产值为 16.16×10^8 元。

二　海岛旅游发展基本概况

海岛以其独特的自然景观，特有的海洋文化和丰富的海鲜产品等特性吸引了大量游客。目前，随着海洋渔业资源的持续衰退，海岛旅游产业已经成为许多岛屿国民收入的重要来源，这在海岛旅游业发展较早的加勒比海地区和地中海地区得到了很好的体现。初步统计（不包括港、澳、台和海南岛），2013 年，到我国海岛旅游的游客超过 5200×10^4 人次，约相当于海岛总人口的 9.5 倍以上；且游客和海岛居民 98% 以上集中在市、县和乡（镇）的中心岛上。2013 年，我国海岛县（市、区）旅游总收入与 GDP 的比值从高到低依次为（不包括台湾地区）：长岛县（41.93%）、珠海市万山海洋开发试验区（33.50%，为 2012 年数值）、洞头县（32.90%）、舟山市（32.24%）、南澳县（24.81%）、东山县（21.37%）、长海县（12.84%，为估算值）、玉环县（11.03%）、崇明县（2.50%，为旅游营业收入与 GDP 的比值）、平潭综合实验区（2.22%）、福州市琅岐经济开发区（未查阅到相关数值，根据游客量判断，其比值应该最低）。以下为部分海岛县旅游发展概况：

（1）长海县旅游发展概况。2014 年，长海县共有星级饭店七家，床位数 420 多张；全县渔家旅店 368 家，其中星级 60 家、渔家旅店床位 1.8×10^4 张；休闲游船 157 艘。2014 年，共接待上岛游客 109×10^4 人次，实现旅游综合收入 9.9×10^8 元。

（2）崇明县经济发展概况。2014 年，全县共接待游客 486.7×10^4 人次，实现营业收入 7.0×10^8 元。重点培育了自行车嘉年华、旅游节、森林音乐烧烤露营节、橘黄蟹肥节、果蔬采摘节等主题节庆活动，推出了"野趣崇明"、"活力崇明"、"舌尖上的崇明"等系列旅游产品。

（3）玉环县旅游发展概况。2014 年，全县共接待游客 520.41×10^4 人次，实现旅游业总收入 49.73×10^8 元。其中，接待国内旅游人数 520.15×10^4 人次，实现国内旅游收入 49.67×10^8 元；接待海外旅游者 2640 人次，旅游创汇 84.1×10^4 美元。全县共有旅行社 18 家，其中四星级品质旅行社四家，三星级品质旅行社一家，旅行社服务网点十家，旅游星级饭店四家，绿色旅游饭店五家，社会星级餐馆一家。

（4）洞头县旅游发展概况。通过改善旅游交通环境，完善旅游硬件设施，挖掘旅游文化内涵，加大营销力度等措施，旅游环境得到进一步优化。2014 年，全县共接待游客 398.28×10^4 人次，实现旅游社会总收入 17.99×10^8 元。

（5）平潭综合实验区旅游发展概况。2013 年，全区共接待游客 94.77×10^4 人次，实现旅游综合收入 3.45×10^8 元。2013 年年末，全区旅行社共 19 家；宾馆共有床位 6000 多张。"海峡号"实现常态化运营，累计运送旅客 21×10^4 人次。

（6）东山县旅游发展概况。2014 年，全县共接待游客 408×10^4 人次，旅游总收入 40×10^8 元。成功举办第二十三届两岸关帝文化旅游节、第四届"三岛论坛"、全国摩托车文化旅游节，组织生态论坛，开展摄影、微视频大赛以及网络话题活动。

（7）南澳县旅游发展概况。2014 年，全县共接待游客 94.3×10^4 人次，旅游综合收入 4.25×10^8 元。海滨夜市和一批宾馆酒店、乡村客栈投入经营，旅游接待能力、基础配套得到加强。组团参加广东 21 世纪海上丝绸之路国际博览会、2014 年国际（广东）旅游博览会等大型活动。

第二章　研究区域基本概况

第一节　舟山市普陀区基本概况[①]

一　舟山市普陀区经济发展概况

1. 舟山群岛基本概况

舟山群岛地处中国 18000 千米海岸线的中段，长江入海口的南面。由近 5000 个岛礁组成，是中国最大的群岛。舟山背靠上海、杭州、宁波等大中城市和长江三角洲等辽阔腹地，是长江流域和长江三角洲对外开放的海上门户和通道，与亚太新兴港口城市呈扇形辐射之势。舟山市东西长 182 千米，南北宽 169 千米，总面积 2.22×10^4 平方千米，其中海域面积 2.08×10^4 平方千米，岛礁陆地总面积 1440.12 平方千米，其中较大岛屿 1390 个。主岛舟山岛，面积 502.65 平方千米，仅次于台湾岛、海南岛、崇明岛，为我国第四大岛。2010 年第六次人口普查常住人口 112.13×10^4 人，2010 年年末户籍人口总数 967710 人，人口密度 672 人/平方千米。舟山渔场是世界著名的渔场之一，与千岛渔场、纽芬兰渔场、秘鲁渔场齐名为世界四大渔场，素有"东海鱼仓"和"祖国渔都"之美誉。舟山渔场面积达 10.6×10^4 平方千米，外侧是浩瀚的东海渔场，大陆架渔场面积

---

① 舟山市统计局：《舟山统计年鉴》，中国统计出版社 2002—2014 年版；舟山市旅游委：《畅游舟山》，http：//www.zstour.gov.cn/；舟山市旅游委：《统计分析》，http：//www.zstour.gov.cn/。

为 57.29×10^4 平方千米，拥有各种鱼类 360 多种，虾类 60 种，蟹类 55 种，贝类 100 多种，藻类 131 种。沈家门渔港与秘鲁的卡亚俄港、挪威的卑尔根港并称为世界三大渔港，是我国最大的渔港和鱼货集散地，海水鱼年产量约占全国的 1/10，商品鱼占了全国的 1/2，在全国排名第一，素有"渔都"之称。

2. 舟山市普陀区经济发展概况

舟山市普陀区经济发展基础数据如表 2-1 所示。

表 2-1 　　　　　　　　舟山市普陀区历年经济总量　　　　　单位：10^4 元

年份	国内生产总值（当年价格）	第一产业增加值	第二产业增加值	#工业增加值	第三产业增加值	人均国内生产总值（元）
2001	420171	127991	145694	123397	146486	—
2002	470877	122863	171835	146459	176179	14540
2003	547496	122347	215193	185199	209956	16973
2004	679793	141853	279278	230088	258662	21200
2005	866500	152900	334800	283300	378800	27130
2006	1042897	167178	425302	361878	450417	32713
2007	1279578	177164	554412	473243	548002	40087
2008	1523000	194000	709800	605800	619300	47554
2009	1698780	205579	750192	614985	743009	52921
2010	2024117	250199	888860	712506	885058	62997
2011	2472578	302601	1091622	867982	1078355	76954
2012	2740247	331967	1174258	939635	1234022	85038
2013	3000078	377322	1258952	1011646	1363803	93007

注：#表示"其中"。

二　舟山市普陀区旅游发展概况

1. 舟山市普陀区核心景区概况

浙江省舟山市（浙江舟山群岛新区）包括定海区、普陀区、岱山县和嵊泗县四个海岛县（区），共有大小岛屿 1390 个，现有住人岛屿 140 个。舟山市是我国海岛旅游发展最成功的地方，其旅游资源的核心区域主要位于普陀区，包括"海天佛国"普陀山（国家 5A 级景区）、"沙雕故乡"朱家尖（国家 4A 级景区）、"金庸笔下"桃花岛（国家 4A 级景区）和"东方渔都"沈家门。2014 年，舟山市国内外游客量 3397.96×10^4 人次，其中普陀山游客量 625.56×10^4 人次，朱家尖游客量 482.01×10^4 人次，桃花岛游客量 207.73×10^4 人次，沈家门游客量 439.45×10^4 人次；2014 年，舟山市旅游总收入 338.44×10^8 元，其中普陀山旅游总收入 44.43×10^8 元，朱家尖旅游总收入 34.71×10^8 元，桃花岛旅游总收入 12.88×10^8 元，沈家门旅游总收入 43.95×10^8 元。

2. 普陀山和普陀区游客量及旅游收入

普陀山游客量和游客量变化如图 2 - 1 和图 2 - 2 所示；普陀区旅游经济相关数据如表 2 - 2 所示。

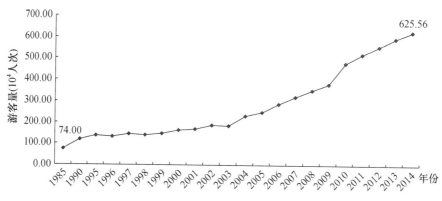

图 2 - 1　普陀山历年游客量

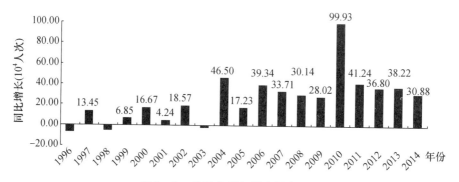

图 2 - 2　普陀山历年游客量变化

表 2 - 2　　　　　　　　　普陀区旅游经济相关数据

年份	相关数据	普陀山	普陀区	#朱家尖	#沈家门	#桃花岛
2010	游客量（10^4 人次）	478.42	899.69	309.50	224.57	136.13
	#海外旅游者（人次）	53133	110340	45977	64363	—
	旅游总收入（10^8 元）	26.81	62.657	—	—	—
2011	游客量（10^4 人次）	519.66	1027.07	346.58	257.43	153.55
	#海外旅游者（人次）	46224	124000	52344	71656	—
	旅游总收入（10^8 元）	34.53	98.42	—	—	—
2012	游客量（10^4 人次）	556.46	1135.00	388.61	288.05	170.59
	#海外旅游者（人次）	48678	136412	58453	77959	—
	旅游总收入（10^8 元）	38.01	112	—	—	—
2013	游客量（10^4 人次）	594.68	1267.28	427.80	312.52	188.16
	#海外旅游者（人次）	45164	144912	63637	81275	—
	旅游总收入（10^8 元）	41.1	123	—	—	—
2014	游客量（10^4 人次）	625.56	1450.65	482.01	439.45	207.73
	#海外旅游者（人次）	44438	148295	65823	82472	—
	旅游总收入（10^8 元）	44.43	142.76	34.71	43.95	12.88

注：#表示"其中"。

第二节　烟台市长岛县基本概况①

一　烟台市长岛县经济发展概况

长岛县经济发展基础数据如表 2 - 3 所示。

表 2 - 3　　　　　　　　长岛县历年经济总量　　　　　　单位：10^4 元

年份	国内生产总值（当年价格）	第一产业增加值	第二产业增加值	#工业增加值	第三产业增加值	人均国内生产总值（元）
2004	166276	89785	17307	12049	59184	37382
2005	208583	113260	23943	18862	71380	47731

①　山东省长岛县统计局：《长岛县国民经济主要统计数据》，2004—2014 年；山东省长岛县统计局：《长岛县国民经济和社会发展统计公报》，2004—2014 年。

年份	国内生产总值（当年价格）	第一产业增加值	第二产业增加值	#工业增加值	第三产业增加值	人均国内生产总值（元）
2006	242082	133979	29272	23928	78832	55908
2007	290373	160813	33461	28013	96099	67248
2008	331717	196209	40954	31719	94554	77029
2009	392726	240005	44317	34013	108440	91046
2010	500160	298868	50725	36942	150567	116036
2011	554572	330694	49165	35383	174713	128844
2012	615599	364797	54000	37742	196802	143493
2013	646364	373363	57298	39300	215703	150734

注：#表示"其中"。

二 烟台市长岛县旅游发展概况

1. 山东半岛蓝色经济区海岛旅游概况

山东半岛蓝色经济区（以下简称蓝色经济区）共有面积大于 500 平方米的海岛 276 个，其中有居民海岛 32 个，包括一个县级海岛（长岛县）、八个乡级海岛和 23 个村级海岛，长岛国际旅游休闲度假区、养马岛、刘公岛、田横岛、灵山岛等海岛旅游经济发展得较好。在 2013 年年底获山东省政府批复并开始实施的《山东省海岛保护规划（2012—2020 年）》中，将蓝色经济区 19 个有居民海岛规划为以旅游娱乐为主导的优化开发区域，将 26 个无居民海岛规划为旅游娱乐用途的海岛。

2. 长岛县旅游发展概况

山东省烟台市长岛县（庙岛群岛），是山东省唯一的海岛县；岛陆面积 56 平方千米，海域面积 8700 平方千米，海岸线 146 千米。长岛县由 32 个岛屿组成，其中有居民岛 10 个；辖八个乡（镇、街道），40 个行政村（居委会），总人口 4.3×10^4 人。长岛县是除舟山群岛之外，在我国海岛旅游发展最成功的海岛县；同时也是我国渔家乐发展最好和发展规模最大的地方。长岛县目前主要有九丈崖、月牙湾、望夫礁、仙境源、烽山、林海等景区（统称为长岛景区），位于南北长山岛；同时在县旅游局注册的渔家乐也主要分布在南北长山岛的黑石嘴村、店子村等 13 个村。长岛县旅游经济相关数据如表 2 - 4 所示。

表 2 - 4 长岛县旅游经济相关数据

年份	游客量 （10^4 人次）	旅游门票 收入 （10^4 元）	旅游总 收入 （10^8 元）	年份	游客量 （10^4 人次）	旅游门票 收入 （10^4 元）	旅游总 收入 （10^8 元）
2004	105.0	—	—	2009	170.0	5150	—
2005	115.0	2500	—	2010	200.0	5825	11.2
2006	128.0	2820	6.8	2011	180.9	5327	15.1
2007	146.0	3200	4.5	2012	242.0	7000	20.3
2008	150.0	4340	6.9	2013	275.0	7450	27.1

第 二 篇

旅游资源价值评估

第三章　普陀旅游金三角旅游资源游憩价值评估

第一节　TCM 简介

游憩资源旅游价值评估一直是资源与环境经济领域研究的热点和难点，对旅游资源价值进行货币化评估是制定景区门票价格、分析景区旅游资源开发投资的成本—收益、制定景区旅游可持续发展科学决策等的重要依据，旅行费用法（Travel Cost Method，TCM）是目前主要的游憩价值评价方法。[①] 1947 年，Hotelling 首次提出了 TCM 的设想；1966 年，Clawson 和 Knetsch 构建了第一个 TCM 模型。[②] 20 世纪 80 年代后，TCM 在国外得到了快速发展[③]，被广泛应用于森林、自然

---

① 刘滨谊等：《旅游资源资本化的机制和方法》，《长江流域资源与环境》2009 年第 9 期；Baerenklau K. A. , et al. , "Spatial Allocation of Forest Recreation Value", *Journal of Forest Economics*, Vol. 16, 2010, pp. 113 – 126.

② Clawson M. , et al. , *The Economics of Outdoor Recreation*, John's Hopkins Press, 1966.

③ Mary J. K. , et al. , "Theoretical and Empirical Specifications Issues in Travel Cost Demand Studies", *American Journal of Agricultural Economies*, Vol. 68, 1986, pp. 660 – 667; Willis K. G. , et al. , "An Individual Travel – cost Method of Evaluating Forest Recreation", *Journal of Agricultural Economics*, Vol. 42, 1991, pp. 33 – 42; Fix P. , et al. , "The Economics Benefits of Mountain Biking at One of Its Meccas: An Application of the Travel Cost Method to Mountain Biking in Moab, Utah", *Journal of Leisure Research*, Vol. 29, 1997, pp. 342 – 352.

保护区、公园、湿地、水库等休闲娱乐场所的游憩价值评估。[1] 其中，较为典型的研究成果有西班牙文化遗产价值评估、日本佐贺市公共公园休闲娱乐价值评估、澳洲弗雷泽岛麦肯席湖游憩价值评估、土耳其曼亚斯湖国家公园观鸟价值评估、欧洲森林游憩价值评估、西班牙多南那自然保护区文化服务价值评估、西班牙马略卡岛森林游憩价值评估、澳大利亚大堡礁垂钓价值评估等。[2] 国外关于 TCM 应用的研究领域正在逐步拓展，关于 TCM 模型的研究逐渐成熟。20 世纪 90 年代，TCM 引入我国。[3] 其中较为典型的研究成果有敦煌旅游价值评估、九寨沟自然保护区游憩资源价值评估、黄山风景区游憩价值评估、武夷山景区游憩资源旅游价值评估、武汉东湖风景区游憩价值评估、大连

---

① Liston – Heyes C. , et al. , "Recreational Benefits from the Dartmoor National Park", *Journal of Environmental Management*, Vol. 55, 1999, pp. 69 – 80; Ward F. A. , et al. , *Valuing Nature with Travel Cost Model*, Edward Elgar Publishing, 2000; Scarpa R. , et al. , "Valuing the Recreational Benefits from the Creation of Nature Reserves in Irish Forests", *Ecological Economics*, Vol. 33, 2000, pp. 237 – 250; Shrestha R. K. , et al. , "Value of Recreational Fishing in the Brazilian Pantanal: A Travel Cost Analysis Using Count Data Models", *Ecological Economics*, Vol. 42, 2002, pp. 289 – 299.

② Bedate A. , et al. , "Economic Valuation of the Cultural Heritage: Application to Four Case Studies in Spain", *Journal of Cultural Heritage*, Vol. 5, 2004, pp. 101 – 111; Iamtrakul P. , et al. , "Public Park Valuation Using Travel Cost Method", *Proceedings of the Eastern Asia Society for Transportation Studies*, Vol. 5, 2005, pp. 1249 – 1264; Fleming C. M. , "The Recreational Value of Lake McKenzie, Fraser Island: An Application of the Travel Cost Method", *Tourism Management*, Vol. 29, 2008, pp. 1197 – 1205; Gürlük S. , et al. , "A Travel Cost Study to Estimate Recreational Value for a Bird Refuge at Lake Manyas, Turkey", *Journal of Environmental Management*, Vol. 88, 2008, pp. 1350 – 1360; Zandersen M. , et al. , "A Meta – analysis of Forest Recreation Values in Europe", *Journal of Forest Economics*, Vol. 15, 2009, pp. 109 – 130; Martín – López B. , et al. , "Effects of Spatial and Temporal Scales on Cultural Services Valuation", *Journal of Environmental Management*, Vol. 90, 2009, pp. 1050 – 1059; Bestard A. B. , et al. , "Estimating the Aggregate Value of Forest Recreation in a Regional Context", *Journal of Forest Economics*, Vol. 16, 2010, pp. 205 – 216; Prayaga P. , et al. , "The Value of Recreational Fishing in the Great Barrier Reef, Australia: A Pooled Revealed Preference and Contingent Behavior Model", *Marine Policy*, Vol. 34, 2010, pp. 244 – 251.

③ 吴楚材等:《张家界国家森林公园游憩效益经济评价的研究》,《林业科学》1992 年第 5 期;薛达元等:《长白山自然保护区生物多样性旅游价值评估研究》,《自然资源学报》1999 年第 2 期。

星海公园游憩价值评估、青岛滨海游憩资源价值评估等。① 国内关于
TCM 应用的研究逐渐增多。

　　TCM 发展至今，主要有三种基本模型，即分区模型（Zonal Travel
Cost Method, ZTCM）、个人模型（Individual Travel Cost Method, ITCM）
和随机效用模型（Random Utility Method, RUM）。在国内，有关 TCM
模型本身的研究成果非常少，目前只有李巍和李文军提出的旅行费用
区间分析法（Travel Cost Interval Analysis, TCIA）②；有关 TCM 领域的
研究主要集中在对单一模型（主要是 ZTCM 或 ITCM）的应用研究上，
特别是关于 ZTCM 的应用研究。本书拟运用 ZTCM 和 TCIA 两种模型
对舟山普陀旅游金三角游憩价值进行评估。

第二节　研究方法

一　分区旅行费用法和旅行费用区间分析法

　　ZTCM 是旅行费用法最早发展起来的模型，它依据游客的常住地
划分出游小区，计算出游小区的旅游率，并以此为基础建立旅游率与
各小区到旅游目的地的平均旅行费用、社会经济特征向量和小区旅游
者替代旅游地特征向量的函数关系，其主要步骤分为：①旅游目的地
游客调查；②游客出游小区划分；③核算每个出游小区的平均旅行费
用；④旅游率与相关变量的回归分析；⑤拟合旅游需求曲线，核算总

---

　　① 郭剑英等：《旅游资源的旅游价值评估——以敦煌为例》，《自然资源学报》2004 年
第 6 期；张茵等：《基于分区的多目的地 TCM 模型及其在游憩资源价值评估中的应用——以
九寨沟自然保护区为例》，《自然资源学报》2004 年第 5 期；谢贤政等：《应用旅行费用法
评估黄山风景区游憩价值》，《资源科学》2006 年第 3 期；许丽忠等：《熵权多目的地 TCM
模型及其在游憩资源旅游价值评估中的应用——以武夷山景区为例》，《自然资源学报》
2007 年第 1 期；谢双玉等：《旅行费用区间分析法和分区旅行费用法的比较及应用》，《旅游
学刊》2008 年第 2 期；赵玲等：《ITCM 在我国游憩价值评估中的应用及改进》，《旅游学
刊》2009 年第 3 期；李京梅等：《基于旅行费用法和意愿调查法的青岛滨海游憩资源价值评
估》，《旅游科学》2010 年第 4 期。
　　② 李巍等：《用改进的旅行费用法评估九寨沟的游憩价值》，《北京大学学报》（自然
科学版）2003 年第 4 期。

消费者剩余；⑥计算旅游目的地游憩价值。

TCIA 是对 ZTCM 的改进，其基本思想是[①]：假设有一个总样本为 N 的游客样本集合，按旅行费用将游客分配在不同区间，$[TC_0, TC_1]$，$[TC_1, TC_2]$，…，$[TC_i, TC_{i+1}]$，…，$[TC_{n-1}, TC_n]$，$[TC_n, +\infty]$，共 $n+1$ 个集合，每个集合的旅客数分别为 N_0，N_1，…，N_i，…，N_n，$N = \sum N_i (0 \leqslant i \leqslant n)$。可以做如下假设，第 i 个集合的每个游客都愿意在旅行费用等于 TC_i 时进行一次旅游；显然在旅行费用等于 TC_i 时愿意进行本次旅游的游客数目不仅仅是 N_i，还包括那些愿意支付更高费用的游客，因此在旅行费用为 TC_i 时样本游客的旅游需求为 $M_i = \sum N_j (i \leqslant j \leqslant n)$；取 $Q_i = M_i/N$，定义 Q_i 是每个游客在旅行费用为 TC_i 时的意愿旅游需求。对 TC_i 和 Q_i 进行回归拟合得到游客个人的意愿需求曲线为 $Q = Q(TC)$，则第 i 个区间每位游客的消费者剩余（Sample Consumer Surplus，SCS）为 $SCS_i = \int_{TC_i}^{+\infty} Q(TC) d(TC)$，样本总的消费者剩余为 $SCS = \sum_{i=0}^{n} N_i \times SCS_i$；旅游景点的游憩价值（Recreation Value，RV）为 $RV = [(SCS + STC)/SN] \times TTN$，其中 STC、SN 和 TTN 分别为样本游客的旅行费用（Sample Travel Cost，STC）、样本数（Sample Number，SN）和游客总人数（Total Tourist Number，TTN）。

二　问卷调查

为了收集相关数据，设计了旅行费用调查问卷，在舟山普陀长途汽车站进行了预调查，发现并修改了问卷初稿中的问题，最终确定的正式调查问卷内容包括：游客的客源地、乘坐的主要交通工具、中转城市、购买纪念品和海鲜产品的花费、在旅游目的地的停留时间、住宿费用、餐饮费用、景区门票、景区内（景区间）交通费用等。调查采用面对面的形式，调查时间为 2009 年 8 月 18 日至 27 日。共发放

① 谢双玉等：《旅行费用区间分析法和分区旅行费用法的比较及应用》，《旅游学刊》2008 年第 2 期；李巍等：《用改进的旅行费用法评估九寨沟的游憩价值》，《北京大学学报》（自然科学版）2003 年第 4 期；郝伟罡等：《自然保护区游憩价值评估的分组旅行费用区间分析法》，《旅游学刊》2007 年第 7 期；查爱萍等：《旅行费用法若干问题研究》，《旅游学刊》2010 年第 1 期。

调查问卷571份，回收有效问卷537份，有效率94.05%。

本书通过问卷直接调查游客在普陀金三角购买旅游商品和海产品的费用、住宿费用、餐饮费用、购买门票及景区内交通费用，避免了这些旅行费用多目的地分摊问题；同时，通过实地调研、问卷调查、游客访谈和相关部门访谈得知，普陀金三角的旅游景点较多，游客在这里平均停留2.21天，再加上往返交通的时间，到达普陀金三角旅游的多目的地游客较少。所以，交通费用和旅行时间机会成本也近似认为不存在多目的地费用分摊问题。

三　旅行费用计算公式

1. ZTCM 旅行费用计算公式

ZTCM 旅行费用按照游客出游小区分别进行计算，其各项旅行费用的基础数据均通过问卷调查获得，计算公式为：

$$TC^n = \overline{TC^n_{transport}} + \sum_i \overline{TC^{ni}_{accommodation}} + \sum_i \overline{TC^{ni}_{food}} + \sum_i \overline{TC^{ni}_{visiting}} +$$
$$\sum_i \overline{TC^{ni}_{shopping1}} + \sum_i \overline{TC^{ni}_{shopping2}} + \overline{TC^n_{time}} \qquad (3-1)$$

式（3-1）中，TC^n 为第 n 小区游客的旅行费用；$TC^n_{transport}$ 为第 n 小区游客样本的交通费用；$\sum_i \overline{TC^{ni}_{accommodation}}$ 为第 n 小区游客样本住宿费用的均值；$\sum_i \overline{TC^{ni}_{food}}$ 为第 n 小区游客样本餐饮费用的均值；$\sum_i \overline{TC^{ni}_{visiting}}$ 为第 n 小区游客样本景区门票和景区内（景区间）交通费用的均值；$\sum_i \overline{TC^{ni}_{shopping1}}$ 和 $\sum_i \overline{TC^{ni}_{shopping2}}$ 分别为第 n 小区游客样本购买旅游纪念品和海鲜产品费用的均值；$\overline{TC^n_{time}}$ 为第 n 小区游客样本的时间机会成本。

到达舟山普陀金三角旅游通常需要乘坐两种或两种以上的交通工具，且许多游客要在附近的中心城市中转。本书旅行交通费用和旅行交通时间是根据问卷调查获得的游客乘坐不同交通工具、不同中转城市的比例，通过对不同交通工具、交通费用（或交通时间）加权计算得出，其计算公式分别为：

$$\overline{TC^n_{transport}} = \sum_k (\alpha^n_k \times Z^n_k \times C^n_k) \qquad (3-2)$$

$$\overline{T^n_{time1}} = \sum_k (\alpha^n_k \times Z^n_k \times 2T^n_k) \qquad (3-3)$$

式（3-2）、式（3-3）中，k 为游客乘坐主要交通工具的类型（汽车、火车或飞机）；α_k^n 为第 n 小区游客样本选择第 k 种交通工具的比例；Z_k^n 为第 n 小区游客样本乘坐第 k 种交通工具的中转城市；C_k^n 为第 n 小区游客样本乘坐第 k 种交通工具的费用（元）；$\overline{T_{time1}^n}$ 为第 n 小区游客样本旅行往返交通的时间（小时）；T_k^n 为第 n 小区游客样本乘坐第 k 种交通工具的时间（小时）。

旅行时间机会成本的计算公式为：

$$\overline{TC_{time}^n} = \frac{1}{3} \times (DI^n/250) \times \left[(\overline{T_{time1}^n} + \overline{\sum_i T_{time2}^{ni}})/24 \right] \quad (3-4)$$

式（3-4）中，DI^n 为第 n 小区的可支配收入（元）；$\overline{\sum_i T_{time2}^{ni}}$ 为第 n 小区游客样本在舟山普陀旅游金三角停留的时间均值；每年工作日按照 250 天计算，时间的机会成本按照正常工作日工资的 1/3 进行折算。

2. TCIA 旅行费用计算公式

TCIA 旅行费用按照每个游客样本分别进行计算，其各项旅行费用的基础数据均通过问卷调查获得，计算公式为：

$$TC^{ni} = \overline{TC_{transport}^n} + TC_{accommodation}^{ni} + TC_{food}^{ni} + TC_{visiting}^{ni} + TC_{shopping1}^{ni} + TC_{shopping2}^{ni} + \overline{TC_{time}^n} \quad (3-5)$$

式（3-5）中，TC^{ni} 为第 n 小区第 i 位游客的旅行费用；$\overline{TC_{transport}^n}$ 的含义同式（3-1）和式（3-2）；$TC_{accommodation}^{ni}$ 为第 n 小区第 i 位游客样本的住宿费用；TC_{food}^{ni} 为第 n 小区第 i 位游客样本的餐饮费用；$TC_{visiting}^{ni}$ 为第 n 小区第 i 位游客样本的景区门票和景区内（景区间）交通费用；$TC_{shopping1}^{ni}$ 和 $TC_{shopping2}^{ni}$ 分别为第 n 小区第 i 位游客样本购买旅游纪念品和海产品费用；$\overline{TC_{time}^n}$ 的含义同式（3-1）和式（3-4）。

第三节　游憩价值评估

一　ZTCM 评估

1. 旅游率和旅行费用

参照 ZTCM 的步骤，依据游客调查样本的区域分布及各省市

（区）的地理位置，将游客出游小区划分为22个区（新疆、西藏、青海和海南四省区没有调查样本，以0计）。计算各出游小区的旅游率（见表3-1），并用式（3-1）至式（3-4）计算各出游小区的各项旅行费用（见表3-2）。

表3-1　　　　　　　　　　旅游率

分区	样本数（份）	比例（%）	总人口（万人）	万人旅游率	万人旅游率对数	可支配收入（元/a）	a^n
杭州	70	13.04	677.64	664.27	2.82234	23534.00	3.963365
宁波	56	10.43	568.09	633.90	2.80202	25196.00	3.685979
金华	34	6.33	461.41	473.85	2.67564	25058.00	4.087657
温州	20	3.72	771.99	166.60	2.22167	22851.00	3.924841
舟山	9	1.68	96.77	598.07	2.77675	22257.00	3.314133
绍兴	18	3.35	437.06	264.84	2.42298	24646.00	3.526478
台州	15	2.79	574.06	168.03	2.22539	22738.00	3.865210
浙江其他地市	7	1.30	1100.85	40.89	1.61162	19966.00	2.650481
上海	58	10.80	1888.00	197.55	2.29568	26674.90	3.908199
江苏	48	8.94	7677.00	40.21	1.60433	18679.52	3.239641
福建	29	5.40	3604.00	51.74	1.71383	17961.45	3.743113
安徽	36	6.70	6135.00	37.73	1.57669	12990.35	3.357767
河南	23	4.28	9429.00	15.69	1.19562	13231.11	3.079500
广东	10	1.86	9544.00	6.74	0.82866	19732.86	3.723720
山东	19	3.54	9417.00	12.97	1.11294	16305.41	3.198218
江西	19	3.54	4400.00	27.77	1.44358	12866.44	3.315592
湖北	17	3.17	5711.00	19.14	1.28194	13152.86	3.231808
湖南	13	2.42	6380.00	13.10	1.11727	13821.16	3.169328
黑吉辽	8	1.49	10874.00	4.73	0.67486	12934.47	3.511037
京津冀	11	2.05	9860.00	7.17	0.85552	19196.17	3.345039
陕甘宁晋蒙	8	1.49	12833.00	4.01	0.60314	12862.09	3.765000
滇川渝黔桂	9	1.68	24129.00	2.40	0.38021	13231.19	3.135795

表 3 - 2　　　　　　　　　　旅行费用　　　　　　　　　单位：元

分区	购买旅游商品	购买海产品	时间机会成本	住宿	饮食	购买门票及景区内交通费用	交通	总费用	消费者剩余
杭州	36	17	116	193	200	302	170	1034	185249579
宁波	43	18	77	149	161	277	76	801	131054424
金华	67	45	110	234	256	338	229	1279	50596438
温州	100	44	97	274	338	434	256	1543	22769900
舟山	26	19	49	79	96	212	6	487	43113842
绍兴	61	8	98	186	220	275	152	1000	37362066
台州	90	43	123	313	351	359	206	1485	86010147
浙江其他地市	47	24	88	99	124	323	236	941	17712120
上海	73	41	190	248	282	377	250	1461	150312684
江苏	68	34	117	250	262	394	356	1481	99645268
福建	80	53	103	254	316	424	608	1838	74355725
安徽	68	28	125	261	281	354	496	1613	91970494
河南	49	40	126	207	210	348	726	1706	46695707
广东	154	28	238	303	410	507	982	2622	25304539
山东	85	26	128	222	256	400	772	1889	48050922
江西	117	45	131	191	277	435	500	1696	48068213
湖北	62	41	110	255	288	330	680	1766	43001408
湖南	75	34	139	212	259	374	766	1859	32878428
黑吉辽	69	37	150	275	331	350	1357	2569	27814014
京津冀	112	42	212	299	266	386	938	2255	20237367
陕甘宁晋蒙	75	43	188	375	381	634	1168	2864	22782292
滇川渝黔桂	101	56	175	327	337	395	1105	2496	20246699

2. 游憩价值

分区旅行费用法通常需要建立旅游率与旅行费用及划分小区社会

经济特征（包括文化程度、收入、总人口、旅行时间等）的多元回归方程，但是这种做法需要注意以下问题：①旅行时间长短与旅行费用多少密切相关，且旅行费用中已包含旅行时间的机会成本，同时考虑两者会存在共线性问题。②总人口是绝对量，旅游率是相对量，总人口多不一定旅游率就高。③文化程度高低与收入水平相关，同时考虑两者会存在共线性问题；同时，到达旅游目的地的短途游客通常占有较大比例，其旅游率较高；距离较远的出游小区即使其文化程度和收入水平较高、总人口较多，其旅游率相对也会较低；所以，考虑文化程度、收入和总人口等因素需要结合所研究的旅游目的地实际情况谨慎行事。例如，本书若考虑旅行费用、可支配收入、总人口、旅行时间等多因素的情况，得出旅行费用和旅行时间对旅游率影响最大；但是，通过回归分析发现旅行费用与旅行时间存在显著相关性，这种共线性的干扰会降低评估结果的准确性。基于以上原因，本书只考虑旅游率与旅行费用的关系，旅游率—旅行费用回归模型为：

$$\lg v = 3.488440 - 0.001104 TC$$
$$R^2 = 0.783342 \tag{3-6}$$

式（3-6）中，v 为万人旅游率；TC 为旅行费用（Travel Cost, TC）。

所以，各出游小区万人旅游率对数与旅行成本的方程为：

$$\lg v^n = a^n - 0.001104 TC^n \tag{3-7}$$

各出游小区的 a^n 值见表 3-1，通过追加旅行费用求出每个出游小区对应的旅游人次数，运用多种模型拟合每个出游小区增加旅行费用与增加旅行费用对应的人次数，得出指数形式的回归方程最佳。例如杭州市的表达式为：

$$TN^h = 478129.163407 \times e^{-0.002581 \times \Delta TC^h}$$
$$R^2 = 0.9987 \tag{3-8}$$

式（3-8）中，TN^h 为杭州市增加旅行费用对应的旅游人次数（Tourist Number, TN）；ΔTC^h 为杭州市增加的旅行费用。

通过式（3-8）可以求出杭州市的消费者剩余，其他出游小区求法相同，结果见表 3-2（这里也可以用增加旅行费用与增加旅行费用对应的各个小区旅游人次数之和建立需求曲线，求出的总消费者剩余结果为 13.59×10^8，与分小区求消费者剩余结果相近，但计算方法相对简化很多）。最后，可以求出总的消费者剩余、总的旅行费用及游憩价值，具体过程如下：

$$TCS^h = \int_0^{+\infty} (478129.163407 \times e^{-0.002581 \times \Delta TC^h}) \mathrm{d}(\Delta TC^h) = 185249579 \tag{3-9}$$

$$TCS = \sum TCS^n = 13.25 \times 10^8 \tag{3-10}$$

$$TTC = \sum TC^n \times TN^n = 50.71 \times 10^8 \tag{3-11}$$

$$RV = TCS + TTC = 63.96 \times 10^8 \tag{3-12}$$

式（3-9）至（3-12）中，TCS^h 为杭州市的消费者剩余，ΔTC^h 为杭州市增加的旅行费用；TCS^n 为第 n 个出游小区的消费者剩余；TCS 为总的消费者剩余（Total Consumer Surplus，TCS），TC^n 为第 n 个出游小区的旅行费用；TTC 为总的旅行费用（Total Travel Cost，TTC）；TN^n 为第 n 个出游小区的旅游人次数；RV 为游憩价值（Recreation Value，RV）。

二　TCIA 评估

参照 TCIA 的基本思想，利用式（3-2）至式（3-5）计算游客样本的旅行费用；并对旅行费用进行分区处理，分别计算 N_i、M_i 和 Q_i 的值（见表3-3）。用 Q_i 作为因变量，TC_i 作为自变量，进行回归拟合，得到单个游客对普陀金三角的意愿旅游需求曲线，进而可以求出样本的消费者剩余和游憩价值。具体过程如下：

$$\ln Q = 0.90704 - 0.00146 \times TC$$
$$R^2 = 0.9708 \tag{3-13}$$

$$SCS = \sum N_i \times SCS_i = \sum \left[N_i \times \int_{TC_i}^{+\infty} e^{0.90704 - 0.00146 \times TC} \mathrm{d}(TC) \right] = 166879 \tag{3-14}$$

$$STC = \sum TC_j = 785485 \tag{3-15}$$

$$TCS = (SCS/SN) \times TTN = 10.73 \times 10^8 \tag{3-16}$$

$$TTC = (STC/SN) \times TTN = 50.51 \times 10^8 \tag{3-17}$$

$$RV = TCS + TTC = 61.24 \times 10^8 \tag{3-18}$$

式（3-14）至式（3-18）中，SCS 为消费者剩余（Sample Consumer Surplus，SCS）；STC 为游客样本直接支付旅行费用（Sample Travel Cost，STC）；SN 为样本游客数（Sample Number，SN），TTN 为 2008 年游客总人次数（Total Tourist Number，TTN）。

表 3-3 样本分段结果

$[TC_i, TC_{i+1})$/元	N_i	M_i	Q_i	$[TC_i, TC_{i+1})$/元	N_i	M_i	Q_i
[0—100)	0	537	1.00000	[2300—2400)	12	62	0.11546
[100—200)	1	537	1.00000	[2400—2500)	6	50	0.09311
[200—300)	2	536	0.99814	[2500—2600)	8	44	0.08194
[300—400)	2	534	0.99441	[2600—2700)	5	36	0.06704
[400—500)	10	532	0.99069	[2700—2800)	6	31	0.05773
[500—600)	15	522	0.97207	[2800—2900)	5	25	0.04655
[600—700)	14	507	0.94413	[2900—3000)	4	20	0.03724
[700—800)	25	493	0.91806	[3000—3100)	2	16	0.02980
[800—900)	39	468	0.87151	[3100—3200)	3	14	0.02607
[900—1000)	36	429	0.79888	[3200—3300)	1	11	0.02048
[1000—1100)	41	393	0.73184	[3300—3400)	3	10	0.01862
[1100—1200)	38	352	0.65549	[3400—3500)	2	7	0.01304
[1200—1300)	40	314	0.58473	[3500—3600)	0	5	0.00931
[1300—1400)	33	274	0.51024	[3600—3700)	1	5	0.00931
[1400—1500)	18	241	0.44879	[3700—3800)	0	4	0.00745
[1500—1600)	25	223	0.41527	[3800—3900)	0	4	0.00745
[1600—1700)	29	198	0.36872	[3900—4000)	0	4	0.00745
[1700—1800)	25	169	0.31471	[4000—4100)	0	4	0.00745
[1800—1900)	25	144	0.26816	[4100—4200)	1	4	0.00745
[1900—2000)	27	119	0.22160	[4200—4300)	1	3	0.00559
[2000—2100)	10	92	0.17132	[4300—4400)	0	2	0.00372
[2100—2200)	15	82	0.15270	[4400—4500)	1	2	0.00372
[2200—2300)	5	67	0.12477	≥4500	1	1	0.00186

第四节 结果与讨论

（1）运用 ZTCM 评估普陀旅游金三角游憩价值为 63.96×10^8 元/年，其中直接旅行费用为 50.71×10^8 元/年，消费者剩余为 13.25×10^8 元/年；运用 TCIA 评估普陀旅游金三角游憩价值为 61.24×10^8 元/年，其中直接旅行费用为 50.51×10^8 元/年，消费者剩余为 10.73×10^8 元/年。从结果可以看出，ZTCM 和 TCIA 两种方法结果的差异主要是消费者剩余结果的差异。

（2）ZTCM 有一个非常重要的理论假设，来自同一个区的游客旅行费用相等，这在现实中往往很难实现。TCIA 保证了每个集合中的游客都具有相等或相近的旅行费用，从而在很大程度上克服了 ZTCM 存在的分区并假设来自同一区域游客对某个旅游点具有相同的偏好和相同的旅行费用这一严重缺陷。[①] 谢双玉等从积分的角度提出 ZTCM 和 TCIA 两种方法，消费者剩余积分思想不同，ZTCM 体现的是黎曼（Riemann）积分思想（分割定义域），TCIA 体现的是勒贝格（Lebesgue）积分思想（分割值域），与传统的反映黎曼积分思想的 ZICM 相比 TCIA 具有一定的优越性[②]；但是，TCIA 通过人均消费者剩余求总消费者剩余的简单化处理同样也会带来误差。由此可见，两种方法求消费者剩余都存在不足之处，两种方法具有互补作用；所以，用两种方法评估结果的均值或区间能提高结果的准确性，即 2008 年普陀旅游金三角的游憩价值为 62.60×10^8 元/年或处在 61.24×10^8 元/年至 63.96×10^8 元/年之间。

（3）旅行费用是 TCM 评估结果准确性的关键，本书通过对交通费用和时间机会成本进行加权处理，并直接调查询问游客在普陀金三角的相关花费，解决了多目的地费用分摊问题。普陀金三角约有 70% 游客

---

① 李巍等：《用改进的旅行费用法评估九寨沟的游憩价值》，《北京大学学报》（自然科学版）2003 年第 4 期。

② 谢双玉等：《旅行费用区间分析法和分区旅行费用法的比较及应用》，《旅游学刊》2008 年第 2 期。

为散客，30%组团（通过游客访谈和旅游部门访谈估算），本书问卷调查的游客主要以散客为主，所以，评估结果会存在一定误差。

（4）游客出游小区划分和旅游率与旅游费用及社会经济特征等建立多元回归的多重共线性问题对 ZTCM 结果影响很大，如何进行科学合理的小区划分和解决存在的多重共线性问题是 ZTCM 今后需要进一步研究的问题。

（5）TCIA 只考虑了旅行费用对旅游率的影响，如何将其他社会经济特征加入到模型中，如何从个人消费者剩余科学合理地得出总消费者剩余是 TCIA 今后需要进一步研究的问题。

（6）信度即可靠性，是指在不同的时间，或其他不包含实质变化的维度上，采用相同的方法是否得到一致性的结果，信度分析法可分为重测信度法、复本信度法、折半信度法和 α 信度系数法。效度即有效性，是指调查的度量标准反映某一事物的真正含义的程度，效度分析法可分为内容效度分析、准则效度分析和结构效度分析。TCM 问卷属于事实性问卷，信度检验主要运用重测检验法，效度检验主要运用准则效度检验分析。因进行准确的重复调查和选择合适的准则难度较大，国内关于事实性问卷信度和效度检验较少见，国外相关研究正在逐渐增多。本书只进行了一次调查，所以，未能进行相应的重测信度和准则效度检验，这方面研究今后需要进一步加强。

第四章　普陀旅游金三角旅游
资源非使用价值评估

第一节　CVM 总体范围扩展方法的不足

条件价值评估法（Contingent Valuation Method，CVM）是评估与旅游相关的资源（包括生物资源、自然资源、生态环境资源、文化遗产资源等）使用价值和非使用价值的重要方法，其评估结果的准确性主要由支付意愿（Willingness to Pay，WTP）或补偿意愿（Willingness to Accept，WTA）和总体范围扩展决定。但是，目前国内外关于 CVM 方法的相关研究主要是针对提高 WTP（或 WTA）的准确性。[①] 如改进问卷核心问题提出方式（建议采用二分式）、支付方式（建议采用征税或门票）、调查方式（建议采用面对面）、样本选取方法（建议采用随机抽样）等，而关于总体范围扩展方面的相关研究较少见。目前，从国外主要相关研究来看（见表4－1），总体范围扩展主要涉及游客量和旅游资源所在区域（州或市）及邻近区域的家庭数量或居民使用者数量；从国内主要相关研究来看（见表4－2），总体范围扩展主要涉及游客量，旅游资源所在区域（省或市）城市常住人口数、城镇居民人数、城镇在岗职工人数和全国城镇人口数、全国城镇就业人数，全国就业人数等。

---

① Arrow K. , et al. , "Report of the NOAA Panel on Contingent Valuation", *Federal Register*, Vol. 58, 1993, pp. 4602 – 4614.

表 4 - 1　　　　　　　　　　国外总体范围扩展典型案例①

研究对象（调查年）	样本调查范围	评估内容	总体范围扩展（10^4 人次、10^4 人或 10^4 户）	总值*（10^6 元/年）
纳米比亚野生动物（1994—1995）	国外游客	（潜在）门票收入	国外游客量（19.31）	40.95

　　① Barnes J. I., et al., "Tourists' Willingness to Pay for Wildlife Viewing and Wildlife Conservation in Namibia", *South African Journal of Wildlife Research*, Vol. 29, 1999, pp. 101 - 111; Arin T., et al., "Divers' Willingness to Pay to Visit Marine Sanctuaries: An Exploratory Study", *Ocean & Coastal Management*, Vol. 45, 2002, pp. 171 - 183; Mathieu L., et al., "Valuing Marine Parks in a Developing Country: A Case Study of the Seychelles", *Environment & Development Economics*, Vol. 8, 2003, pp. 373 - 390; Lee C. K., et al., "Estimating the Use and Preservation Values of National Parks' Tourism Resources Using a Contingent Valuation Method", *Tourism Management*, Vol. 23, 2002, pp. 531 - 540; Ahmed M., et al., "Valuing Recreational and Conservation Benefits of Coral Reefs: The Case of Bolinao, Philippines", *Ocean & Coastal Management*, Vol. 50, 2007, pp. 103 - 118; Ahmad S., et al., "Willingness to Pay for Reducing Crowding Effect Damages in Marine Parks in Malaysia", *The Singapore Economic Review*, Vol. 54, 2009, pp. 21 - 39; Mladenov N., et al., "The Value of Wildlife - viewing Tourism as an Incentive for Conservation of Biodiversity in the Okavango Delta, Botswana", *Development Southern Africa*, Vol. 24, 2007, pp. 409 - 423; Notaro S., et al., "Estimating the Economic Benefits of the Landscape Function of Ornamental Trees in a Sub - Mediterranean Area", *Urban Forestry & Urban Greening*, Vol. 9, 2010, pp. 71 - 81; Asafu - Adjaye J., et al., "A Contingent Valuation Study of Scuba Diving Benefits: Case Study in Mu Ko Similan Marine National Park, Thailand", *Tourism Management*, Vol. 29, 2008, pp. 1122 - 1130; Kim S. S., et al., "Assessing the Economic Value of a World Heritage Site and Willingness - to - pay Determinants: A Case of Changdeok Palace", *Tourism Management*, Vol. 28, 2007, pp. 317 - 322; Casey J. F., et al., "Are Tourists Willing to Pay Additional Fees to Protect Corals in Mexico?" *Journal of Sustainable Tourism*, Vol. 18, 2010, pp. 557 - 573; Füzyová L., et al., "Economic Valuation of Tatras National Park and Regional Environmental Policy", *Polish Journal of Environment Study*, Vol. 18, 2009, pp. 811 - 818; Ransom K. P., et al., "Valuing Recreational Benefits of Coral Reefs: The Case of Mombasa Marine National Park and Reserve, Kenya", *Environmental Management*, Vol. 45, 2010, pp. 145 - 154; Majumdar S., et al., "Using Contingent Valuation to Estimate the Willingness of Tourists to Pay for Urban Forests: A Study in Savannah, Georgia", *Urban Forestry & Urban Greening*, Vol. 10, 2011, pp. 275 - 280; Mwebaze P., et al., "Economic Valuation of the Influence of Invasive Alien Species on the Economy of the Seychelles Islands", *Ecological Economics*, Vol. 69, 2010, pp. 2614 - 2623; Tuan T. H., et al., "Capturing the Benefits of Preserving Cultural Heritage", *Journal of Cultural Heritage*, Vol. 9, 2008, pp. 326 - 337; Báez A., et al., "Using Contingent Valuation and Cost - benefit Analysis to Design a Policy for Restoring Cultural Heritage", *Journal of Cultural Heritage*, Vol. 13, 2012, pp. 235 - 245; Tyrväinen L., et al., "The Economic Value of Urban Forest Amenities: An Application of the Contingent Valuation Method", *Landscape and Urban Planning*, Vol. 43, 1998, pp. 105 - 118; Ruijgrok E. C. M., "The Three Economic Values of Cultural Heritage: A Case Study in the Netherlands", *Journal of Cultural Heritage*, Vol. 7, 2006, pp. 206 - 213; Lockwood M., et al., "Nonmarket Economic Valuation of an Urban Recreation Park", *Journal of Leisure Research*, Vol. 27, 1995, pp. 155 - 167; Whitehead J. C., et al., "Willingness to Pay for Submerged Maritime Cultural Resources", *Journal of Cultural Economics*, Vol. 27, 2003, pp. 231 - 240; Kuriyama K., "Environmental and Economic Values of World Heritage Sites in Japan", *Harvard Asia Quarterly*, Vol. 11, 2008, pp. 32 - 40.

续表

研究对象（调查年）	样本调查范围	评估内容	总体范围扩展（10^4 人次、10^4 人或 10^4 户）	总值 *（10^6 元/年）
纳米比亚野生动物（1994—1995）	国内外游客	非使用价值	游客量（27.59）	64.58 或 16.20
菲律宾海洋保护区珊瑚礁资源 **（1997）	国内外潜水游客	（潜在）门票收入	各自潜水游客量	7.90—9.40
塞舌尔群岛国家海洋公园（1998）	国外游客	使用价值	游客量（4.00）	0.73
韩国五个国家公园旅游资源 ***（1999）	游客	游憩价值	各自游客量	1034.83
	游客	非使用价值		1097.60
菲律宾博利瑙林加延湾珊瑚礁资源（2000）	国内外游客	非使用价值	游客量（2.10）	0.28
马来西亚芭雅岛、热浪岛和刁曼岛海洋公园（2000）	国内外游客	（潜在）门票收入	（一半）游客量（10.42）	6.95
博茨瓦纳奥卡万戈三角洲野生动物（2001—2002）	游览过三角洲的国内外游客	非使用价值	三角洲游客量（8.07）	39.74
意大利加尔达湖特伦蒂诺岸边地中海柏树景观（2003）	国内外游客	审美价值	游客量（255.84）	29.36—33.86
泰国斯米兰群岛国家海洋公园（2004）	国内外水肺潜水游客	水肺潜水收益	游客量（3.45）	7.73—17.39
韩国昌德宫世界文化遗产（2005）	国内游客	使用价值	国内游客量（24.19）	15.58—16.22
墨西哥里维埃拉玛雅地区珊瑚礁资源（2005）	讲英语游客	（潜在）门票收入	游客量（500.00）	403.50
斯洛伐克塔特拉山国家公园（2007）	游客	游憩价值	游客量（600.00）	777.22

续表

研究对象（调查年）	样本调查范围	评估内容	总体范围扩展（10^4 人次、10^4 人或 10^4 户）	总值*（10^6 元/年）
肯尼亚蒙巴萨国家海洋公园和自然保护区珊瑚礁资源（2007）	观看过珊瑚礁的国内外游客	游憩价值	游客量（国内：0.75，国外：1.77）	2.54
美国萨凡纳市城市森林资源（2008—2009）	国内外游客	非市场价值	游客量（1100.00）	78.89
塞舌尔群岛生物多样性（海龟和鹊鸲）（2009）	国内外游客	非市场价值	游客量（16.13）	99.10
越南广南省美山世界文化遗产（2005）	国外游客	使用价值	外国成年游客量（8.65）	6.13
	越南非广南省游客		国内成年首次游游客量（2.59）	0.48
	顺化、会安景区越南游客	非使用价值	顺化景区国内游客量及会安和岘港景区扣除重复计算国内游客量（128.32）	23.52（总值）
	广南省居民		广南省家庭数量（33.05）	5.78（总值）
智利瓦尔迪维亚市城市文化遗产（2004、2006）	国内外游客	使用价值	夏季游客量（1.50）	1.17
	瓦尔迪维亚市居民	非使用价值	瓦尔迪维亚市电话用户数量（1.80）	0.40
芬兰约恩苏市城市森林娱乐区（1995）	约恩苏市居民使用者	游憩价值	约恩苏市居民使用者数量（4.80 居民中使用者数量）	14.84
	约恩苏市居民	绿色空间价值	约恩苏市研究区域家庭数量（西:0.87,东:0.63,南:0.65）	7.28
荷兰瓦尔河、阿姆斯特丹—莱茵运河之间文化遗产（2004）	研究区内游览过的居民	游憩价值	研究区内娱乐人数（2.80）	0.41
	研究区内居民	遗赠价值	研究区周围三个省家庭数量（280.00）	380.59

续表

研究对象（调查年）	样本调查范围	评估内容	总体范围扩展（10^4 人次、10^4 人或 10^4 户）	总值 *（10^6 元/年）
澳大利亚悉尼世纪公园（1993）	悉尼市居民	非市场价值	悉尼市家庭数量（118.87）	197.47
	悉尼市非使用居民	非使用价值	悉尼市非使用家庭数量（21.40）	16.56
美国北卡罗来纳州历史沉船海洋文化资源（2001）	北卡罗来纳州居民	非市场价值	北卡罗来纳州家庭数量（85.00）	231.01（总值）
日本屋久岛世界自然遗产（1997）	日本居民	使用和非使用价值	日本家庭数量（4400.00）	17159（总值）
	日本居民	使用价值		10456（总值）

注：* 总值按照各案例调查年（调查跨年度的案例选择第二年）12 月 31 日（或最后一个工作日）汇率折算；

** 海洋保护区（研究区域）包括阿尼洛、麦克坦岛和阿罗拉，游客量分别为 64600—79140 人次/年、322052—368717 人次/年和 2000—3000 人次/年，（潜在）门票收入分别为 0.79—0.96、7.08—8.40 和 0.03—0.04；

*** 五个公园分别为雪岳山、北汉山、伽倻山、闲丽海上和泰安海岸，游客量分别为 300.00、400.00、73.00、250.00 和 58.00，游憩价值分别为 355.21、314.64、70.72、271.17 和 23.05，非使用价值分别为 303.05、447.12、76.16、219.42 和 51.87（未标注单位的数据单位同表 4 - 1）。

这些总体范围扩展方法均存在一些缺陷：①总体范围扩展应以调查样本的相关信息为依据，上述的扩展方法均未遵从这一重要原则。②CVM 是对假想市场的调查，其同样能阐明非使用者的消费偏好，将总体范围扩展为景区游客量、景区附近的家庭数量、景区使用者数量、城市常住人口数、城镇在岗职工数或城镇居民人数，排除了其他城镇使用者或非使用者、乡村使用者或非使用者的支付意愿；同时，将总体扩展为全国城镇人口数，或全国城镇就业人数，排除了乡村使用者和非使用者的支付意愿。③CVM 调查样本和总体范围扩展应选取有固定收入的群体，将总体范围扩展为城市常住人口数、城镇居民人数或全国城镇人口数，包含了未成年人、离退休人、失业者等。④由于距离等多种因素的存在，通常会导致不同省（市、区）人群对同一景区的支付意愿存在差异，将总体范围扩展为全国城镇人口数、全国城镇就业人数或全国就业人数，总体范围扩展只是通过简单的相加，没有依据各出游小区旅游率的差异进行差别对待。本书在评估舟山普陀旅游金三角非使用价值时，以调查样本信息为依据，提出了一种基于相对旅游率的旅游地旅游相关资源关注度系数非使用者总体范围扩展方法和基于游客量的使用者总体范围扩展方法。

表 4 - 2　　　　　　　　国内总体范围扩展典型案例①

研究对象（调查年）	样本调查范围	评估内容	总体范围扩展（10^4 人次、10^4 人或 10^4 户）	总值（10^6 元/年）
甘肃酒泉市敦煌旅游资源（2002）	国内游客	非使用价值	游客量（58.00）	11.77

---

① 郭剑英等：《敦煌旅游资源非使用价值评估》，《资源科学》2005 年第 5 期；贺征兵等：《基于 CVM 的景观游憩价值评估研究——以太白山国家森林公园为例》，《西北林学院学报》2008 年第 5 期；刘亚萍等：《生态旅游区自然环境的游憩价值——运用条件价值评估法和旅行费用法对武陵源风景区进行实证分析》，《生态学报》2006 年第 11 期；蔡银莺等：《武汉市石榴红农场休闲景观的游憩价值和存在价值估算》，《生态学报》2008 年第 3 期；董雪旺等：《条件价值法中的偏差分析及信度和效度检验——以九寨沟游憩价值评估为例》，《地理学报》2011 年第 2 期；韩宏等：《北山国家森林公园游憩价值经济性评价》，《西北林学院学报》2009 年第 1 期；武文婷等：《基于支付意愿法的杭州市园林植物景观游憩价值评估研究》，《中国园林》2010 年第 8 期；赵勇：《兰州黄河风情线旅游资源非使用价值评价及影响因素分析》，《资源开发与市场》2007 年第 12 期；徐东文等：《基于 CVM 的旅游资源非使用价值评估——以历史文化名城阆中为例》，《华中师范大学学报》（自然科学版）2008 年第 4 期；詹卫华等：《基于 CVM 的厦门公共休闲环境非使用价值评估》，《水利经济》2010 年第 6 期；赵强等：《千佛山风景区的非使用价值评估》，《南京林业大学学报》（自然科学版）2011 年第 6 期；王朋薇等：《生态旅游资源非使用价值评估——以达赉湖自然保护区为例》，《生态学报》2012 年第 3 期；吴丽娟等：《乡村旅游目的地乡村性非使用价值评估——以福建永春北溪村为例》，《地理科学进展》2010 年第 12 期；李洪波等：《武夷山自然保护区生态旅游资源非使用性价值评估》，《生态学杂志》2010 年第 8 期；陈浮等：《旅游价值货币化核算研究——九寨沟案例分析》，《南京大学学报》（自然科学版）2001 年第 3 期；许抄军：《历史文化古城的非利用价值评估研究——以凤凰古城为例》，《经济地理》2005 年第 2 期；许丽忠：《条件价值法评估旅游资源非使用价值的可靠性检验》，《生态学报》2007 年第 10 期；李京梅等：《基于旅行费用法和意愿调查法的青岛滨海游憩资源价值评估》，《旅游科学》2010 年第 4 期；喻燕：《旅游资源总价值货币化估算研究——黄山风景区实证》，《旅游科学》2010 年第 5 期。

续表

研究对象（调查年）	样本调查范围	评估内容	总体范围扩展（10^4 人次、10^4 人或 10^4 户）	总值（10^6 元/年）
陕西宝鸡市太白山国家森林公园景观（2004）	国内游客	游憩价值	游客量（100.00）	52.42
湖南张家界武陵源风景区自然环境（2005）	国内游客	游憩价值	游客量（180.00）	118.45
湖北武汉市石榴农场休闲农地景观（2006）	国内游客	存在价值	游客量（1.80）	1.18（总值：46.79）
四川阿坝州九寨沟风景区旅游资源（2009）	国内游客	游憩价值	游客量（252.18）	346.27
青海海东互助北山国家森林公园景观（2007）	国内游客	游憩价值	游客量（1.90）	1.70
	公园周围居民	使用和非使用价值	公园周围游客出发区人口数（5.00）	7.71
浙江杭州市园林植物景观（2009）	国内游客	游憩价值	游客量（5324.12）	6396.54
	杭州市居民		杭州市 14 周岁以上城镇人口数（496.70）	
甘肃兰州黄河风情线旅游资源（2007）	客源地为兰州且年龄大于 16 岁游客	非使用价值	兰州市常住人口数（314.96）	151.72
四川南充市阆中古城旅游资源（2007—2008）	阆中市两个城区居民	非使用价值	阆中市城市人口数（18.71）	4.52
福建厦门市公共休闲环境（2009）	厦门市常住居民	非使用价值	厦门市常住人口数（249.00）	65.00
山东济南市千佛山风景区旅游资源（2009）	国内游客	非使用价值	济南市常住人口数（662.69）	65.47
内蒙古呼伦贝尔市达赉湖国家自然保护区生态旅游资源（2010）	呼伦贝尔市居民	非使用价值	呼伦贝尔市家庭数量（98.60）	46.34
			呼伦贝尔市人口数（271.60）	127.65
福建泉州市永春县北溪村旅游地乡村性（2009）	泉州市两个城区居民	非使用价值	福建省城镇在岗职工人数（441.58）	211.61

续表

研究对象（调查年）	样本调查范围	评估内容	总体范围扩展（10^4 人次、10^4 人或 10^4 户）	总值（10^6 元/年）
福建南平市武夷山国家自然保护区生态旅游资源（2008）	泉州市和厦门市五个城区居民	非使用价值	福建省城镇居民人数（1700.00）	652.29
四川阿坝州九寨沟风景区旅游资源（1997）	国内游客	使用和非使用价值	全国有固定经济收入的城镇居民人数（4472.00）	1194.02
湖南湘西州凤凰古城文化遗产（2003—2004）	国内游客和全国各地居民	非使用价值	全国城镇就业人数（24780.00）	3140.19
福建南平市武夷山风景名胜区旅游资源（2006）	全国各地居民	非使用价值	全国城镇就业人数（27331.00）	3242.40
山东青岛市滨海游憩资源（2009）	国内游客	使用和非使用价值	全国城镇人口数（59379.00）	45120.91
安徽黄山风景区旅游资源（2008）	国内游客	非使用价值	全国就业人数（77480.00）	18202.95

第二节　总体范围扩展方法构建

一　非使用者评估模型

依据调查样本提供的信息，引入旅游地旅游相关资源关注度系数扩展非使用者总体范围（以家庭为单位）。本书将旅游地旅游相关资源关注度系数定义为（某一区域内）人们对（某一）旅游地旅游相关资源关心程度的大小。关注度系数大表示（某一区域内）人们对（某一）旅游地旅游相关资源的关心程度高，关注度系数小表示（某一区域内）人们对（某一）旅游地旅游相关资源的关心程度低。旅游地旅游相关资源关注度系数用出游小区的相对旅游率表示。将各级景区出游小区划分为：①国家级景区（在本书中是指旅游地国内客源来自全国各地，或旅游地国内客源主要来自旅游地所在省及少数邻近省）游客按省级划分出游小区，通过问卷调查获取各省级出游小区的旅游率。将各省级出游小区旅游率与各省级出游小区最高旅游率（通常是旅游地所在省的旅游率）进行对比，计算得出各省级出游小区的相对旅游率，旅游地旅游相关资源关注度系数用各省级出游小区相对旅游率表示。②省级景区（在本书中是指旅游地国内客源主要来自本省，或旅游地客源主要来自旅游地所在地市及少数邻近地市）游客按地市级（含副省级）划分出游小区，通过问卷调查获取各地市级出游小区的旅游率。将各地市级出游小区旅游率与各地市级出游小区最高旅游率（通常是旅游地所在地市的旅游率）进行对比，计算得出各地市级出游小区的相对旅游率，旅游地旅游相关资源关注度系数用各地市级出游小区相对旅游率表示。③地市级景区（在本书中是指旅游地国内客源主要来自本地市，或旅游地客源主要来自旅游地所在县市及少数邻近县市）游客按县市级（含副地级）划分出游小区，通过问卷调查获取各县市级出游小区的旅游率。将各县市级出游小区旅游率与各县市级出游小区最高旅游率（通常是旅游地所在县市的旅游率）进行对比，计算得出各县市级出游小区的相对旅游率，旅游地旅游相关资源关注度系数用各县市级出游小区相对旅游率表示。

1. 非使用者总体范围扩展模型

$$\rho_i = \{[(N_{is}/N_{ts}) \times N_{tdt}]/N_i\}/\{[(N_{0s}/N_{ts}) \times N_{tdt}]/N_0\} \qquad (4-1)$$

$$TN_{dh} = \sum_{i=0}^{n} [(\rho_i \times H_i) \times (1 - \eta_i) \times \mu_i] \qquad (4-2)$$

式（4-1）、式（4-2）中，ρ_i 为第 i 个省级（或地市级，或县市级）出游小区人们对旅游地旅游相关资源关注度系数（$i = 0$，…，n；0 为旅游地旅游率最高的出游小区，通常是旅游地所在省或所在地市，或所在县市；$\rho_0 = 1$，即假设旅游率最高出游小区人们都关注这一景区）；N_{is} 为第 i 个省级（或地市级，或县市级）出游小区的调查有效样本数；N_{ts} 为调查有效样本总数；N_{tdt} 为旅游地年国内游客量；N_i 为第 i 个省级（或地市级，或县市级）出游小区总人口；N_{0s} 为旅游地旅游率最高省级（或地市级，或县市级）出游小区的调查有效样本数；N_0 为旅游地旅游率最高省级（或地市级，或县市级）出游小区总人口；TN_{dh} 为国内非使用者扩展总体；H_i 为各省级（或地市级，或县市级）出游小区总户数；η_i 为各省级（或地市级，或县市级）出游小区旅游率；μ_i 为各省级（或地市级，或县市级）出游小区 65 周岁以下总户数所占比例（可用 65 周岁以下人口所占比例近似替代）。

2. 非使用者价值评估模型

非使用者（以家庭为单位）采用一次性支付，通过总值折算成每年等额现值（年金）。

$$UV^1 = WTP_{uvdh} \times TN_{dh} \times \gamma_{dh} \qquad (4-3)$$

$$NUV^1 = WTP_{nuvdh} \times TN_{dh} \times \gamma_{dh} \qquad (4-4)$$

$$\gamma_{dh} = \left[1 - \left(\frac{1}{1+r} \right) \right] \Big/ \left[1 - \left(\frac{1}{1+r} \right)^t \right] \qquad (4-5)$$

式（4-3）至式（4-5）中，UV^1 为非使用者贡献的旅游相关资源使用价值；WTP_{uvdh} 为国内非使用者对旅游相关资源使用价值的平均支付意愿；TN_{dh} 同式（4-2）；γ_{dh} 为总值折算成每年等额现值（年金）的系数（以第 1 年年末为现值）；NUV^1 为非使用者贡献的旅游相关资源非使用价值；WTP_{nuvdh} 为国内非使用者对旅游相关资源非使用价值的平均支付意愿；r 为贴现率；t 为年限。

二　使用者评估模型

旅游地旅游相关资源使用者分为国内游客（来自大陆 31 个省、市、区的游客）和国外游客（国际游客），使用者（以人为单位）采用一次性支付。用旅游地每年国内首次游的游客量表示国内使用者扩展总体，用旅游地每年国外首次游的游客量表示国外使用者扩展总体。

1. 使用者总体扩展模型

$$TN_{dp} = N_{tdt} \times f_{dp} \times \lambda_{dp} \qquad (4-6)$$

$$TN_{fp} = N_{tft} \times f_{fp} \times \lambda_{fp} \qquad (4-7)$$

式（4-6）、式（4-7）中，TN_{dp} 为国内使用者扩展总体；N_{tdt} 同

式（4-1）；f_{dp} 为旅游地每年国内首次游游客所占比例（通常需要通过问卷调查或访谈获取这一比例）；λ_{dp} 为我国 15—64 岁人口所占比例（地市级景区选取旅游地所在省 15—64 岁人口所占比例）；TN_{fp} 为国外使用者扩展总体；N_{tft} 为旅游地国外游客量；f_{fp} 为旅游地每年国外首次游游客所占比例（通常需要通过问卷调查或访谈获取这一比例）；λ_{fp} 为世界 15—64 岁人口所占比例。

2. 使用者价值评估模型

$$UV^2 = WTP_{uvdp} \times TN_{dp} + WTP_{uvfp} \times TN_{fp} \qquad (4-8)$$

$$NUV^2 = WTP_{nuvdp} \times TN_{dp} + WTP_{nuvfp} \times TN_{fp} \qquad (4-9)$$

式（4-8）、式（4-9）中，UV^2 为使用者贡献的旅游相关资源使用价值；WTP_{uvdp} 为国内使用者对旅游相关资源使用价值的平均支付意愿；TN_{dp} 同式（4-6）；WTP_{uvfp} 为国外使用者对旅游相关资源使用价值的平均支付意愿；TN_{fp} 同式（4-7）；NUV^2 为使用者贡献的旅游相关资源非使用价值；WTP_{nuvdp} 为国内使用者对旅游相关资源非使用价值的平均支付意愿；WTP_{nuvfp} 为国外使用者对旅游相关资源非使用价值的平均支付意愿。

三　总价值评估模型

$$UV = UV^1 + UV^2 \qquad (4-10)$$

$$NUV = NUV^1 + NUV^2 \qquad (4-11)$$

式（4-10）、式（4-11）中，UV 为旅游相关资源使用价值；NUV 为旅游相关资源非使用价值；UV^1 同式（4-3）；UV^2 同式（4-8）；NUV^1 同式（4-4）；NUV^2 同式（4-9）。

第三节　非使用价值评估

一　CVM 设计与实施

1. 问卷设计与调查

结合美国海洋与大气管理局（National Oceanic and Atmospheric

Administration，NOAA）提出的原则[1]，参考了国内外 CVM 问卷的设计经验[2]，采用了减少偏差（假想偏差、投标起点偏差、支付方式偏差、策略性偏差、调查方式影响、信息偏差等）的处理方法，并结合本项研究的调查方法与调查范围等实际情况，设计了支付卡式调查问卷。在舟山普陀长途汽车站进行了预调查，发现并修改了问卷初稿中的问题，最终确定的正式调查问卷分为三部分：第一部分为致调查表答卷人；第二部分为答卷人社会经济基本情况；第三部分为问卷调查的核心部分，即调查答卷人的支付意愿。本次调查采用面对面的形式和随机抽样的方法（时间为 2009 年 8 月），调查地点为普陀长途汽车站、半升洞码头、鸭蛋山码头—白峰码头往返轮渡上、普陀山风景区、朱家尖风景区、桃花岛射雕英雄传景区及定海长途汽车站等，共发放调查问卷 498 份，回收有效问卷 479 份，有效率 96.18%。

2. 样本选取

调查样本量的选取应符合统计学的要求，调查所需样本量的计算公式为[3]：

$$n = Z^2 [p(1-p)] / d^2 \tag{4-12}$$

式（4-12）中，n 为调查所需要样本量；Z 为置信水平的统计量（通常选择置信区间为 95%，则 $Z = 1.96$）；p 为目标总体的比例期望值（推荐选择 50%）；d 为置信区间的半宽（调查误差）。选取 d 小于 0.05，计算可得 n 应大于 384 份。本书回收有效问卷量符合统计学要求。

3. 问卷基本特征

调查样本基本特征如表 4-3 所示。

---

① Arrow K. , et al. , "Report of the NOAA Panel on Contingent Valuation", *Federal Register*, Vol. 58, 1993, pp. 4602 – 4614.

② Mitchell R. C. , et al. , *Using Surveys to Value Public Goods：The Contingent Valuation Method*, Resources for the Future, 1989；薛达元：《生物多样性经济价值评估：长白山自然保护区案例研究》，中国环境科学出版社 1997 年版。

③ 肖建红等：《围填海工程的生态环境价值损失评估——以江苏省两个典型工程为例》，《长江流域资源与环境》2011 年第 10 期。

表 4 - 3 受访者基本特征

变量	频数	变量	频数
性别		年龄（岁）	
男	331（69.10%）	18—30	195（40.71%）
女	148（30.90%）	31—40	214（44.68%）
文化程度		41—50	50（10.44%）
初中及以下	46（9.60%）	51—64	20（4.18%）
高中、中专、技校	94（19.62%）	个人年收入（元）	
大专	126（26.30%）	≤20000	47（9.81%）
本科	181（37.79%）	20001—40000	143（29.85%）
研究生	32（6.68%）	40001—60000	145（30.27%）
居住地		60001—80000	82（17.12%）
浙江省	215（44.89%）	≥80001	62（12.94%）
其他省市区	264（55.11%）	—	—

二 支付意愿结果及影响因素分析

1. 支付意愿和支付意愿值分布

在 479 份有效问卷中，有 65.34% 的反馈者愿意支付费用；有 34.66% 的反馈者不愿意支付费用，按照 0 支付意愿值处理。在研究中，首先询问受访者是否有支付意愿，所以排除了出现负支付意愿值的可能性。在具有正支付意愿值的 313 位受访者中，选择投标额 100 元、50 元、200 元的人较多，选择投标额在 200 元及以下的人数占总人数的 95.62%（具体支付意愿值分布见图 4 - 1）。

2. 平均支付意愿值

计算正支付意愿值的数学期望公式为：

$$E(WTP)_{正} = \sum_{i=1}^{n} P_i B_i \qquad (4-13)$$

式（4 - 13）中，P_i 为各投标额投标人数的分布频率；B_i 为正的各投标额；n 为正的投标额数量。

正支付意愿的平均值 $E(WTP)_{正}$ 为 112.27 元，考虑 0 支付意愿值，精确的平均支付意愿值需要运用Spike模型[1]对 $E(WTP)_正$ 进行调整，即 $E(WTP)_{非负}$ 等于 $E(WTP)_正$ 乘以正支付意愿占全部支付意愿的比例，得出的平均支付意愿值 $E(WTP)_{非负} = 112.27 \times 65.34\% = 73.36$ 元。

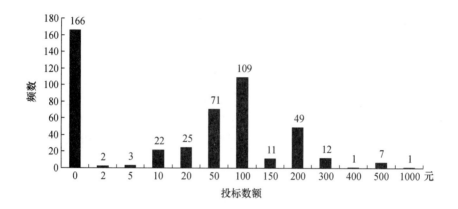

图 4 - 1　支付意愿值分布

3. 支付意愿和支付意愿值的影响因素

依据支付意愿值实际数据绘制出的频率直方图不呈正态分布，也不规则（见图4-1）。参考国内外研究经验[2]，本书总样本各因素对支付意愿和支付意愿值影响的相关性分析采用列联表及 χ^2 独立性统计检验方法（统计过程是在 SPSS 11.5 软件下实现的）。

从表4-4可以看出，受访者的个人收入和居住地与支付意愿呈显著相关；受访者的年龄、文化程度和个人收入与支付意愿值呈显著相关。具体表现为，受访者年收入40000元以上的愿意支付比例较高，浙江省内的愿意支付比例较高；受访者为41—50岁的支付意愿

① Kriström B. ，"Spike Models in Contingent Valuation"，*American Journal of Agricultural Economics*，Vol. 79，1997，pp. 1013 – 1023.

② Bennett J. W. ，"Using Direct Questioning to Value the Existence Benefits of Preserved Natural Areas"，*Australian Journal of Agricultural Economics*，Vol. 28，1984，pp. 136 – 152；薛达元：《长白山自然保护区生物多样性非使用价值评估》，《中国环境科学》2000 年第 2 期。

值较大，本科及以上学历的支付意愿值较大，年收入 40000 元以上的支付意愿值较大。在本书中，个人收入与支付意愿和支付意愿值显著相关，显示了受访者对待支付行为的严肃性①；受访者的年龄（41—50 岁）和文化程度（本科及以上学历）与收入水平密切相关，进一步验证了收入约束对支付意愿值的影响；同时，浙江省内的游客利用普陀金三角旅游资源的机会相对较多，所以他们的支付行为较积极。

表 4 - 4　总样本各因素对支付意愿和支付意愿值影响的相关性

因素	总样本各因素对支付意愿影响的相关性				总样本各因素对支付意愿值影响的相关性			
	χ^2	自由度	显著水平	显著性	χ^2	自由度	显著水平	显著性
性别	0.004	1	0.952	不显著	0.581	4	0.965	不显著
年龄	3.071	3	0.381	不显著	27.785	12	0.006	显著
文化程度	6.950	4	0.139	不显著	24.510	16	0.079	显著
个人收入	37.905	4	0.000	显著	126.121	16	0.000	显著
居住地	4.116	1	0.042	显著	6.754	4	0.150	不显著

三　评估结果

运用式（4-1）和式（4-2）分别计算各省级出游小区的关注度系数（ρ_i）和国内非使用者扩展总体（TN_{dh}）（见表 4-5）；运用式（4-4）和式（4-5）分别计算总值折算成每年等额现值（年金）的系数（γ_{dh}，$r = 5\%$、$t = 30$）②和非使用者贡献的旅游资源非使用价值（NUV^1，$WTP_{nuvdh} = 73.36$）；运用式（4-6）和式（4-7）分别计算国内使用者扩展总体（TN_{dp}，$N_{tdt} = 345.32 \times 10^4$，$f_{dp} = 100\%$，$\lambda_{dp} = 72.70\%$）和国外使用者扩展总体（$TN_{fp}$，$N_{tft} = 5.15 \times 10^4$，$f_{fp} = $

---

① Loomis J. B. , et al. , "A Willingness - to - pay Function for Protecting Acres of Spotted Owl Habit from Fire", *Ecological Economics*, Vol. 25, 1998, pp. 315 - 322.

② Whitehead J. C. , et al. , "Willingness to Pay for Submerged Maritime Cultural Resources", *Journal of Cultural Economics*, Vol. 27, 2003, pp. 231 - 240.

100%，$\lambda_{fp} = 64.90\%$）[①]；运用式（4 - 9）计算使用者贡献的旅游资源非使用价值（NUV^2，$WTP_{nuvdp} = 73.36$，$WTP_{nuvfp} = 73.36$）。最后运用式（4 - 11）计算可得 2008 年普陀金三角旅游资源非使用价值为 345.83×10^6 元/年，其中非使用者贡献 159.21×10^6 元/年，国内使用者贡献 184.17×10^6 元/年，国外使用者贡献 2.45×10^6 元/年。本书只做了国内游客调查，没有进行国内非使用者支付意愿和国内外首次游游客所占比例的相关调查，所以，取 $f_{dp} = 100\%$、$f_{fp} = 100\%$、$WTP_{nuvdh} = 73.36$ 和 $WTP_{nuvfp} = 73.36$，这些会给评估结果带来误差。

表 4 - 5　　　　　　　　　　相关数据

出游小区	样本量	总人口②（10^4 人）	万人旅游率	关注度系数	总户数③（10^4 户）	65 岁以下户数所占比例	非使用者总体范围扩展（10^4 户）
安徽	32	6135.00	37.6029	0.1242	1830.80	0.8982	203.49
北京	2	1695.00	8.5064	0.0281	668.10	0.9130	17.13
福建	24	3604.00	48.0079	0.1586	1120.68	0.9211	162.91
甘肃	1	2628.12	2.7431	0.0091	690.04	0.9177	5.74
广东	4	9544.00	3.0215	0.0100	2774.74	0.9325	25.82
广西	2	4816.00	2.9938	0.0099	1315.14	0.9076	11.80
贵州	1	3792.73	1.9008	0.0063	1038.96	0.9143	5.96
河北	8	6988.82	8.2522	0.0273	2039.51	0.9176	50.97
河南	19	9429.00	14.5269	0.0480	2592.70	0.9164	113.85
黑龙江	2	3825.39	3.7691	0.0125	1295.99	0.9168	14.79
湖北	18	5711.00	22.7220	0.0751	1669.89	0.9091	113.69
湖南	13	6380.00	14.6896	0.0485	1863.19	0.9022	81.45
吉林	2	2734.00	5.2737	0.0174	900.16	0.9162	14.36
江苏	42	7677.30	39.4391	0.1303	2439.34	0.8911	282.07

---

① 舟山市旅游委员会：《2008 年我市旅游经济运行情况》，http：//www.zstour.gov.cn/；中国国家统计局：《中国统计年鉴》，中国统计出版社 2009 年版；中国国家统计局：《国际统计年鉴》，中国统计出版社 2009 年版。

② 中国国家统计局：《中国统计年鉴》，中国统计出版社 2009 年版。

③ 中国国家统计局：《2010 年第六次全国人口普查主要数据公报》，http：//www.stats.gov.cn/。

出游小区	样本量	总人口（10^4 人）	万人旅游率	关注度系数	总户数（10^4 户）	65 岁以下户数所占比例	非使用者总体范围扩展（10^4 户）
江西	15	4400.00	24.5768	0.0812	1149.70	0.9240	86.03
辽宁	6	4314.70	10.0251	0.0331	1499.40	0.8969	44.49
山东	14	9417.23	10.7174	0.0354	3010.50	0.9016	95.99
山西	3	3410.61	6.3413	0.0209	1033.02	0.9242	19.99
陕西	2	3762.00	3.8326	0.0127	1071.86	0.9147	12.41
上海	49	1888.46	187.0572	0.6179	825.12	0.8988	449.68
四川	2	8138.00	1.7717	0.0059	2580.23	0.8905	13.44
天津	2	1176.00	12.2605	0.0405	366.18	0.9148	13.55
云南	1	4543.00	1.5869	0.0052	1235.50	0.9237	5.98
浙江	215	5120.00	302.7295	1.0000	1885.37	0.9066	1657.53
合计							3503.10

注：65 岁以下户数所占比例用 65 岁以下人口所占比例近似替代。

第四节　总体范围扩展方法验证

一　评估结果与景区门票的关系

评估旅游相关资源价值（非使用价值或使用价值）的目的是现在或将来能够将其应用到旅游相关资源的保护、恢复或开发政策制定上（从理论上讲，世界多个地方的旅游相关资源价值评估的总体范围扩展应是全球所有人或家庭，这样计算得出的结果是天文数字，很难将其应用到旅游资源的相关政策制定上）。国内关于旅游相关资源价值评估案例，其结果主要是提供了一个资源价值的理论值，而较少有案例讨论如何将结果应用到资源保护相关政策制定上；国外旅游相关资源价值评估的多数案例，从实际应用角度出发，分析讨论评估结果在

政策制定方面的应用①，特别是评估结果与景区门票价格和景区门票
收入的关系是讨论的重点（即如何利用评估结果制定科学合理的门票
价格和如何通过制定合理的门票价格获取潜在的景区旅游相关资源保
护、恢复或开发资金）。② 门票收入是景区主要的财政收入来源，旅游
相关资源的评估价值（非使用价值或使用价值）是景区潜在的财政收
入来源，两者密切相关。例如，通过计算可得，塞舌尔群岛国家海洋
公园的评估价值（使用价值）③ 是年门票收入的 0.31 倍，马来西亚
芭雅岛、热浪岛和刁曼岛海洋公园的评估价值（潜在门票收入）④ 是
年门票收入的 2.87 倍，越南广南省美山世界文化遗产的评估价值

①　Ahmed M. , et al. , "Valuing Recreational and Conservation Benefits of Coral Reefs: The Case of Bolinao, Philippines", *Ocean & Coastal Management*, Vol. 50, 2007, pp. 103 – 118; Notaro S. , et al. , "Estimating the Economic Benefits of the Landscape Function of Ornamental Trees in a Sub – Mediterranean Area", *Urban Forestry & Urban Greening*, Vol. 9, 2010, pp. 71 – 81; Füzyová L. , et al. , "Economic Valuation of Tatras National Park and Regional Environmental Policy", *Polish Journal of Environment Study*, Vol. 18, 2009, pp. 811 – 818; Mwebaze P. , et al. , "Economic Valuation of the Influence of Invasive Alien Species on the Economy of the Seychelles Islands", *Ecological Economics*, Vol. 69, 2010, pp. 2614 – 2623; Báez A. , et al. , "Using Contingent Valuation and Cost – benefit Analysis to Design a Policy for Restoring Cultural Heritage", *Journal of Cultural Heritage*, Vol. 13, 2012, pp. 235 – 245.

②　Barnes J. I. , et al. , "Tourists' Willingness to Pay for Wildlife Viewing and Wildlife Conservation in Namibia", *South African Journal of Wildlife Research*, Vol. 29, 1999, pp. 101 – 111; Arin T. , et al. , "Divers' Willingness to Pay to Visit Marine Sanctuaries: An Exploratory Study", *Ocean & Coastal Management*, Vol. 45, 2002, pp. 171 – 183; Mathieu L. , et al. , "Valuing Marine Parks in a Developing Country: A Case Study of the Seychelles", *Environment & Development Economics*, Vol. 8, 2003, pp. 373 – 390; Ahmad S. , et al. , "Willingness to Pay for Reducing Crowding Effect Damages in Marine Parks in Malaysia", *The Singapore Economic Review*, Vol. 54, 2009, pp. 21 – 39; Asafu – Adjaye J. , et al. , "A Contingent Valuation Study of Scuba Diving Benefits: Case Study in Mu Ko Similan Marine National Park, Thailand", *Tourism Management*, Vol. 29, 2008, pp. 1122 – 1130; Kim S. S. , et al. , "Assessing the Economic Value of a World Heritage Site and Willingness – to – pay Determinants: A Case of Changdeok Palace", *Tourism Management*, Vol. 28, 2007, pp. 317 – 322; Ransom K. P. , et al. , "Valuing Recreational Benefits of Coral Reefs: The Case of Mombasa Marine National Park and Reserve, Kenya", *Environmental Management*, Vol. 45, 2010, pp. 145 – 154; Tuan T. H. , et al. , "Capturing the Benefits of Preserving Cultural Heritage", *Journal of Cultural Heritage*, Vol. 9, 2008, pp. 326 – 337.

③　Mathieu L. , et al. , "Valuing Marine Parks in a Developing Country: A Case Study of the Seychelles", *Environment & Development Economics*, Vol. 8, 2003, pp. 373 – 390.

④　Ahmad S. , et al. , "Willingness to Pay for Reducing Crowding Effect Damages in Marine Parks in Malaysia", *The Singapore Economic Review*, Vol. 54, 2009, pp. 21 – 39.

（使用价值和非使用价值）① 分别是年门票收入的 2.03 倍和 0.56 倍（倍数是根据文献中的数据计算得出，总值按照本研究的比率折算为年金）。

二 国内外各种总体范围扩展方法与景区门票比值的差异

将国内外各种总体范围扩展方法运用到普陀金三角案例中，评估得出普陀金三角的各种非使用价值，结果差异较大（见表4－6）。用普陀金三角非使用价值与景区门票收入的比值和问卷调查获取的信息，判断各种评估结果的合理性。在国外扩展方法各种评估结果中，有三个非使用价值评估结果与门票收入之比在 1—10 之间，未出现数量级显著差异；有五个非使用价值评估结果与门票收入之比在 1 以内，未出现显著差异。从问卷调查获取的信息可知，除了浙江省、江苏省和上海市的游客所占比例较高以外，安徽、福建、河南、湖北、湖南、江西、山东等省的游客所在比例也较高（见表4－5），将总体范围扩展为舟山市家庭数，或浙江省家庭数，或浙江、江苏和上海家庭数，明显缩小了可支付群体的区域范围；将总体范围扩展为游客量（使用者），排除了非使用者支付群体；将总体范围扩展为全国家庭数，没有考虑各省（市、区）支付群体的区域差异性。在国内扩展方法各种评估结果中，有三个非使用价值评估结果与门票收入之比超过了 10，出现了数量级显著差异，评估价值过大；有四个非使用价值评估结果与门票收入之比在 1—10 之间，未出现数量级显著差异；有五个非使用价值评估结果与门票收入之比在 1 以内，未出现显著差异。比值在 10 以内的评估结果中，将总体范围扩展为浙江省的相关人群，或舟山市的相关人群，明显缩小了可支付群体的区域范围；将总体范围扩展为游客量（使用者），排除了非使用者支付群体。

三 本书提出的总体范围扩展方法的合理性

运用本书构建的总体范围扩展模型计算得出，普陀金三角旅游资源的非使用价值为 345.83×10^6 元/年，其中非使用者贡献 $159.21 \times$

---

① Tuan T. H., et al., "Capturing the Benefits of Preserving Cultural Heritage", *Journal of Cultural Heritage*, Vol. 9, 2008, pp. 326 – 337.

10^6 元/年，使用者贡献 186.62×10^6 元/年。普陀金三角非使用价值与门票收入之比为 0.76，未出现显著差异。总体范围扩展包括了使用者（游客）和非使用者，非使用者是依据关注度系数采取区域差异化扩展为游客所涉及的全国范围。通过提高（支付额外）门票费用（使用者）和捐赠或纳税（非使用者）的方式，普陀金三角景区可获得潜在财政收入 186.62×10^6—345.83×10^6 元/年。通过比较研究发现，本书提出的扩展方法得出的评估结果比其他扩展方法得出的评估结果更合理。

表 4 - 6　　　　　　　2008 年舟山普陀金三角非使用价值

扩展方法	总体范围扩展	扩展值① （10^4 人/ 10^4 户）	WTP 值 （元）	非使用价值（10^6 元）	非使用价值与门票收入之比
	游客量	350.47	73.36	257.10	0.57
	舟山市家庭数	36.67	73.36	26.90	0.06
	浙江省家庭数	1885.37	73.36	1383.11	3.04
	浙江、江苏和上海家庭数	5149.83	73.36	3777.92	8.31
国外方法	舟山市家庭数	36.67	73.36	26.90（总值）/ 1.67（年值）	0.00
	浙江省家庭数	1885.37	73.36	1383.11（总值）/ 85.69（年值）	0.19
	浙江、江苏和上海家庭数	5149.83	73.36	3777.92（总值）/ 234.06（年值）	0.51
	全国家庭数	40151.73	73.36	29455.31（总值）/ 1824.87（年值）	4.01

① 舟山市旅游委员会：《2008 年我市旅游经济运行情况》，http：//www.zstour.gov.cn/；中国国家统计局：《中国统计年鉴》，中国统计出版社 2009 年版；中国国家统计局：《国际统计年鉴》，中国统计出版社 2009 年版；中国国家统计局：《2010 年第六次全国人口普查主要数据公报》，http：//www.stats.gov.cn/；舟山市统计局：《舟山统计年鉴》，中国统计出版社 2009 年版。

续表

扩展方法	总体范围扩展	扩展值 （10⁴ 人/ 10⁴ 户）	WTP 值 （元）	非使用价值（10⁶ 元）	非使用价值 与门票 收入之比
国内方法	游客量	350.47	73.36	257.10	0.57
	全国城乡就业人数	77480.00	73.36	56839.33	125.00
	全国城镇总人数	60667.00	73.36	44505.31	97.88
	全国城镇就业人数	30210.00	73.36	22162.06	48.74
	浙江省总人数	5120.00	73.36	3756.03	8.26
	浙江省城乡就业人数	3691.90	73.36	2708.38	5.96
	浙江省城镇总人数	2949.00	73.36	2163.39	4.76
	浙江省城镇就业人数	1383.60	73.36	1015.01	2.23
	舟山市总人数	96.77	73.36	70.99	0.16
	舟山市城乡就业人数	63.23	73.36	46.39	0.10
	舟山市非农业总人数	35.79	73.36	26.26	0.06
	舟山市城镇就业人数	30.60	73.36	22.45	0.05
本书方法	国内关注景区的非使用者和国内外使用者（游客量）	3503.10/ 345.32/ 5.15	73.36	345.83	0.76

注：国外有些案例考虑的是一次性支付，其计算结果为总值，按照与本书相同的比例折算为每年等额现值（年金）；2008 年普陀山、朱家尖和桃花岛门票收入为 454.71 × 10⁶ 元。

第五节　讨论

（1）CVM 总体范围扩展应包括使用者和关注旅游相关资源的非使用者（潜在使用者）。在国外的 22 个案例中（见表 4 - 1），有 15 个案例总体范围扩展为使用者（相关游客量），有七个案例总体范围扩展为非使用者或使用者和非使用者；在所有案例中，使用者均以个人为单位，非使用者均以家庭为单位。在国内的 19 个案例中（见表 4 - 2），有五个案例总体范围扩展为使用者（相关游客量），有 14 个案例总体范围扩展为非使用者或使用者和非使用者；在所有案例中，使用者和非使用者均以个人为单位（有一个案例的一部分选取了以家庭为单位）。在本书中，总体范围扩展包括使用者（以个人为单位）和关注旅游相关资源的非使用者（以家庭为单位）。

（2）无论是使用者（游客或娱乐者），还是非使用者，本书构建的模型都考虑的是为同一景区进行一次性支付（若在调查时询问的是您每年愿意支付多少，那么这个调查值可作为一次性支付的保守值；本书 WTP 取值是一次性支付的保守值）。对于使用者而言，他们利用旅游资源已经支付了门票（或纳税了），再让其年年为同一个景区支付费用这不符合常理（况且 CVM 调查时需要提醒受访者的收入限制，还有其他相关资源需要保护等），所以，在构建模型时使用者中只考虑首次游游客；对于非使用者而言，通过关注度系数选取非使用者，以家庭为单位采用一次性支付。① 国外已有首次游游客和非使用者采用一次性支付的相关应用案例。②

（3）CVM 是通过假想市场来实现价值评估的，评估同一旅游相关资源的使用价值和非使用价值需要设计不同的假想市场。但是，使用价值和非使用价值总体范围扩展应保持一致。本书构建的模型评估旅

①　Tuan T. H. , et al. , "Capturing the Benefits of Preserving Cultural Heritage", *Journal of Cultural Heritage*, Vol. 9, 2008, pp. 326 – 337; Báez A. , et al. , "Using Contingent Valuation and Cost – benefit Analysis to Design a Policy for Restoring Cultural Heritage", *Journal of Cultural Heritage*, Vol. 13, 2012, pp. 235 – 245; Tyrväinen L. , et al. , "The Economic Value of Urban Forest Amenities: An Application of the Contingent Valuation Method", *Landscape and Urban Planning*, Vol. 43, 1998, pp. 105 – 118; Ruijgrok E. C. M. , "The Three Economic Values of Cultural Heritage: A Case Study in the Netherlands", *Journal of Cultural Heritage*, Vol. 7, 2006, pp. 206 – 213; Lockwood M. , et al. , "Nonmarket Economic Valuation of an Urban Recreation Park", *Journal of Leisure Research*, Vol. 27, 1995, pp. 155 – 167; Whitehead J. C. , et al. , "Willingness to Pay for Submerged Maritime Cultural Resources", *Journal of Cultural Economics*, Vol. 27, 2003, pp. 231 – 240; Kuriyama K. , "Environmental and Economic Values of World Heritage Sites in Japan", *Harvard Asia Quarterly*, Vol. 11, 2008, pp. 32 – 40.

②　Tuan T. H. , et al. , "Capturing the Benefits of Preserving Cultural Heritage", *Journal of Cultural Heritage*, Vol. 9, 2008, pp. 326 – 337; Whitehead J. C. , et al. , "Willingness to Pay for Submerged Maritime Cultural Resources", *Journal of Cultural Economics*, Vol. 27, 2003, pp. 231 – 240; Kuriyama K. , "Environmental and Economic Values of World Heritage Sites in Japan", *Harvard Asia Quarterly*, Vol. 11, 2008, pp. 32 – 40.

游相关资源非使用价值和使用价值总体范围扩展一致。国外已有评估旅游相关资源的使用价值和非使用价值总体范围扩展相同的相关应用案例。[①]

（4）CVM 评估结果的准确性主要由支付意愿和总体范围扩展两者决定。在国外 22 个案例中（见表 4-1），有 19 个案例采用平均值，有二个案例采用中位值，有一个案例采用基于平均值的保守值；而在国内 19 个案例中（见表 4-2），有 11 个案例采用中位值，有八个案例采用平均值。从决策的效率和科学性角度考虑应采用平均值[②]，这在国外的相关案例中得到了充分体现，本书支付意愿值采用平均值；同时，为了提高支付意愿值的准确性，建议采用双边界二分式问卷。

（5）关心程度（关注度系数）是决定非使用者是否具有支付意愿的关键因素。我国旅游景区众多，不同地域的人们对同一个旅游景区的关心程度存在差异。出游小区的旅游率可以在一定程度上代表该小区人们对景区的关心程度，本书提出一种基于相对旅游率的旅游地旅游相关资源关注度系数的非使用者总体范围扩展方法，这种方法考虑了相同景区在不同区域人们心目中存在的差异性，改进了传统非使用者总体范围扩展方法中的任何区域的非使用者对同一景区具有同样关注度（支付意愿）的不足。旅游率的稳定性对这一改进方法的结果影响较大，本书只进行了一次调查，进一步的研究可以通过增加调查次数和延长调查时间来提高各出游小区旅游率的稳定性。

（6）非使用者的平均支付意愿值（WTP_{uvdh} 和 WTP_{nuvdh}）理论上应与使用者平均支付意愿值不同。目前，从现实可操作性角度来看，涉及总体范围较小的景区（如地市范围、市县范围等）可采用直接调查非使用者获取平均支付意愿值；但是，涉及总体范围较大的景区（如

---

① Lee C. K., et al., "Estimating the Use and Preservation Values of National Parks' Tourism Resources Using a Contingent Valuation Method", *Tourism Management*, Vol. 23, 2002, pp. 531-540; Kuriyama K., "Environmental and Economic Values of World Heritage Sites in Japan", *Harvard Asia Quarterly*, Vol. 11, 2008, pp. 32-40.

② Jakobsson K. M., et al., *Contingent Valuation and Endangered Species: Methodological Issues and Applications*, Edward Elgar, 1996; Bateman I. J., et al., *Economic Valuation with Stated Preference Techniques: A Manual*, Edward Elgar, 2002.

全国范围、省市区范围等）可采用电子邮件、电话等方式调查获取非使用者的平均支付意愿值，或者直接采用使用者的平均支付意愿值替代，这些会给非使用者平均支付意愿值评估结果带来误差。应如何科学合理地获取非使用者的平均支付意愿值是件值得深入思考的问题。

（7）对于国外游客量占比比较大的旅游景区（如塞舌尔等），总体范围扩展除了应包括国内非使用家庭，还应包括国外主要客源地的非使用家庭（潜在使用者）；可将出游小区按国家进行划分，这样利用本书构建的模型计算出国外主要客源地的非使用家庭总体范围扩展的大小。计算旅游资源价值时应加上这部分群体的支付意愿，计算方法同国内非使用家庭。

（8）CVM 的应用领域除了包括与旅游相关资源（生物资源、自然资源、生态环境资源、文化遗产资源等）领域，还包括环境污染损失、生态系统保护和恢复、生态环境质量保护和改善、医疗卫生等领域。本书总体范围扩展模型只涉及了与旅游相关资源领域，其他领域总体范围扩展也应包括直接受益者（或受损者）和潜在受益者（或受损者；即部分暂时非受益者，或非受损者），其总体范围扩展可参考本书构建的模型。

第 三 篇

海岛型旅游目的地生态补偿标准：
一种新的方法体系构建与应用

第五章 海岛型旅游目的地生态补偿标准方法体系构建

第一节 方法体系构建背景和研究思路

一 方法体系构建背景

近年来，海岛旅游吸引了众多学者的关注，研究成果主要集中在旅游对海岛经济、生态环境和社会文化的影响，海岛旅游资源规划与开发模式，海岛旅游市场管理，海岛旅游地演变，海岛旅游可持续发展分析与评价等方面，其中，有关海岛旅游可持续发展问题的研究成为焦点。[①] 国外相关研究成果主要有海岛旅游交通环境影响评估、海岛旅游水资源需求、海岛旅游对珊瑚礁和渔业资源的影响、可再生能源对海岛旅游可持续发展的作用、堰洲岛海滩可持续旅游、海岛型旅游目的地季节性燃油税与柴油和汽油需求、海岛旅游可持续发展测度

---

① Seetanah B. , "Assessing the Dynamic Economic Impact of Tourism for Island Economies", *Annals of Tourism Research*, Vol. 38, 2011, pp. 291 – 308; Santana – Jiménez Y. , et al. , "Estimating the Effect of Overcrowding on Tourist Attraction: The Case of Canary Islands", *Tourism Management*, Vol. 32, 2011, pp. 415 – 425; 徐海军等:《海岛旅游研究新进展对海南国际旅游岛建设的启示》,《旅游学刊》2011 年第 4 期; Wilkinson P. F. , "Sustainable Tourism in Island Destinations", *Annals of Tourism Research*, Vol. 38, 2011, pp. 1206 – 1208; Wilkinson P. F. , "Island Tourism: Sustainable Perspectives", *Annals of Tourism Research*, Vol. 39, 2012, pp. 505 – 506.

的综合指标等①；国内相关研究成果主要有海岛旅游生态安全与可持续发展评估、海岛旅游资源开发潜力评价、海岛旅游可持续发展理论及其评价、旅游型海岛景观生态健康评价、海岛旅游资源评价体系构建等。② 目前，国外关于海岛型旅游目的地生态补偿方面有马略卡岛通过向游客征收水资源税缓解淡水资源的紧缺问题、巴利阿里群岛通过向住宿的游客征收生态税解决面临的生态环境问题等少数研究案例，而国内关于海岛型旅游目的地生态补偿方面的研究成果较少见。

　　生态补偿是以经济手段为主要方式调节利益相关者彼此关系的制度安排，国外生态补偿与中国生态补偿含义接近的主要以环境服务付费（PES）项目为主。③ 生态补偿主要研究内容涉及生态补偿理论、生态补偿标准评价、生态补偿方式、生态补偿机制与政策、生态补偿

　　① Martín - Cejas R. R. , et al. , "Ecological Footprint Analysis of Road Transport Related to Tourism Activity: The Case for Lanzarote Island", *Tourism Management*, Vol. 31, 2010, pp. 98 - 103; Tortella B. D. , et al. , "Hotel Water Consumption at a Seasonal Mass Tourist Destination: The Case of the Island of Mallorca", *Journal of Environmental Management*, Vol. 92, 2011, pp. 2568 - 2579; Juhasz A. , et al. , "Does Use of Tropical Beaches by Tourists and Island Residents Result in Damage to Fringing Coral Reefs? A Case Study in Moorea French Polynesia", *Marine Pollution Bulletin*, Vol. 60, 2010, pp. 2251 - 2256; Pongponrat K. , "Participatory Management Process in Local Tourism Development: A Case Study on Fisherman Village on Samui Island, Thailand", *Asia Pacific Journal of Tourism Research*, Vol. 16, 2011, pp. 57 - 73; Michalena E. , et al. , "Contribution of the Solar Energy in the Sustainable Tourism Development of the Mediterranean Islands", *Renewable Energy*, Vol. 35, 2010, pp. 667 - 673; Yang B. , et al. , "Geospatial Analysis of Barrier Island Beach Availability to Tourists", *Tourism Management*, Vol. 33, 2012, pp. 840 - 854; Bakhat M. , et al. , "Evaluating a Seasonal Fuel Tax in a Mass Tourism Destination: A Case Study for the Balearic Islands", *Energy Economics*, Vol. 38, 2013, pp. 12 - 18; Kondyli J. , "Measurement and Evaluation of Sustainable Development: A Composite Indicator for the Islands of the North Aegean Region, Greece", *Environmental Impact Assessment Review*, Vol. 30, 2010, pp. 347 - 356.

　　② 肖建红等:《海岛旅游地生态安全与可持续发展评估——以舟山群岛为例》,《地理学报》2011 年第 6 期; 李泽等:《中国海岛县旅游资源开发潜力评价》,《资源科学》2011 年第 7 期; 柯丽娜等:《海岛可持续发展理论及其评价研究》,《资源科学》2011 年第 7 期; 林明太等:《旅游型海岛景观生态健康评价》,《生态学杂志》2012 年第 7 期; 李悦铮等:《海岛旅游资源评价体系构建研究》,《资源科学》2013 年第 2 期。

　　③ Tacconi L. , "Redefining Payments for Environmental Services", *Ecological Economics*, Vol. 73, 2012, pp. 29 - 36; Mahanty S. , et al. , "Access and Benefits in Payments for Environmental Services and Implications for REDD + : Lessons from Seven PES Schemes", *Land Use Policy*, Vol. 31, 2013, pp. 38 - 47.

主体和客体、生态补偿的影响和效果、生态补偿效率等。目前，国内外关于生态补偿研究及发表的相关文献非常多，国际生态经济学领域权威期刊《Ecological Economics》在 2008 年第 65 卷第 4 期和 2010 年第 69 卷第 6 期专辑（或专栏）发表了生态补偿领域的多篇论文。国外生态补偿研究主要涉及森林、草原、农业、生物保护区、水电工程、海洋渔业等领域[①]；国内生态补偿研究主要涉及流域、森林、草原、农业、生态工程、自然保护区、煤炭开采区、水电工程等领域。[②]生态补偿标准评价是生态补偿研究的核心问题，国内外运用的方法主要有生态系统服务价值法、机会成本法、意愿调查法、市场法、经济计量方法等，其中，生态系统服务价值法和机会成本法是应用较广泛的确定生态补偿标准的方法。

　　目前，从国内外关于生态补偿研究和实践成果来看，主要集中在

---

①　Newton P. , et al. , "Consequences of Actor Level Livelihood Heterogeneity for Additionality in a Tropical Forest Payment for Environmental Services Programme with an Undifferentiated Reward Structure", *Global Environmental Change*, Vol. 22, 2012, pp. 127 – 136; Albrecht M. , et al. , "Effects of Ecological Compensation Meadows on Arthropod Diversity in Adjacent Intensively Managed Grassland", *Biological Conservation*, Vol. 143, 2010, pp. 642 – 649; Zellweger – Fischer J. , et al. , "Population Trends of Brown Hares in Switzerland: The Role of Land – use and Ecological Compensation Areas", *Biological Conservation*, Vol. 144, 2011, pp. 1364 – 1373; García – Amado L. R. , et al. , "Efficiency of Payments for Environmental Services: Equity and Additionality in a Case Study from a Biosphere Reserve in Chiapas, Mexico", *Ecological Economics*, Vol. 70, 2011, pp. 2361 – 2368; Blackman A. , et al. , "User Financing in a National Payments for Environmental Services Program: Costa Rican Hydropower", *Ecological Economics*, Vol. 69, 2010, pp. 1626 – 1638; Begossi A. , et al. , "Compensation for Environmental Services from Artisanal Fisheries in SE Brazil: Policy and Technical Strategies", *Ecological Economics*, Vol. 71, 2011, pp. 25 – 32.

②　刘玉卿等：《基于 SWAT 模型和最小数据法的黑河流域上游生态补偿研究》，《农业工程学报》2012 年第 10 期；李芬等：《森林生态系统补偿标准的方法探讨——以海南省为例》，《自然资源学报》2010 年第 5 期；贾卓等：《草地生态系统生态补偿标准和优先度研究——以甘肃省玛曲县为例》，《资源科学》2012 年第 10 期；刘某承等：《传统地区稻田生态补偿标准的确定——以云南哈尼梯田为例》，《中国生态农业学报》2012 年第 6 期；潘理虎等：《基于人工社会模型的退田还湖生态补偿机制实例研究》，《自然资源学报》2010 年第 12 期；王蕾等：《自然保护区生态补偿定量方案研究——基于"虚拟地"计算方法》，《自然资源学报》2011 年第 1 期；张思锋等：《基于 HEA 方法的神府煤炭开采区受损植被生态补偿评估》，《资源科学》2010 年第 3 期；肖建红等：《基于生态足迹思想的皂市水利枢纽工程生态补偿标准研究》，《生态学报》2011 年第 22 期。

森林、流域、草原、农业、自然保护区、矿区等领域，而关于旅游（特别是海岛旅游）生态补偿的相关研究较少。① 海岛旅游具有其自身的特点，如海岛型旅游目的地作为一个相对独立的地理单元，具有其独特的地理、生态环境特征和生态环境底线标准；海岛型旅游目的地游客的跨区域流动性，资源、能源消耗的大量外来性；旅游交通需要乘坐两种及以上交通工具、多数游客需要在海岛附近中心城市中转，旅游住宿涉及渔家乐形式，旅游餐饮涉及渔家乐、海鲜大排档等多种形式，旅游游览和旅游娱乐涉海较多，旅游购物涉及干海鲜及海鲜壳制品，旅游固体废弃物海鲜壳较多；等等。这些因素导致已有的生态补偿标准评价思路不能很好地适用于海岛型旅游目的地生态补偿标准评价研究。

生态补偿是一种受益者或破坏者付费的环境经济手段，其核心理论基础是生态系统服务价值②。生态补偿标准评价遵循受益者付费原则或破坏者付费原则。受益者付费原则是通过核算生态系统提供的某一项（或多项）服务功能价值确定付费多少，如国外的 PES 项目主要核算的是某一类生态系统提供的某一项（或少数几项）服务功能（如生物多样性保护、碳汇、水文服务、景观服务、综合服务等）的付费。破坏者付费原则是通过核算生态系统受到影响而引起的服务功能损失确定付费多少。确定生态系统受影响程度是核算其服务功能损失的关键，而目前确定生态系统受影响程度是非常困难的工作。国内外这一方面研究成果以核算完全影响（即森林被砍伐了、海域被围填海工程占据了、土地类型转换了，等等）的较多；而核算部分影响的研究需要获取非常详尽的生态环境影响评价资料，或自己进行生态环境影响监测。海岛旅游活动（包括交通、住宿、餐饮、游览、娱乐、购物和废弃物等）会影响到旅游目的地区域内和旅游目的地区域外多种不同类型的生态系统，因缺少这方面详尽的生态环境影响评价资料，而自己监测工作量过于庞大；所以，确定旅游目的地区域内外这

① 张一群等：《对旅游生态补偿内涵的思考》，《生态学杂志》2012 年第 2 期。

② Costanza R., et al., "The Value of the World's Ecosystem Services and Natural Capital", *Nature*, Vol. 387, 1997, pp. 253–260.

些生态系统的受影响程度较困难，进而也很难核算其服务功能的损失。因此，需要新的研究思路和科学方法来进行海岛型旅游目的地生态补偿标准研究。

二　研究思路

研究思路如图 5-1 所示：①以生态补偿评价相关理论为基础，建立不同空间尺度，解决旅游交通的跨区域流动性问题和受损区域边界界定的问题；②以建立的空间尺度和旅游活动七要素为基础，建立海岛型旅游目的地狭义生态补偿标准与广义生态补偿标准物质量核算体系，采用物质量方法间接核算价值量，解决受损程度难以计量的问题；③以物质量核算体系为基础，构建海岛型旅游目的地狭义生态补

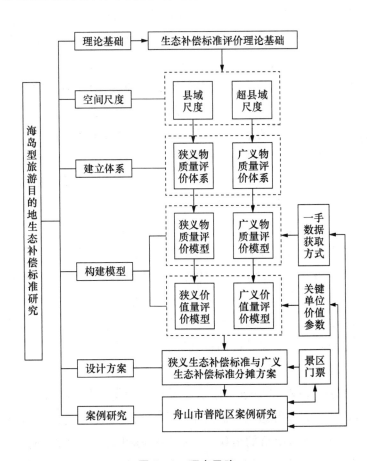

图 5-1　研究思路

偿标准与广义生态补偿标准物质量评价模型（思考一手数据获取方式）和价值量评价模型（思考关键单位价值参数评价方法）；④以物质量评价模型和价值量评价模型为基础，设计狭义生态补偿标准与广义生态补偿标准分摊方案（思考生态补偿标准与景区门票之间的关系）；⑤舟山市普陀区案例应用。

第二节 构建方法体系

一 界定空间尺度

将海岛型旅游目的地生态补偿标准评价的空间范围界定为，"县域"尺度（狭义）和超"县域"尺度（广义），县域尺度界定为海岛型旅游目的地的行政边界的空间范围，超县域尺度界定为游客从常住地到达海岛型旅游目的地旅游交通涉及的空间范围［我国海岛的行政级别有地市（舟山）、县、乡镇、村等，本书所指的县域尺度并非专指县级的海岛旅游目的地，它也可能是指一个乡镇级别的海岛旅游目的地或一个村级的海岛旅游目的地；所以，在本书首次出现县域这一词时加了双引号，以此来特别强调此含义］。从县域尺度和超县域尺度，分别构建海岛型旅游目的地生态补偿标准评价模型，县域尺度对应的是狭义生态补偿标准评价模型（用该类模型计算得出的评价结果称为狭义生态补偿标准），超县域尺度对应的是广义生态补偿标准评价模型（用该类模型计算得出的评价结果称为广义生态补偿标准）。同时，采用物质量方法应明确界定受损区域边界，本书按照行政区域界定县域外、超县域内核算物质量时涉及的受损区域边界（目前国家试点的碳排放权交易就是按照行政区域划分的）。

二 建立物质量核算体系

以旅游七要素（交通、住宿、餐饮、游览、娱乐、购物和废弃物）为基础，充分考虑海岛旅游活动和海岛型旅游目的地的各种特殊性，建立海岛型旅游目的地狭义生态补偿标准与广义生态补偿标准物质量核算体系（其中电划分为火电和水电，我国核电、风电等其他形式的发电量占比小于3%，划归水电核算）（见图5－2）。

海岛旅游要素	类型	消耗/占用		折算/核算/计算物质量	尺度	
海岛旅游交通	景区内索道交通	电	火电	县域外CO$_2$排放量	—	广义量（超县域）
			水电	县域外淹没面积	—	
	景区内交通	柴油、汽油		县域内CO$_2$排放量	狭义量（县域）	
	县域内交通	柴油、汽油		县域内CO$_2$排放量		
		海域占用（或影响）		县域内占用面积		
	省内长途交通	柴油、汽油		县域外CO$_2$排放量	—	
	省际长途交通	柴油、汽油		县域外CO$_2$排放量	—	
	国际交通(含港澳台)	汽油		县域外CO$_2$排放量	—	
	……				……	……
海岛旅游住宿	星级宾馆、渔家乐、社会宾馆	电	火电	县域外CO$_2$排放量	狭义量（县域）	广义量（超县域）
			水电	县域外淹没面积		
		煤炭、天然气、燃料油和液化石油气		县域内CO$_2$排放量		
		水资源	水资源占用	县域内消耗量		
			可耕地占用	县域内占用面积		
		可耕地占用		县域内占用面积		
	……					
海岛旅游餐饮	渔家乐、海洋大排档、星级酒店	电	火电	县域外CO$_2$排放量	狭义量（县域）	广义量（超县域）
			水电	县域外淹没面积		
		液化石油气、天然气、煤炭、薪柴和秸秆		县域内CO$_2$排放量		
		水资源	水资源占用	县域内消耗量		
			可耕地占用	县域内占用面积		
		可耕地占用		县域内占用面积		
	……					
海岛旅游游览	各景区(点)	电	火电	县域外CO$_2$排放量	狭义量（县域）	广义量（超县域）
			水电	县域外淹没面积		
		水资源	水资源占用	县域内消耗量		
			可耕地占用	县域内占用面积		
		可耕地占用		县域内占用面积		
	……					
海岛旅游娱乐	渔家乐、海上浴场、其他海上活动	柴油、汽油		县域内CO$_2$排放量	狭义量（县域）	广义量（超县域）
		海域占用（或影响）		县域内占用面积		
……						
海岛旅游购物	干海鲜	电	火电	县域外CO$_2$排放量	狭义量（县域）	广义量（超县域）
			水电	县域外淹没面积	—	
		煤炭、燃料油		县域内CO$_2$排放量		
		水资源	水资源占用	县域内消耗量		
			可耕地占用	县域内占用面积		
		可耕地占用		县域内占用面积		
	……			县域内占用面积	……	
海岛旅游废弃物	固态垃圾	电	火电	县域外CO$_2$排放量	狭义量（县域）	广义量（超县域）
			水电	县域外淹没面积	—	
		煤炭、燃料油、柴油		县域内CO$_2$排放量		
		垃圾本身释放		县域内CO$_2$排放量		
		可耕地占用		县域内占用面积		
	液态垃圾	电	火电	县域外CO$_2$排放量		
			水电	县域外淹没面积	—	
	……	……	……		……	……

图5－2　生态补偿标准物质量核算体系

三 构建物质量和价值量评价模型

1. 物质量评价模型和一手数据获取方式

基础数据获取是构建物质量评价模型的关键，海岛基础数据资料较少，海岛旅游生态补偿标准研究大量数据需要通过实地调研、访谈调查和问卷调查等方式获取。海岛特有的旅游交通方式（乘坐两种或两种以上的交通工具，许多游客需要在附近的中心城市中转）和渔家乐旅游形式（体验旅游的较高级形式，近年来发展较快）及分散的旅游固态垃圾，增加了一手数据获取的难度。本书提出通过实地调研、问卷调查（包括旅游交通专项问卷调查、渔家乐专项问卷调查、旅游固态垃圾专项问卷调查、旅游资源和能源消耗综合问卷调查等）和主要利益相关者访谈调查等方式获取一手数据，构建海岛型旅游目的地狭义生态补偿标准与广义生态补偿标准物质量评价模型。图 5 - 3 左半部分是以图 5 - 2 物质量核算体系为基础，构建的物质量评价模型；图 5 - 4 是物质量评价模型建模思路和可采用的一手数据获取方式（其他数据通过研究查阅相关资料获取）。

图 5 - 3 变量的含义：$ITSQ^{CO_2}$ 为县域内 CO_2 排放量（kg/a），包含 $ITSQ^{CO_2}_{local-transport}$：县域内及景区内各类交通工具 CO_2 排放量，$ITSQ^{CO_2}_{other-activities}$：旅游各要素能源消耗 CO_2 排放量（旅游交通除外），$ITSQ^{CO_2}_{firewood+straw}$：部分渔家乐餐饮消耗薪柴和秸秆 CO_2 排放量和 $ITSQ^{CO_2}_{waste}$：旅游固态垃圾 CO_2 排放量；$ITSV^{CO_2}$ 为对应的价值量（元/a）；$ITSQ^{land}$ 为旅游占用可耕地面积（hm²/a）；$ITSV^{land}$ 为对应的价值量（元/a）；$ITSQ^{ocean}$ 为旅游占用（或影响）海域面积（hm²/a）；$ITSV^{ocean}$ 为对应的价值量（元/a）；$ITSQ^{water}$ 为旅游水资源消耗量（m³/a）；$ITSV^{water}$ 为对应的价值量（元/a）；$ITGQ^{land}_{hydro-power}$ 为旅游各要素消耗的水电（用水力发电）引起的可耕地淹没面积（hm²/a）；$ITGV^{land}_{hydro-power}$ 为对应的价值量（元/a）；$ITGQ^{CO_2}_{thermal-power}$ 为旅游各要素消耗的火电（用火力发电）产生的 CO_2 排放量（kg/a）；$ITGV^{CO_2}_{thermal-power}$ 为对应的价值量（元/a）；$ITGQ^{CO_2}_{inpro-transport}$ 为省内游客长途交通 CO_2 排放量（kg/a）；$ITGV^{CO_2}_{inpro-transport}$ 为对应的价值量（元/a）；$ITGQ^{CO_2}_{interpro-transport}$ 为省际游客长

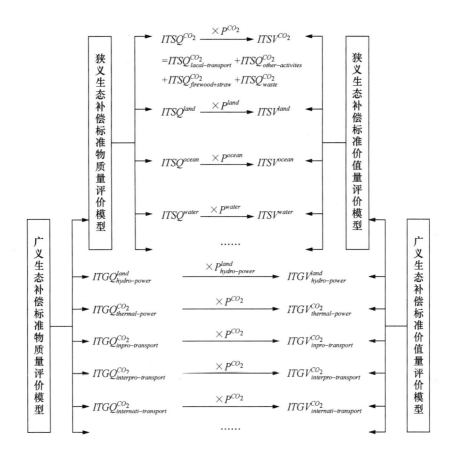

图 5 – 3 物质量评价模型转换价值量评价模型的对照体系

途交通 CO_2 排放量（kg/a）；$ITGV_{interpro-transport}^{CO_2}$ 为对应的价值量（元/a）；$ITGQ_{internati-transport}^{CO_2}$ 为国际（含港澳台）游客长途交通 CO_2 排放量（kg/a）；$ITGV_{internati-transport}^{CO_2}$ 为对应的价值量（元/a）；P^{CO_2} 为排放 CO_2 的单位价值（损失）（元/kg）；P^{land} 为占用可耕地的单位价值（损失）（具有多层含义参数）（元/hm²）；P^{ocean} 为占用（或影响）海域的单位价值（损失）（具有多层含义参数）（元/hm²）；P^{water} 为水资源消耗的单位价值（损失）（元/m³）；$P_{hydro-power}^{land}$ 为水力发电水库淹没可耕地的单位价值（损失）（元/hm²）；$ITSQ$ 和 $ITSV$ 分别为狭义物质量和狭义价值量；$ITGQ$ 和 $ITGV$ 分别为广义物质量和广义价值量。

物质量评价模型		初步设想的建模思路	采用的一手数据获取方式
$ITSQ^{CO_2}$	$ITSQ^{CO_2}_{local-transport}$	景区内：各种能源消耗量→各种能源排碳系数→CO_2；景区外县域内：各类交通工具游客周转量→各类交通工具CO_2排放系数→CO_2……	景区内：旅游交通专项问卷调查、实地调研→各种能源消耗量；景区外县域内：旅游交通专项问卷调查、实地调研→各类旅游路线比例和里程→数据处理→游客周转量……
	$ITSQ^{CO_2}_{other-activites}$	各种能源消耗量→各种能源排碳系数→CO_2……	旅游资源和能源消耗综合问卷调查、渔家乐专项问卷调查和旅游固态垃圾专项问卷调查、主要利益相关者访谈调查、实地调研→数据处理→各种能源消耗量……
	$ITSQ^{CO_2}_{firewood+straw}$	薪柴和秸秆消耗量→含碳率和氧化率→CO_2……	渔家乐专项问卷调查、实地调研→数据处理→薪柴和秸秆消耗量……
	$ITSQ^{CO_2}_{waste}$	固态垃圾量→含有机碳比例和有机碳的CO_2当量系数→CO_2……	旅游固态垃圾专项问卷调查、实地调研→数据处理→固态垃圾量……
$ITSQ^{land}$		可耕地面积……	旅游资源和能源消耗综合问卷调查、旅游交通专项问卷调查、渔家乐专项问卷调查、旅游固态垃圾专项问卷调查、主要利益相关者访谈调查、实地调研→数据处理→可耕地面积，或海域面积，或水资源消耗量，或电消耗量……
$ITSQ^{ocean}$		海域面积……	
$ITSQ^{water}$		水资源消耗量……	
$ITGQ^{land}_{hydro-power}$		电消耗量→水电消耗量→水电站水库淹没可耕地系数→淹没可耕地面积……	
$ITGQ^{CO_2}_{thermal-power}$		电消耗量→火电消耗量→燃煤火电排碳系数→CO_2……	
$ITGQ^{CO_2}_{inpro-transport}$		各类长途交通工具游客周转量→各类交通工具CO_2排放系数→CO_2……	旅游交通专项问卷调查、实地调查→数据处理→游客中转城市比例、乘坐各类交通工具比例、旅游率→各类交通工具游客周转量……
$ITGQ^{CO_2}_{interpro-transport}$			
$ITGQ^{CO_2}_{internati-transport}$			

图 5 - 4　物质量评价模型建模思路

2. 价值量评价模型和关键单位价值参数

以狭义生态补偿标准与广义生态补偿标准物质量评价模型为基础，构建狭义生态补偿标准与广义生态补偿标准价值量评价模型。图 5 - 3 是物质量评价模型转换价值量评价模型的对照体系，物质量评价模型需要通过关键单位价值（损失）参数转换为价值量评价模型；因此，关键单位价值（损失）参数会对生态补偿标准评价结果的可靠性产生重要影响［这也是为什么称其为关键单位价值（损失）参数］。目前，关于关键单位价值（损失）参数的评价有多种方法可以选择（见表 5 - 1），通过多种方法对照研究、主要利益相关者意愿调查、政府相关部门访谈调查、相关领域专家访谈调查等方式，并结合海岛型旅游目的地的实际情况，可以选取确定适合海岛型旅游目的地的关键单位价值（损失）参数评价方法。在关键单位价值（损失）参数中，可耕地单位价值（损失）参数（P^{land}）和海域单位价值（损失）参数（P^{ocean}）具有多层含义。如陆地和海域被占用除了影响相关居民以外，还会影响到生物栖息地等；同时，占用的陆地也可能是林地、绿地等。所以，需要通过实地调研、旅游企业及相关部门访谈调查，根据实际情况，对相关参数的多层含义进行分别处理。

表5-1　　　　　　　关键单位价值（损失）参数的评价方法

关键单位价值参数	评价方法
P^{CO_2}	影子工程法（造林成本法）、影子价格法（碳税率、碳交易价格）、意愿调查法、生态足迹法……
P^{land}	市场价值法、机会成本法（发展机会成本）、恢复费用法、意愿调查法、生态足迹法……
P^{ocean}	市场价值法、机会成本法（发展机会成本）、恢复费用法、意愿调查法、生态足迹法……
P^{water}	成本支出法、影子工程法（建造水库）、水资源价值法、机会成本法、生态足迹法……
……	……

注：$P^{land}_{hydro-power}$ 不属于本书中的关键单位价值参数，对其采用成果参照法评价。

四　设计生态补偿标准分摊方案

1. 生态补偿标准与景区门票的关系

海岛型旅游目的地旅游景区本质上是一种公共物品，目前我国海岛旅游景区收取较高的门票和部分海岛征收的上岛费，实际上已包含了通过景区管理维护或恢复景区生态系统健康的费用；所以，这部分生态补偿费用应由征收门票和上岛费的旅游企业承担。海岛型旅游目的地生态补偿标准中有多少应从景区门票收入中支出，需要结合具体案例来明确。

2. 具有优先次序的生态补偿标准分摊方案

以生态补偿标准评价模型为基础，设计具有优先次序的狭义生态补偿标准与广义生态补偿标准分摊方案，明确各阶段各生态补偿主体和生态补偿客体（生态补偿三个关键问题之一，即解决谁补偿谁的问题），核算各阶段各生态补偿主体和生态补偿客体应承担和获得的生态补偿额度（生态补偿三个关键问题之一，即解决补偿多少的问题），提出各阶段适合采用的生态补偿方式或生态补偿方式组合（生态补偿三个关键问题之一，即解决如何补偿的问题）。图 5 - 5 是设计的具有优先次序（分四阶段）的生态补偿标准分摊方案（图 5 - 5 中变量含义同图 5 - 3），图 5 - 6 是设计的具有优先次序的生态补偿标准分摊方案实施机制。

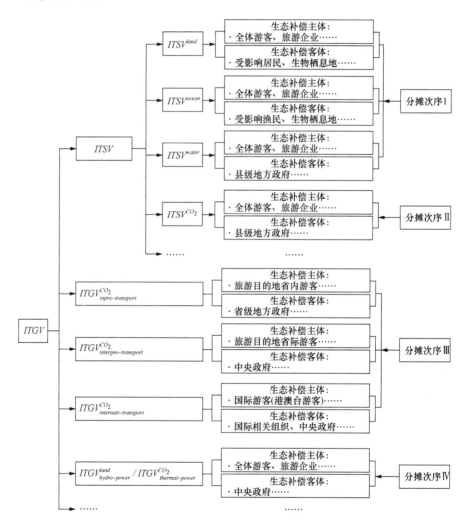

图 5 - 5 设计的具有优先次序的生态补偿标准分摊方案

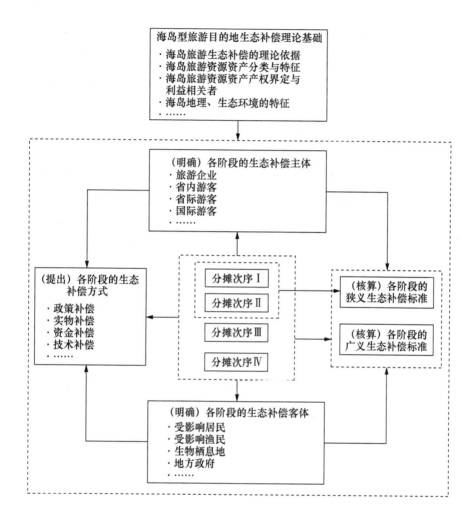

图 5 - 6 设计的具有优先次序的生态补偿标准分摊方案实施机制

（1）分摊次序Ⅰ（第1阶段）：分摊县域内影响海岛居民生计和生物栖息地的生态补偿标准，明确第1阶段各生态补偿主体和生态补偿客体，核算各生态补偿主体和生态补偿客体在第1阶段应承担和获得的生态补偿额度；并提出第1阶段适合采用的生态补偿方式。

（2）分摊次序Ⅱ（第2阶段）：分摊县域内其他的（狭义）生态补偿标准，明确第2阶段各生态补偿主体和生态补偿客体，核算各生态补偿主体和生态补偿客体在第2阶段应承担和获得的生态补偿额度；并提出第 2 阶段适合采用的生态补偿方式。

（3）分摊次序Ⅲ（第 3 阶段）：分摊县域外超县域内海岛旅游直接影响（长途旅游交通）生态环境的生态补偿标准，明确第 3 阶段各生态补偿主体和生态补偿客体，核算各生态补偿主体和生态补偿客体在第 3 阶段应承担和获得的生态补偿额度；并提出第 3 阶段适合采用的生态补偿方式。

（4）分摊次序Ⅳ（第 4 阶段）：分摊县域外超县域内海岛旅游间接影响（水电和火电）生态环境的生态补偿标准，明确第 4 阶段各生态补偿主体和生态补偿客体，核算各生态补偿主体和生态补偿客体在第 4 阶段应承担和获得的生态补偿额度；并提出第 4 阶段适合采用的生态补偿方式。

第六章　海岛型旅游目的地生态补偿标准方法体系应用

第一节　案例地相关研究进展和数据来源

一　舟山群岛案例地相关研究进展

舟山群岛是我国海岛旅游研究的主要案例地，目前研究成果主要集中在两个方面：①舟山群岛旅游的生态环境影响及游憩价值评估。相关研究成果主要包括：舟山群岛旅游过程碳足迹评估、舟山生态型海洋旅游发展对策、舟山群岛旅游地生态安全与可持续发展评估、舟山群岛旅游交通生态足迹评估、舟山普陀旅游金三角游憩价值评估等①；②舟山群岛旅游开发与品牌建设。相关研究成果主要包括：舟山海岛旅游开发策略、舟山群岛旅游开发模式、舟山群岛海洋文化与旅游开发、舟山群岛体验式旅游开发、舟山群岛旅游发展模型和路径选择、舟山群岛旅游开发比较、舟山群岛体育旅游资源开发、舟山群岛女性旅游品牌塑造、舟山群岛海洋水产品品牌构建、舟山群岛海洋

---

① 肖建红等：《海岛旅游地生态安全与可持续发展评估——以舟山群岛为例》，《地理学报》2011 年第 6 期；肖建红等：《旅游过程碳足迹评估——舟山群岛为例》，《旅游科学》2011 年第 4 期；楼筱环：《生态型海洋旅游发展对策研究——以舟山群岛为例》，《生态经济》2008 年第 12 期；肖建红等：《舟山群岛旅游交通生态足迹评估》，《生态学报》2011 年第 3 期；肖建红等：《舟山普陀旅游金三角游憩价值评估》，《长江流域资源与环境》2011 年第 11 期。

旅游品牌战略等①；同时，还包括少量其他方面的相关研究成果。如舟山群岛旅游地旅游空间结构演化机理、舟山群岛经济系统脆弱性评价、舟山群岛旅游服务标准化等。② 从舟山群岛案例相关研究成果来看，尚未发现有关于生态补偿方面的研究成果。本书将普陀区旅游目的地生态补偿标准评价空间范围界定为：县域尺度是舟山市普陀区和定海区，超县域尺度是游客从常住地到达普陀区旅游目的地旅游交通涉及的空间范围。本案例应用部分只考虑了图 5 - 2 物质量核算体系中海岛旅游交通、住宿、餐饮、游览、固体废弃物等要素活动的 CO_2 排放量（其实质为按照"温室效应"折算的等当量 CO_2；通过调查得知，舟山市普陀区海岛旅游娱乐和购物等要素活动能源消耗较小，忽略了其 CO_2 排放量），未考虑其他物质量。

二 数据来源

1. 单位部门、游客访谈数据和问卷调查数据

（1）单位部门访谈数据。通过访谈普陀山客运公司、普陀山客运索道公司和桃花岛客运公司等单位部门，获得了景区内交通能源消耗量、电力消耗量和游客使用比例等数据；通过访谈舟山市 15 个相关单位部门（包括六个旅游相关部门、交通局、六个码头、两个长途汽车站；访谈和问卷调查时间均为 2009 年 8 月），获得了市内游客周转

---

① 任淑华等：《舟山海岛旅游开发策略研究》，《经济地理》2011 年第 2 期；马丽卿：《海岛型旅游目的地的特征及开发模式选择——以舟山群岛为例》，《经济地理》2011 年第 10 期；王大悟：《海洋旅游开发研究——兼论舟山海洋文化旅游和谐发展的策略》，《旅游科学》2005 年第 5 期；裘洁洁：《基于 ASEB 栅格分析法的体验式旅游开发研究——以舟山群岛新区为例》，《浙江海洋学院学报》（人文科学版）2013 年第 5 期；马丽卿等：《比较视角下的我国海岛旅游发展模式和路径选择——以舟山和海南岛为例》，《浙江海洋学院学报》（人文科学版）2013 年第 5 期；伍鹏：《马尔代夫群岛和舟山群岛旅游开发比较研究》，《渔业经济研究》2006 年第 3 期；丁曙等：《舟山群岛新区海洋体育旅游资源开发与利用研究》，《浙江体育科学》2013 年第 4 期；胡林慧：《新区背景下舟山群岛女性旅游品牌的塑造》，《浙江海洋学院学报》（人文科学版）2012 年第 2 期；刘秋民：《旅游水产品品牌个性的构建——以浙江舟山旅游水产品为例》，《渔业经济研究》2009 年第 3 期；王湖滨等：《舟山市海洋旅游品牌战略探析》，《浙江海洋学院学报》（人文科学版）2007 年第 3 期。

② 朱晶晶等：《海岛型旅游地旅游空间结构演化机理分析——以浙江省舟山群岛为例》，《人文地理》2007 年第 1 期；苏飞等：《基于集对分析的旅游城市经济系统脆弱性评价——以舟山市为例》，《地理科学》2013 年第 5 期；潘渊等：《舟山群岛旅游服务标准化的实践与思考》，《中国标准化》2013 年第 3 期。

量计算的基础数据、景区游客量数据和各类宾馆床位数数据；通过访谈舟山市电力公司普陀山供电营业所，获得了普陀山游览耗电量计算的基础数据；通过访谈舟山市六个环卫管理相关部门，获得了固体垃圾产生量和运输能源消耗量等数据。

（2）游客访谈和问卷调查数据。通过问卷调查和游客访谈，获得了各省（市、区）和浙江省各地市游客所占总游客量的比例（有效问卷量为 550 份，访谈 1668 位游客，该比例是通过调查 2218 位国内游客获得）；通过问卷调查，获得了游客乘坐各种不同交通工具的比例、游客选择中转城市比例（有效问卷量为 545 份）和游客平均游玩时间（有效问卷量为 563 份）。

2. 文献数据和官方网站数据

（1）文献数据。舟山市宾馆出租率、舟山市城镇居民生活能源人均消耗量（游客餐饮能源消耗按舟山市城镇居民消耗量计算）、中国火电及其他形式发电量的比例、全球平均单位面积林地吸收 CO_2 量、各类宾馆能源消耗、发电的 CO_2 排放因子、各种能源的热量折算系数、各类交通工具 CO_2 排放系数和均衡因子、固体垃圾含有有机碳的比例和有机碳的 CO_2 当量系数。[①]

（2）官方网站数据。为了获得城市间公路里程、铁路里程、航空航线里程等数据，查阅了舟山（普陀区、定海区）、宁波等长途汽车站网站，宁波、杭州、上海等火车站网站和宁波、杭州、上海等国际机场网站等官方网站。

---

① 浙江省旅游局：《浙江省旅游业统计公报》，http：//www. tourzj. gov. cn/；舟山市统计局：《舟山统计年鉴》，中国统计出版社 2009 年版；中国国家统计局：《中国统计年鉴》，中国统计出版社 2008 年版；陶在朴：《生态包袱与生态足迹》，经济科学出版社 2003 年版；章锦河等：《旅游生态足迹模型及黄山实证分析》，《地理学报》2004 年第 5 期；Schafer A. ，et al. ，"Global Passenger Travel：Implications for Carbon Dioxide Emissions"，*Energy*，Vol. 24，1999，pp. 657 – 679；邱大雄：《能源规划与系统分析》，清华大学出版社 1995 年版；Gössling S. ，et al. ，"The Eco – efficiency of Tourism"，*Ecological Economics*，Vol. 54，2005，pp. 417 – 434；甄翌等：《生态足迹模型在区域旅游可持续发展评价中的改进》，《生态学报》2008 年第 11 期。

第二节　生态补偿标准评价结果和分摊方案

一　生态补偿标准评价结果

运用建立的生态补偿标准物质量核算体系（见图 5 - 2）和物质量评价模型建模思路及一手数据获取方式（见图 5 - 4），评价 2008 年舟山市普陀区旅游目的地的旅游交通、旅游住宿、旅游游览、旅游餐饮和旅游固体废弃物等要素活动产生的物质量。通过计算可得，狭义物质量为 33554.4056tCO$_2$，狭义物质量之外的广义物质量为 291443.7375tCO$_2$，广义物质量为 324998.1431tCO$_2$（见表 6 - 1）。

表 6 - 1　　　　　　　　物质量和价值量评价结果

	旅游要素	狭义物质量（tCO$_2$）	狭义物质量之外广义物质量（tCO$_2$）	狭义价值量（元）	狭义价值量之外广义价值量（元）
旅游交通	景区内索道交通（火电）	—	275.3412	—	56394.88
	景区内交通	979.8863		200698.53	
	市内交通	18357.5143	—	3759952.70	—
	浙江、上海、江苏长途交通	—	20345.2018	—	4167067.24
	国内其他省（市、区）长途交通		177292.8186		36312792.76
	港、澳、台国际长途交通	—	18724.6244	—	3835143.52
	国外地区国际长途交通	—	32995.2235	—	6758021.69
	狭义量或狭义量之外广义量合计	19337.4006	249633.2095	3960651.23	51129420.09
	广义量合计	268970.6101		55090071.32	
旅游住宿	定海区（火电）		9437.7392		1933020.58
	普陀区（火电）		14422.2297		2953934.87
	普陀山（火电）		8707.8900		1783534.20
	广义量合计	32567.8589		6670489.65	

续表

旅游要素		狭义物质量（tCO_2）	狭义物质量之外广义物质量（tCO_2）	狭义价值量（元）	狭义价值量之外广义价值量（元）
旅游游览	普陀山（火电）	—	9242.6691	—	1893066.68
	广义量合计	—	9242.6691	—	1893066.68
旅游餐饮	管道煤气	272.8969	—	55894.25	—
	液化石油气	1709.5741	—	350151.86	—
	狭义量合计	1982.4710	—	406046.11	—
旅游固体废弃物	运输垃圾	55.2357	—	11313.28	—
	有机固体垃圾	12179.2983	—	2494541.73	—
	狭义量合计	12234.5340	—	2505855.01	—
狭义量或狭义量之外广义量合计		33554.4056	291443.7375	6872552.35	59692976.42
广义量合计		324998.1431		66565528.77	

运用建立的物质量评价模型转换价值量评价模型的对照体系（见图 5-3），并结合关键单位价值（损失）参数的方法（见表 5-1），采用影子工程法的造林成本法和影子价格法的碳税率法两种方法碳排放价格的均值（751 元/t·C），作为物质量转换为价值量的单位价值（损失）。[①] 通过计算可得，狭义价值量为 687.2552 × 10^4 元，狭义价值量之外的广义价值量为 5969.2976 × 10^4 元，广义价值量为 6656.5528 × 10^4 元；即 2008 年，舟山市普陀区旅游目的地的狭义生态补偿标准为 687.2552 × 10^4 元，广义生态补偿标准为 6656.5528 × 10^4 元（见表 6-1）。

二　生态补偿标准分摊方案

1. 具有优先次序的生态补偿标准分摊方案

运用设计的具有优先次序的生态补偿标准分摊方案（见图 5-5）和实施机制（见图 5-6），计算了舟山市普陀区旅游目的地各阶段的

---

① 肖建红等：《基于河流生态系统服务功能的皂市水利枢纽工程的生态补偿标准》，《长江流域资源与环境》2012 年第 5 期。

狭义生态补偿标准与广义生态补偿标准（见表6-2）；明确了各阶段的生态补偿主体和生态补偿对象（见表6-3）；分别计算了各不同阶段生态补偿主体承担的生态补偿标准额度（见表6-3）和不同游客类型［舟山市游客、沪宁杭（除舟山市）游客、国内（除沪宁杭）游客和国际（含港、澳、台）游客等］承担的生态补偿标准额度（见表6-4）；各不同阶段、不同类型游客承担的生态补偿标准额度可采用征收生态税的生态补偿方式（具体实施措施还有待进一步研究）。

2. 生态补偿标准与景区门票的关系

舟山市普陀区旅游目的地景区门票（旅游企业）应承担在旅游景区内旅游要素产生直接或间接（火电）CO_2排放对应的生态补偿标准额度，包括景区内旅游交通能源消耗产生直接CO_2排放对应的生态补偿标准额度（狭义量），计算可得其值为0.06元/人次；景区内索道交通、普陀山住宿、普陀山游览等火电消耗产生间接CO_2排放对应的生态补偿标准额度（狭义量之外广义量），计算可得其值为1.07元/人次。计算可得出，扣除景区门票承担生态补偿标准额度后的各不同阶段生态补偿主体实际承担的生态补偿标准额度（见表6-3）和不同游客类型实际承担的生态补偿标准额度（见表6-4）。

表6-2　　　各阶段狭义生态补偿标准与广义生态补偿标准

优先次序	核算内容	物质量（tCO_2）		生态补偿标准/价值量（元）	
		狭义量	狭义量外广义量	狭义量	狭义量外广义量
分摊次序Ⅱ	$ITSQ^{CO_2}_{local-transport}$	19337.4006	—	3960651.23	—
	$ITSQ^{CO_2}_{other-activities}$	1982.4710	—	406046.11	—
	$ITSQ^{CO_2}_{waste}$	12234.5340	—	2505855.01	—
	合计	33554.4056	—	6872552.35	—
分摊次序Ⅲ	$ITGQ^{CO_2}_{inpro-transport}$	—	20345.2018	—	4167067.24
	$ITGQ^{CO_2}_{interpro-transport}$	—	177292.8186	—	36312792.76
	$ITGQ^{CO_2}_{internati-transport}$	—	51719.8479	—	10593165.21
	合计	—	249357.8683	—	51073025.21

续表

优先次序	核算内容	物质量（tCO_2）		生态补偿标准/价值量（元）	
		狭义量	狭义量外广义量	狭义量	狭义量外广义量
分摊次序Ⅳ	$ITGQ_{thermal-power}^{CO_2}$	—	42085.8692	—	8619951.21
	合计	—	42085.8692	—	8619951.21
狭义量或狭义量之外广义量合计		33554.4056	291443.7375	6872552.35	59692976.42
广义量合计		324998.1431		66565528.77	

注：表中各变量含义同图5-3。

表6-3　　　　　　　　　不同阶段的生态补偿标准

优先次序	生态补偿主体	游客量（人次）	分阶段承担额度（元/人次）	分阶段实际承担额度*（元/人次）	生态补偿客体
分摊次序Ⅱ	全体游客	3504700	1.13	1.07	舟山市政府
	全体游客	3504700	0.12	0.12	舟山市政府
	全体游客	3504700	0.71	0.71	舟山市政府
	合计	—	1.96	1.90	—
分摊次序Ⅲ	舟山市游客	113610	0.00	0.00	舟山市政府
	沪宁杭（除舟山市）游客	2045585	2.04	2.04	沪宁杭省级政府
	国内（除沪宁杭）游客	1294000	28.06	28.06	中央政府
	国际（含港澳台）游客	51505	205.67	205.67	国际相关组织
分摊次序Ⅳ	全体游客	3504700	2.46	1.39	中央政府

注：*表示实际承担额度是扣除门票承担生态补偿标准额度后的数值。

表6-4　　　　　　　　　　不同类型游客的生态补偿标准

游客类型	分摊次序Ⅱ		分摊次序Ⅱ-Ⅲ		分摊次序Ⅱ-Ⅳ	
	承担额度	实际承担额度*	承担额度	实际承担额度*	承担额度	实际承担额度*
舟山市游客	1.96	1.90	1.96 (1.96+0.00)	1.90 (1.90+0.00)	4.42 (1.96+0.00 +2.46)	3.29 (1.90+0.00 +1.39)
沪宁杭（除舟山市）游客	1.96	1.90	4.00 (1.96+2.04)	3.94 (1.90+2.04)	6.46 (1.96+2.04 +2.46)	5.33 (1.90+2.04 +1.39)
国内（除沪宁杭）游客	1.96	1.90	30.02 (1.96+28.06)	29.96 (1.90+28.06)	32.48 (1.96+28.06 +2.46)	31.35 (1.90+28.06 +1.39)
国际（含港澳台）游客	1.96	1.90	207.63 (1.96+ 205.67)	207.57 (1.90+ 205.67)	210.09 (1.96+205.67 +2.46)	208.96 (1.90+205.67 +1.39)

注：＊表示实际承担额度是扣除门票承担生态补偿标准额度后的数值。

第三节　结论与讨论

（1）构建了一种适合海岛型旅游目的地生态补偿标准研究的方法体系，该体系核心内容主要包括：界定空间尺度；建立狭义生态补偿标准与广义生态补偿标准物质量核算体系；构建狭义生态补偿标准与广义生态补偿标准物质量评价模型和价值量评价模型；设计狭义生态补偿标准与广义生态补偿标准分摊方案；舟山市普陀区案例应用。构建的方法体系是一种开放体系，表示需要依据应用案例的实际情况进行补充、修改和完善。如舟山市普陀区和定海区是两个单独的县级行政区域，它们的主体陆地区域在一个岛上，两个区整体陆地面积较小，普陀区旅游目的地的旅游交通、住宿、餐饮、购物、废弃物等环节发生在普陀区和定海区，很难明确划分开；所以，舟山市普陀区旅游目的地的县域尺度是普陀区和定海区两个县级行政区域，而非只是普陀区。又如舟山市普陀区旅游目的地浙江、江苏和上海游客占总游客量的 62.54%，其中，江苏和上海游客占总游客量的 21.91%（2009 年调查数据）；虽然舟山市普陀区属于浙江省，但是考虑浙江、江苏和上海在长江三角洲一个区域，距离旅游目的地均较近，占旅游目的地游客量比例均较大；所以，舟山市普陀区旅游目的地省内游客是指沪宁杭游客。

（2）如何获取一手物质量数据是构建方法体系的一个关键问题，海岛旅游相关基础数据较少，生态补偿标准定量评价需要的基础数据通常需要通过实地调研、利益相关者访谈和问卷调查等方式获取，其中问卷调查可分为交通、渔家乐、固体垃圾等具有海岛特色的专项问卷调查和资源、能源消耗等综合问卷调查，具体案例需依据实际情况从中选择相应的调查、访谈工作；对于具有跨区域流动性的物质量（如 CO_2）边界界定，采用国际惯例——共同责任原则，以排放源为依据按照行政区域划分。同时，如何选取关键单位价值（损失）参数评价方法是构建方法体系的又一个关键问题，关键单位价值（损失）参数评价方法直接影响生态补偿标准评价结果的可靠性；当关键单位价值（损失）参数有多种评价方法可以选择时，通常采用多种方法评价结果的平均值（如舟山市普陀区案例，采用的是造林成本法和碳税率两种方法的平均值），或者结合具体案例通过各利益相关者的意愿调查确定；对于具有多层含义的关键单位价值（损失）参数，通常需要结合具体案例通过其累积（或累加）效应或占用的不同土地类型（如耕地、林地、绿地等）来确定。

（3）2008 年，舟山市普陀区旅游目的地的狭义生态补偿标准为 687.2552×10^4 元，广义生态补偿标准为 6656.5528×10^4 元；分摊次序 Ⅱ 阶段的生态补偿标准为 687.2552×10^4 元，分摊次序 Ⅱ—Ⅲ 阶段的生态补偿标准为 5794.5577×10^4 元，分摊次序 Ⅱ—Ⅳ 阶段的生态补偿标准为 6656.5528×10^4 元。舟山市游客、沪宁杭（除舟山市）游客、国内（除沪宁杭）游客和国际（含港、澳、台）游客，在分摊次序Ⅱ阶段，他们均需承担 1.96 元/人次的生态补偿标准额度，扣除景区门票需承担的 0.06 元/人次的生态补偿标准额度，他们均需实际承担 1.90 元/人次的生态补偿标准额度；在分摊次序Ⅱ—Ⅲ阶段，他们分别需承担 1.96 元/人次、4.00 元/人次、30.02 元/人次和 207.63 元/人次的生态补偿标准额度，扣除景区门票需承担的 0.06 元/人次的生态补偿标准额度，他们分别需实际承担 1.90 元/人次、3.94 元/人次、29.96 元/人次和 207.57 元/人次的生态补偿标准额度；在分摊次序Ⅱ—Ⅳ阶段，他们分别需承担 4.42 元/人次、6.46 元/人次、32.48 元/人次和 210.09 元/人次的生态补偿标准额度，扣除景区门票需承担的 0.06 元/人次和 1.07 元/人次的生态补偿标准额度，他们分别需实际承担 3.29 元/人次、5.33 元/人次、31.35 元/人次和 208.96 元/人次的生态补偿标准额度。同时，本书只是简单地提出采用生态税的方式征收生态补偿标准，但是，具体的实施措施和更为合理的生态补偿方式，或生态补偿方式组合有待进一步研究。

（4）不同（距离）客源地游客在旅游目的地的停留时间、意愿偏好和消费偏好等存在差异，所以，不同（距离）客源地游客对旅游目的地的生态消耗也存在差异；生态补偿标准核算时，应先将游客按照客源地划分，再分别计算生态补偿标准，本书未能考虑这方面的差异。同时，不同类型的旅游活动（如观光、休闲度假、宗教等）对旅游目的地生态环境的影响差异较大，生态补偿标准的核算应考虑不同类型旅游活动的差异；但是，海岛型旅游目的地（如舟山群岛）游客往往会参加多种不同类型的旅游活动，很难对游客进行较为明确的分类。本书对游客分类采用的是按照地域划分，这同样也会给生态补偿标准评估结果带来误差。更为合理的划分方法有待进一步研究。因国内外关于旅游生态补偿特别是海岛旅游生态补偿的相关研究才刚刚起步，本书只是一项初步研究成果，在包含更多类型物质量生态补偿标准核算和考虑海洋、海岛的生态特殊性等方面还有待进一步深入研究。

第 四 篇

海岛型旅游目的地生态补偿
标准：生态足迹成分法

第七章　长岛县渔家乐旅游发展
现状、问题与对策

第一节　信息来源和渔家乐发展

一　信息来源

采用实地考察、相关负责人和业主访谈、问卷调查等相结合的方法收集原始信息资料。主要进行的工作包括（时间为2011年5—7月）：①实地考察了长岛县的主要景区、宾馆（包括两家三星级宾馆、一家两星级宾馆和多家家庭宾馆）、休闲广场、海鲜大排档、港口、各村的主要道路交通和部分海水养殖区等；②（半结构式）访谈了旅游局和各村渔家乐负责人及部分渔家乐业主；③问卷调查了136户渔家乐，有效问卷量134户（问卷调查详细信息参见表7–1和表7–2）。

表7–1　　　　　　　　　　基本信息

村名	总户数	渔家乐户数	调查样本量	村名	总户数	渔家乐户数	调查样本量
黑石嘴村	168	38	12	荻沟村	280	28	5
店子村	373	70	24	王沟村	300	59	18
花沟村	27	8	2	山前村	120	22	4
连城村	90	23	5	后沟村	165	32	8
嵩前村	198	45	10	鹊嘴村	159	26	7
北城村	440	13	4	乐园村	405	76	18
南城村	354	66	17	合计	3079	506	134

注：长岛县南北长山岛共有15个村，孙家村和赵王村村民目前主要进行海参养殖，已不开办渔家乐。

表 7 - 2 渔家乐基本情况

内容	调查值 (样本量 134)*	内容	调查值 (样本量 134)*
平均经营年限（年）	8	平均解决就业人数	2.50
平均床位数（张）	24	业主长岛人所占比例	86.57%
平均投资额（万元）	13	业主专门从外地到长岛开办渔家乐比例	2.99%
平均占地面积（平方米）	192	业主从事过养殖业比例	48.51%
业主平均年龄	46	女性业主比例	71.64%
从业人员平均年龄	47	女性从业人员比例	63.78%
业主平均文化程度**	2.3	从业人员中雇用人数比例	16.84%
从业人员平均文化程度**	2.3	每户渔家乐自驾游游客平均比例	30.83%

注：＊各村调查样本量参见表 7 - 1；＊＊：令小学及以下 = 1，初中 = 2，高中、中专 = 3，大专、本科 = 4。

二 渔家乐旅游项目发展

渔家乐旅游是吃住在渔家，娱乐在渔村，览胜于景点，游玩于海上的海岛特色旅游项目；它是一种以渔民为市场经营主体，以渔民所拥有的渔船、庭院和海岛资源为依托，以服务游客为手段的渔村家庭经营方式；它为游客提供包括渔家食宿、渔事体验、渔家习俗在内的综合性服务，是体验旅游的较高级形式。保持海岛渔家乐特色旅游项目可持续发展，对于缓解海洋渔业资源衰退，调整海岛渔业产业结构，解决渔民就业增收和实现小康渔村建设等，都具有十分重要的意义。

20 世纪 90 年代末，长岛县养殖业处于低谷，渔民收入逐年减少。1999 年，长岛县青联旅行社提出初步设想，南长山镇王沟村的 11 户渔民将自己家多余的房间进行简单的改造，自发组织开办了"吃在渔家，住在渔家，做一天渔民"的渔家乐旅游项目。长岛县是我国发展渔家乐旅游项目较早的地方，在渔家乐旅游项目发展的鼎盛时期（2003—2004 年），长岛县南北长山岛有渔家乐 673 户（数据来源于长岛县旅游局）；2004 年，长岛县因渔家乐旅游项目被国家旅游局命名为全国首批"国家级农业旅游示范点（渔家乐）"；2011 年，长岛县南北长山岛渔家乐降至 506 户（数据来源于访谈调查，见表 7 -1）。目前，在县旅游局注册的渔家乐分布在南长山镇的黑石嘴村、连城村、南城村、荻沟村、王沟村、山前村、后沟村、鹊嘴村、乐园村九个村和北长山乡的店子村、花沟村、嵩前村、北城村四个村（孙家村和赵王村主要进行海参养殖，目前已不开办渔家乐）（见图 7 - 1）。

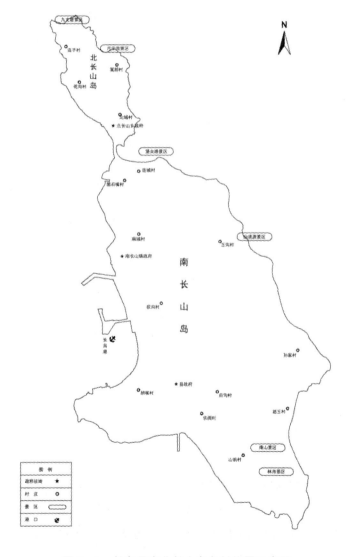

图 7 - 1　长岛县南北长山岛各村位置示意图

第二节　渔家乐发展的问题与对策

一　渔家乐发展存在的问题

由于管理模式存在问题，长岛县渔家乐旅游的整体规模正在逐步缩小，经济效益不断下滑，渔家乐旅游项目经济可持续发展受到了严重威胁。通过在长岛县的实地考察、相关负责人和业主访谈、问卷调查等发现，渔家乐特色旅游项目可持续发展存在以下问题。

1. 恶性竞争

长岛县渔家乐之间的恶性竞争凸显，渔家乐已不再按照 2008 年制定的接待团体客人统一 35 元每人每天的标准（1999 年的标准为 40元），而是从成本、客源以及人数等方面来自定价格，导致长岛接待团体客人的价格出现混乱局面，甚至有的渔家乐经营者将团队每人每天食宿标准从 35 元的底线降到了 28 元。价位低，海鲜很少，吃不好，投诉增多。

2. 违背核心理念

渔家乐旅游项目的核心经营理念是"住渔家屋、吃渔家饭、乘渔家船、做渔家活、享渔家乐"，其中，体验旅游是渔家乐旅游项目的重要环节。但是目前，长岛县渔家乐已忽略了对渔村、渔家真实的生产、生活场景的营造与生活习俗的合理利用。庭院内很少有悬挂渔网、蟹子笼及养殖浮泡等渔养生产用具的；也没有组织织网、系各种绳扣、渔家号子、渔鼓说唱等反映渔家生活的传统节目；2010 年渔家乐旅游海上游项目全部停止，现在只剩下住宿和吃饭环节了。

3. 经营缺乏特色

各村之间渔家乐旅游项目的餐饮种类、住宿条件、购物包装等几乎是千篇一律，游客没有多少选择的余地；同类产品项目的过度集中，再加上产品单一、缺乏创新设计与提升，导致经营竞争异常激烈。

4. 政府监管不严

长岛县旅游局出台了《长岛县"渔家乐"旅游项目规范管理办法》《"渔家乐"经营管理办法》等多个文件，对渔家乐业户的申请条件（必须是十星级渔村文明家庭等）、申报程序［需经过村、乡（镇）、县等逐级审批等］、管理机制［县、乡（镇）、村三级垂直管理体制，实行统一对外报价、统一经济结算等"七统一"政策等］；但是，由于政府监管不严，出现了外地人专门到长岛县开办渔家乐（见表7-2），未挂牌经营渔家乐（这部分渔户主要是接待团队游客），私自定价（通过价格优惠"撬客""揽客"）等不合理现象。

5. 接受新事物较慢

渔家乐主要由妇女经营，业主和从业人员学历较低、年龄较大（见表7-2），对新事物接受较慢，她们绝大多数不会利用网络等工具来吸引客源；同时，对旅游知识、接待常识、安全知识、环保意识等知道的也较少。

二　渔家乐可持续发展模式

以实地考察、相关负责人和业主访谈、问卷调查等获取的相关信息为基础，以解决海岛渔家乐旅游项目可持续发展存在的问题为前提，设计的渔家乐特色旅游项目可持续发展模式如图7-2所示。

1. 设立县及乡镇渔家乐旅游管理办公室

渔家乐旅游管理办公室主要负责如下：①制定渔家乐的申报条件及审批；②制定各星级（含无星级）渔家乐旅游项目的经营和管理规范；③制定各星级（含无星级）渔家乐的标准及评定（含渔家乐的降级及撤销经营权）；④制定各星级（含无星级）渔家乐的定价；⑤监督各村旅游服务公司相关规范的执行情况。

2. 各村分别成立旅游服务公司

村旅游服务公司有旅游经营执照，属于集体性质的法人实体，各渔家乐业户挂靠村旅游服务公司；各村旅游服务公司兼具有合作社和公司的性质，通过提取一定比例的经营收入获取经费。各村旅游服务公司以渔家乐旅游管理办公室制定的各种制度、规范和标准等为基础，主要负责：①统一分配本村客源和统一结算［组团渔家乐旅游的

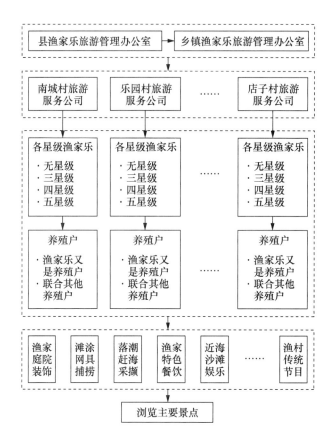

图7-2 渔家乐特色旅游项目可持续发展模式

旅行社进岛前应与村旅游服务公司对接，确定住宿渔家乐的星级（含无星级）标准，村旅游服务公司再将团客（考虑到渔家乐的接待能力，以每10人一组为宜）分配到各星级（含无星级）渔家乐，村旅游服务公司负责统一结算费用；散客自己登门入住的，渔家乐业主必须到村旅游服务公司进行报告、登记，并由村旅游服务公司负责统一结算费用]；②统一开发具有本村特色的渔家乐食谱和渔家乐相关体验活动（如渔家庭院装饰、滩涂网具捕捞、落潮赶海采撷、近海沙滩娱乐等），同村不同星级（含无星级）渔家乐的食谱和体验活动不同，同村同星级（含无星级）渔家乐的食谱和体验活动相同；③统一组织开发具有本村特色的反映渔村现实生活的传统节目表演（如织网、系各种绳扣、渔家号子、渔鼓说唱等）；④各村旅游服务公司统一对外宣传促销，各村同一星级（含无星级）的渔家乐对外统一报价；⑤培训本村渔家乐业主和从业人员；⑥监督本村渔家乐的经营是否规范，接受投诉和意见反馈，执行对渔家乐的奖惩。

3. 将各村渔家乐进行分级

渔家乐旅游管理办公室依据渔家乐分级标准，将各村渔家乐划分为无星级、三星级、四星级和五星级四个级别，各星级（含无星级）渔家乐执行本村旅游服务公司设计制定的各级渔家乐食谱和相关体验活动。对于既经营渔家乐又从事养殖业的业主来说，食宿和体验活动自家可以解决；而对于只经营渔家乐的业主来说，体验环节需要联合未经营渔家乐的养殖户，并进行收入分层。同时，渔家乐业主负责组织游客参观主要旅游景点。

第三节　可持续发展模式的功能及建议

一　可持续发展模式的功能

本书提出的渔家乐特色旅游项目可持续发展模式具有避免恶性竞争，注重渔事体验、渔家习俗和突出渔村自己特色，统一管理、提高经济效益等综合功能。

1. 避免恶性竞争

在可持续发展模式中，各村成立旅游服务公司，统一执行渔家乐旅游管理办公室制定的各星级（含无星级）渔家乐的收费标准，各村旅游服务公司统一分配本村客源、统一结算，避免了打价格战、争抢客源等恶性竞争。

2. 注重渔事体验、渔家习俗和突出渔村自己特色

在可持续发展模式中，各村旅游服务公司在渔家乐旅游管理办公室制定的各星级（含无星级）渔家乐标准的范围内，统一开发具有本村特色的各星级（含无星级）渔家乐餐饮食谱和体验活动，本村各星级（含无星级）渔家乐业户联合养殖户遵照执行；同时，各村旅游服

务公司统一组织开发具有本村特色的传统节目表演，各渔家乐业主积极参与其中。这样做既能充分体现渔家乐旅游的核心理念，又能突出各村自己的特色。

3. 统一管理

在可持续发展模式中，渔家乐管理办公室统一制定了各种规范、制度和标准等，各村旅游服务公司统一执行；各村旅游服务公司统一开发具有本村特色的渔家乐食谱、体验活动和节目表演等，本村渔家乐业户统一执行。这些统一管理，避免了外地人开办渔家乐、未挂牌经营和私自定价等不合理现象；同时，统一对外宣传、统一客源、统一培训等，弥补了渔家乐业主接受新事物慢、相关知识缺乏等缺点。

4. 提高经济效益

在可持续发展模式中，突出了渔家乐旅游的体验部分，使渔家乐旅游由目前包含的餐饮和住宿环节拓展到餐饮、住宿、游览、娱乐、购物等环节，由旅游业延伸到养殖业、文化产业等，延长了游客停留时间，扩大了渔家乐旅游的乘数效应，提高了经济效益；同时，通过统一管理，避免了恶性竞争和外地人经营，增加了本地人就业，减少了旅游漏损，提高了经济效益。

二 建议

1. 渔家乐旅游项目应是高级体验旅游

海岛渔家乐旅游项目不能定位为大众旅游，通过调查发现，长岛县多数渔家乐接待团客每人每天的价位在 28—50 元（含一日三餐，住一晚），接待团客每人的纯收入在 5—20 元。海岛生态环境脆弱、生态承载力有限，淡水资源紧缺，海岛渔家乐旅游项目应定位为具有特色的、经济效益较高的高级体验旅游。因此，渔家乐团客每人每天的最低报价应在 100 元以上，散客应在 150 元以上（访谈各村渔家乐负责人和部分渔家乐业主，他们认为这样的报价较为合理）。

2. 统一管理是渔家乐旅游项目可持续发展的核心

统一的规范、制度和标准，统一客源、统一结算、统一宣传报价、统一培训，同村同一星级（含无星级）渔家乐统一食谱和体验活动，同村渔家乐统一节目表演等，实行这些统一管理对渔家乐旅游项目实现可持续发展至关重要。据一直从事王沟村渔家乐管理工作的负责人介绍，王沟村 2000—2003 年曾经实行过统一管理，取得了较好的效果；但是，自从统一管理被打破后，王沟村渔家乐旅游的经济效益一直在下滑；所以他说，"非常留恋渔家乐统一管理"。长岛县旅游局 2007—2008 年也曾出台过关于统一管理的相关文件，但都一直未能很好地执行。海岛受资源、能源、交通、空间等的限制，渔民可从事的创收项目有限，通过统一管理，实行均衡的利益分配机制，是避免恶性竞争、提高经济效益、保持海岛旅游和谐发展，实现渔家乐旅游项目可持续发展的重要途径。

3. 保持适度竞争是渔家乐旅游项目可持续发展的动力

各村旅游服务公司在吸引客源方面存在竞争，这可以激励各村旅游服务公司努力开发具有本村特色的食谱、体验活动和表演节目，逐步形成具有本村特色的渔家乐旅游；通过形成本村特色，可以保持客源市场一定程度的垄断，避免过度竞争。2007 年，长岛县旅游局开始对渔家乐实行星级评定，目前已有五星级一户（北长山乡嵩前村水香源）、四星级 32 户、三星级 101 户，但是不同星级渔家乐并没有实行差异管理及差异定价标准；通过对各村渔家乐进行星级评定，不同村同一星级（含无星级）渔家乐定价应相同，同村不同星级（含无星级）渔家乐食谱和体验活动应存在差异，定价应不同、收益也不同；这可以激励同村渔家乐保持适度竞争，努力提高服务质量。同时，对经营较差的渔家乐应实行降级和退出机制。

4. 禁止外地人进岛开办渔家乐

由于资金和观念上的优势，外地人在长岛县开办渔家乐的规模较大、环境较好、经营理念较先进（如装修独立卫生间是外来经营者引进的，刚开始村里的人还不理解），生意和经济效益较好（外地人经营渔家乐以接待散客为主，且自驾游游客所占比例较高，回头客也较多，很多客人是通过电话预定的；每人每天价位在 120—180 元）。海岛经济结构单一，渔家乐旅游是渔民重要的创收项目，外地人进入挤占了海岛有限的资源，应禁止外地人通过各种途径进岛开办渔家乐。

第八章　长岛县渔家乐旅游
生态补偿标准

第一节　研究基础

一　生态足迹成分法述评

生态足迹是衡量可持续发展的重要指标，目前已被广泛应用于全球、国家、城市、区域及特定工业产品等不同范围或领域的可持续发展、生态环境影响评估中，综合法（自上而下方法）和成分法（自下而上方法）是生态足迹的两种主要不同的计算方法。[①] Wackernagel、Hunter 和 Gössling 等最早将生态足迹分析引入旅游生态环境可持续发展评估中，目前生态足迹分析已成为被广泛采用的旅游

[①] Kissinger M. , et al. , "Place Oriented Ecological Footprint Analysis: The Case of Israel's Grain Supply", *Ecological Economics*, Vol. 69, 2010, pp. 1639 – 1645; Wackernagel M. , et al. , *Our Ecological Footprint: Reducing Human Impact on the Earth*, New Society Publishers, 1996; Simmons C. , et al. , "Footprinting UK Households: How Big is Your Ecological Garden?" *Local Environment*, Vol. 3, 1998, pp. 355 – 362; Bicknell K. B. , et al. , "New Methodology for the Ecological Footprint with an Application to the New Zealand Economy", *Ecological Economics*, Vol. 27, 1998, pp. 149 – 160.

生态环境可持续发展的重要指标。[1] 生态足迹成分法是由 Simmons、Chambers、Barret 和 Lewis 等提出并完善的一种生态足迹计算方法，已被应用到城镇、村庄、学校、公司、家庭、个人、产品、单项活动等微观领域的资源消耗和生态环境影响评估方面。[2] 近期，生态足迹成分法相关研究成果涉及的领域主要包括学校（中学和大学）、家庭、个人、房屋、城镇、公园、体育赛事、制造品等方面。[3] 生态足迹成分法沿用了生态足迹综合法提出的基本原理、土地类型划分及均衡因子等核心思想，两种方法最主要的差别是原始数据的获取方法不同。生态足迹综合法的原始数据主要来源于世界重要组织、国家或地方的数据库或相关统计资料，而生态足迹成分法的原始数据则主要来源于访谈和问卷调查。生态足迹成分法根据调查对象的特征，制定详细的

[1]　Wackernagel M. , et al. , "Footprints for Sustainability: The Next Steps", *Environment, Development and Sustainability*, Vol. 2, 2000, pp. 23 – 44; Hunter C. , "Sustainable Tourism and the Touristic Ecological Footprint", *Environment, Development and Sustainability*, Vol. 4, 2002, pp. 7 – 20; Gössling S. , et al. , "Ecological Footprint Analysis as a Tool to Assess Tourism Sustainability", *Ecological Economics*, Vol. 43, 2002, pp. 199 – 211; Hunter C. , et al. , "The Ecological Footprint as a Key Indicator of Sustainable Tourism", *Tourism Management*, Vol. 28, 2007, pp. 46 – 57.

[2]　Simmons C. , et al. , "Footprinting UK Households: How Big is Your Ecological Garden?", *Local Environment*, Vol. 3, 1998, pp. 355 – 362; Simmons C. , et al. , "Two Feet – two Approaches: A Component – based Model of Ecological Footprinting", *Ecological Economics*, Vol. 32, 2000, pp. 375 – 380.

[3]　Gottlieb D. , et al. , "Analyzing the Ecological Footprint at the Institutional Scale – The Case of an Israeli High – school", *Ecological Indicators*, Vol. 18, 2012, pp. 91 – 97; Li G. J. , et al. , "Application of the Componential Method for Ecological Footprint Calculation of a Chinese University Campus", *Ecological Indicators*, Vol. 8, 2008, pp. 75 – 78; Høyer K. G. , et al. , "Household Consumption and Ecological Footprints in Norway – Does Urban Form Matter?", *Journal of Consumer Policy*, Vol. 26, 2003, pp. 327 – 349; 李明明等:《徐州市主城区个人生态足迹空间变异性研究》,《自然资源学报》2010 年第 4 期; Bin G. S. , et al. , "Measuring Buildings for Sustainability: Comparing the Initial and Retrofit Ecological Footprint of a Century Home – The REEP House", *Applied Energy*, Vol. 93, 2012, pp. 24 – 32; Kissinger M. , et al. , "Urban Hinterlands – The Case of an Israeli Town Ecological Footprint", *Environment Development and Sustainability*, Vol. 10, 2008, pp. 391 – 405; Gondran N. , "The Ecological Footprint as a Follow – up Tool for an Administration: Application for the Vanoise National Park", *Ecological Indicators*, Vol. 16, 2012, pp. 157 – 166; Collins A. , et al. , "Assessing the Environmental Impacts of Mega Sporting Events: Two Options?" *Tourism Management*, Vol. 30, 2009, pp. 828 – 837; 贺成龙等:《成分法计算钢铁的生态足迹》,《环境科学学报》2009 年第 12 期。

各种生物资源、各种能源和水资源消耗的账户目录及固态、液态、气态等废弃物产生的账户目录，通过访谈或问卷调查等方式填充账户目录，获取原始数据资料。生态足迹成分法与生态足迹综合法各有优劣，两者具有互补性，生态足迹评估中选择哪种方法（或者两种方法结合）取决于对评估精度的要求和被评估对象的特征。[①] 海岛渔家乐旅游生态环境影响研究涉及大量（微观）基础数据资料，而关于这方面的数据资料较为稀缺；所以，为了提高评估精度，并结合评估对象的特征，采用生态足迹成分法，通过设计相关账户目录获取基础数据，进行海岛渔家乐旅游的生态足迹评估；并以此为基础，评估海岛型旅游目的地的生态补偿标准较为适用。

二 研究理论

生态补偿是解决环境外部性的经济手段，实施生态补偿应遵循受益者付费或破坏者付费原则。国外生态补偿主要是指生态系统服务付费（如森林的水文服务、景观服务、碳汇等），而国内多数生态补偿研究案例还包括失去发展的机会成本等。旅游通过旅游各环节（包括交通、住宿、餐饮、游览、娱乐、购物、废弃物等）消耗资源和能源，而对旅游目的地及其外部区域的生态环境产生影响。这些影响具有负外部性，通过传统的市场方法难以解决。这就需要通过生态补偿手段将这些负外部性内部化。

海岛渔家乐旅游主要消耗生物资源、水资源和各种能源［包括电能、化石能源、生物质能源（薪柴）等］，提供海岛渔家乐旅游的生物资源主要涉及水域、耕地等土地类型，提供水资源（海水淡化、污水处理）和各种能源主要涉及林地（薪柴）、化石燃料用地等土地类型。因此，海岛渔家乐旅游的生态补偿应包括为提供各种水产品而受影响的养殖海域（生态系统）、为提供各种农产品而受影响的耕地（生态系统）、为提供薪柴而受影响的林地（生态系统）和化石能源消耗碳排放受影响的群体等的生态补偿。本书选取的基线或基底是海

---

① Simmons C., et al., "Two Feet – two Approaches: A Component – based Model of Ecological Footprinting", *Ecological Economics*, Vol. 32, 2000, pp. 375 – 380.

岛居民的本底资源和能源消耗量，而上述各种生态系统或群体的受影响程度是通过对比游客与海岛居民人均资源和能源消耗量的差值来度量的，即生态补偿标准是按照这一差值来核算的。

第二节 研究方法

一 渔家乐旅游生态足迹模型

1. 生物资源消耗生态足迹模型

$$Def_{brci}^{IFHT} = r_x \times (dc_i/p_i) \qquad (8-1)$$

式（8-1）中，Def_{brci}^{IFHT} 为渔家乐每位游客每天消耗第 i 种生物资源（含生物资源加工后产生的资源）的生态足迹（hm^2）；dc_i 为渔家乐每位游客每天消耗第 i 种生物资源量（kg）；p_i 为第 i 种生物资源的全球平均产量（kg/hm^2）；r_x 为各种土地类型的均衡因子（令 r_1 为耕地，r_2 为水域，r_3 为林地，r_4 为化石燃料用地，r_5 为建筑用地，r_6 为草地）。

2. 水资源消耗生态足迹模型

$$Def_{wrc}^{IFHT} = r_4 \times \{\beta_{tp} \times [k_{tp} \times (dq_{wrc} \times \rho_{dpc} + l_s \times dq_{wrc} \times \rho_{spc})]/p_{tp}\}$$
$$+ r_1 \times \{\beta_{hp} \times [k_{hp} \times (dq_{wrc} \times \rho_{dpc} + l_s \times dq_{wrc} \times \rho_{spc})]/p_{hp}\}$$

$$(8-2)$$

式（8-2）中，Def_{wrc}^{IFHT} 为渔家乐每位游客每天消耗所有水资源的生态足迹（含处理污水的生态足迹）（hm^2）；dq_{wrc} 为渔家乐每位游客每天消耗所有水资源量（t）；ρ_{dpc} 为海水淡化的耗电系数（$kW \cdot h/t$）；l_s 为污水产生系数（取 80%）；ρ_{spc} 为处理污水的耗电系数（$kW \cdot h/t$）；k_{tp} 和 k_{hp} 分别为我国火电和水电（含其他形式电）所占比例（%）；β_{tp} 和 β_{hp} 分别为火电和水电转换为热能的系数（$GJ/10^3 kW \cdot h$）；p_{tp} 和 p_{hp} 分别为火电和水电的全球平均足迹（GJ/hm^2）；r_4 和 r_1 的含义同模型（8-1）。

3. 电能源消耗生态足迹模型

$$Def_{eec}^{IFHT} = r_4 \times [\beta_{tp} \times (k_{tp} \times dQ_{eec})/p_{tp}] + r_1 \times [\beta_{hp} \times (k_{hp} \times dQ_{eec})/p_{hp}]$$

$$(8-3)$$

式（8－3）中，Def_{eec}^{IFHT} 为渔家乐每位游客每天消耗所有电的生态足迹（hm^2）；dQ_{eec} 为渔家乐每位游客每天所有的耗电量（$kW \cdot h$）；其他参数的含义同模型（8－2）。

4. 化石能源消耗生态足迹模型

$$Def_{fecj}^{IFHT} = r_4 \times (de_j \times t_j / p_j) \tag{8－4}$$

式（8－4）中，Def_{fecj}^{IFHT} 为渔家乐每位游客每天消耗第 j 种化石能源的生态足迹（hm^2）；de_j 为渔家乐每位游客每天消耗第 j 种化石能源量（t）；t_j 为第 j 种化石能源转换为热能的系数（GJ/t）；p_j 为第 j 种化石能源的全球平均足迹（GJ/hm^2）；r_4 的含义同模型（8－1）。

5. 生物质能源（薪柴）消耗生态足迹模型

$$Def_{wc}^{IFHT} = r_3 \times [(dw_{wc}/\rho_w)/p_w] + r_4 \times [(dw_{wc} \times C_w \times O_w \times u_{CO_2/C})/p_{CO_2}] \tag{8－5}$$

式（8－5）中，Def_{wc}^{IFHT} 为渔家乐每位游客每天消耗生物质能源（薪柴）的生态足迹（hm^2）；dw_{wc} 为渔家乐每位游客每天消耗生物质能源（薪柴）量（t）；ρ_w 为生物质能源（薪柴）的密度（t/m^3）；p_w 为全球平均每公顷林地的产量（m^3/hm^2）；C_w 为生物质能源（薪柴）的含碳率（%）；O_w 为生物质能源（薪柴）的氧化率（%）；$u_{CO_2/C}$ 为碳折算成二氧化碳的系数；p_{CO_2} 为全球平均每公顷林地吸收二氧化碳量（t/hm^2）；r_3 和 r_4 的含义同模型（8－1）。

二 渔家乐旅游生态补偿标准模型

$$Decs^{IFHT} = (Def^{IFHT} - Def^{IR}) \times P_{ef} \tag{8－6}$$

式（8－6）中，$Decs^{IFHT}$ 为渔家乐每位游客每天承担的生态补偿标准（元）；Def^{IFHT} 为渔家乐每位游客每天平均的生态足迹（hm^2）；Def^{IR} 为海岛每位居民每天平均的生态足迹（hm^2）；P_{ef} 为居民（食品、能源等）消费支出与居民生态足迹的比值（元/hm^2）。

三 数据来源

1. 问卷调查

（1）问卷设计。调查问卷内容包括两部分：第一部分是关于渔家乐客源的基本信息，包括渔家乐年接待游客量、游客地域分布、游客参团与散客情况、游客停留时间、游客预定情况和渔家乐年收入等；第二部分为渔家乐消耗各类资源情况，涵盖了各类生物资源消耗、各类能源消耗和水资源消耗等 17 项，其中，又将消耗的各类海产品和各类蔬菜进行了细分，统计的各类海产品（游客在长岛县渔家乐主要消费的海产品）包括蛤蜊、扇贝、海螺、海胆、虾蛄、江遥贝、鲍鱼、螃蟹、海虹、鱿鱼、蛏子、海参、海肠、牡蛎、虾及各种鱼等，统计的各类蔬菜（游客在长岛县渔家乐主要消费的蔬菜）包括芸豆、茼蒿、油菜、茭瓜、包菜、韭菜、黄瓜、辣椒、西红柿、西兰花、茄子、蒜薹、白菜、芹菜、洋葱、菜花等。

（2）调查过程。问卷调查过程分为三部分：① 2011 年 5 月，问卷调查负责人对长岛县南北长山岛开展渔家乐的 13 个村进行了为期两天的考察调研；② 2011 年 7 月，问卷调查所有成员对长岛县渔家乐进行了为期两天的考察调研，并在黑石嘴村进行了问卷预调查；③ 2011 年 7 月，问卷正式调查。调查人员进村后，散布在村子的不同方向采取随机抽样，各村抽样基本情况如表 8 - 1 所示。调查采用面对面的形式，由调查人员询问渔家乐业主及相关物质采购人员并记录。为了提高调查质量，要求调查人员在调查完成后对所获取的数据向被调查者进行再次确认核对；同时，要求每位调查人员每天最多完成 2—4 户渔家乐调查工作，可以少于两户，但不能多于四户。共调查了 105 户渔家乐，其中有效问卷 102 户，有效率 97.14%。

表 8 - 1　　　　　　　　　　　　样本分布

村/乡镇	渔家乐户数	样本量	抽样比例（%）	村/乡镇	渔家乐户数	样本量	抽样比例（%）
黑石嘴村	38	8	21.05	王沟村	59	14	23.73
店子村	70	16	22.86	山前村	22	6	27.27
花沟村	8	1	12.50	后沟村	32	7	21.88
连城村	23	4	17.39	鹊嘴村	26	6	23.08
嵩前村	45	7	15.56	乐园村	76	11	14.47
北城村	13	2	15.38	南长山镇	370	76	20.54

续表

村/乡镇	渔家乐户数	样本量	抽样比例（%）	村/乡镇	渔家乐户数	样本量	抽样比例（%）
南城村	66	13	19.70	北长山乡	136	26	19.12
荻沟村	28	7	25.00	合计	506	102	20.16

2. 参数来源

计算中运用的参数有均衡因子（r_x），各种生物资源的全球平均产量（p_i）、各种能源的全球平均足迹（p_{tp}、p_{hp}和p_j）、各种能源的热量换算系数（β_{tp}、β_{hp}和t_j），海水淡化的耗电系数（ρ_{dpc}），处理污水的耗电系数（ρ_{spc}，调查值），火电和水电（含其他形式电）所占比例（k_{tp}和k_{hp}，根据文献计算），薪柴密度（ρ_w）、薪柴的含碳系数（C_w）和氧化率（O_w）、碳折算成二氧化碳的系数（$u_{CO_2/C}$）、全球平均每公顷林地的产量（p_w）、全球平均每公顷林地吸收二氧化碳量（p_{CO_2}）。上述各变量含义同模型（8-1）至模型（8-5）。[①]

第三节 生态补偿标准和主要影响因素

一 生态补偿标准结果

运用模型（8-1）至模型（8-5），计算长岛县渔家乐旅游的生态足迹，如表8-2所示。长岛县农村居民每人每天食品消费和居住消费支出为8.02元（依据文献中的数据计算），居民每人每天的生态

---

① Wackernagel M., et al., "National Natural Capital Accounting with the Ecological Foot-print Concept", *Ecological Economics*, Vol. 29, 1999, pp. 375 – 390; Wackernagel M., et al., "*Ecological Footprint of Nations*", Commissioned by the Earth Council for the Rio + 5 Forum. International Council for Local Environmental Initiatives, Toronto, 1997; 邱大雄：《能源规划与系统分析》，清华大学出版社 1995 年版；樊雄等：《山东长岛县反渗透海水淡化工程》，《水处理技术》2003 年第 1 期；中国国家统计局：《中国统计年鉴》，中国统计出版社 2011 年版；肖建红等：《海岛旅游地生态安全与可持续发展评估——以舟山群岛为例》，《地理学报》2011 年第 6 期。

足迹为 0.002901 hm² （依据文献中的数据计算）①；通过计算得出，居民（食品、能源等）消费支出与居民生态足迹的比值为 2765 （元/hm²）；运用模型（8 - 6），计算渔家乐旅游的生态补偿标准，如表 8 - 3 所示。

表 8 - 2　　　　　　　　　　　　生态足迹结构

村/乡镇		生态足迹（hm²）	生态足迹（水域）		生态足迹（耕地）		生态足迹（林地）		生态足迹（化石燃料地）	
			生态足迹（hm²）	比例（%）	生态足迹（hm²）	比例（%）	生态足迹（hm²）	比例（%）	生态足迹（hm²）	比例（%）
村	黑石嘴村	0.010339	0.007021	67.91	0.002498	24.16	0.000000	0.00	0.000821	7.94
	店子村和花沟村	0.011580	0.007906	68.27	0.002551	22.03	0.000172	1.49	0.000950	8.20
	连城村	0.007131	0.005002	70.14	0.001606	22.52	0.000000	0.00	0.000522	7.32
	嵩前村和北城村	0.009532	0.006958	73.00	0.002210	23.19	0.000000	0.00	0.000365	3.83
	南城村	0.007380	0.004880	66.12	0.001808	24.50	0.000226	3.06	0.000466	6.31
	荻沟村	0.006062	0.003484	57.47	0.001940	32.00	0.000000	0.00	0.000639	10.54
	王沟村	0.007372	0.004472	60.66	0.001977	26.82	0.000370	5.02	0.000553	7.50

① 烟台市统计局：《烟台统计年鉴》，中国统计出版社 2011 年版；李蕾等：《基于生态足迹模型的海岛生态资源利用的评价研究——以长岛县为例》，《海洋开发与管理》2011 年第 9 期。

续表

村/乡镇		生态足迹（hm²）	生态足迹（水域）		生态足迹（耕地）		生态足迹（林地）		生态足迹（化石燃料地）	
			生态足迹（hm²）	比例（%）	生态足迹（hm²）	比例（%）	生态足迹（hm²）	比例（%）	生态足迹（hm²）	比例（%）
村	山前村	0.006990	0.004953	70.86	0.001548	22.15	0.000175	2.50	0.000313	4.48
	后沟村	0.007268	0.004831	66.47	0.001730	23.80	0.000286	3.94	0.000422	5.81
	鹊嘴村	0.009130	0.006366	69.73	0.002112	23.13	0.000150	1.64	0.000502	5.50
	乐园村	0.009262	0.005286	57.07	0.002271	24.52	0.000976	10.54	0.000728	7.86
乡镇	南长山镇	0.007925	0.005085	64.16	0.001977	24.95	0.000300	3.79	0.000563	7.10
	北长山乡	0.010871	0.007578	69.71	0.002433	22.38	0.000113	1.04	0.000748	6.88
全县		0.008676	0.005721	65.94	0.002093	24.12	0.000252	2.90	0.000610	7.03

注：因花沟村和北城村渔家乐数量较少，计算时将花沟村调查样本与邻近的店子村样本合并，将北城村调查样本与邻近的嵩前村合并。

表 8 - 3 生态补偿标准

村/乡镇		生态补偿标准（元/d·人）				
		全部	水域	耕地	林地	化石燃料地
村	黑石嘴村	20.57	13.97	4.97	0.00	1.63
	店子村和花沟村	24.00	16.38	5.29	0.36	1.97
	连城村	11.70	8.20	2.63	0.00	0.86
	嵩前村和北城村	18.33	13.38	4.25	0.00	0.70
	南城村	12.38	8.19	3.03	0.38	0.78
	荻沟村	8.74	5.02	2.80	0.00	0.92
	王沟村	12.36	7.50	3.32	0.62	0.93
	山前村	11.31	8.01	2.50	0.28	0.51

续表

村/乡镇		生态补偿标准（元/d·人）				
		全部	水域	耕地	林地	化石燃料地
村	后沟村	12.07	8.03	2.87	0.48	0.70
	鹊嘴村	17.22	12.01	3.98	0.28	0.95
	乐园村	17.59	10.04	4.31	1.85	1.38
乡镇	南长山镇	13.89	8.91	3.47	0.53	0.99
	北长山乡	22.04	15.36	4.93	0.23	1.52
全县		15.97	10.53	3.85	0.46	1.12

二　生态补偿标准主要影响因素

将渔家乐旅游的生态足迹和生态足迹——水域分别与非山东游客比例、散客游客比例、停留两天及以上游客比例、电话或网络预定游客比例和每位游客每天给渔家乐带来的收入等主要因素进行相关性分析（见表8-4），结果表明，这些主要因素与生态足迹和生态足迹——水域均表现出正相关性；所以，这些主要因素与渔家乐旅游的生态补偿标准也存在正相关性，它们是渔家乐旅游生态补偿标准的主要影响因素。

表8-4　　　　　　　生态足迹与主要因素的相关性

主要影响因素	Pearson 系数	Sig.（双尾）	样本量
生态足迹与非山东游客比例	0.241*	0.015	102
生态足迹与散客游客比例	0.314**	0.001	102
生态足迹与停留两天及以上游客比例	0.307**	0.002	102
生态足迹与电话或网络预定游客比例	0.220*	0.027	102
生态足迹与每位游客每天给渔家乐带来的收入	0.360**	0.000	102
生态足迹——水域与非山东游客比例	0.217*	0.028	102
生态足迹——水域与散客游客比例	0.373**	0.000	102
生态足迹——水域与停留两天及以上游客比例	0.347**	0.000	102
生态足迹——水域与电话或网络预定游客比例	0.296**	0.003	102
生态足迹——水域与每位游客每天给渔家乐带来的收入	0.309**	0.002	102

注：＊表示 P＜0.05；＊＊表示 P＜0.01。

第四节　结论、讨论及进一步研究的问题

一　结论

（1）2011年，长岛县渔家乐每位游客每天的生态足迹为 0.008676 hm²，其中生态足迹——水域占总生态足迹的比例为 65.94%；每位游客每天需承担的生态补偿标准为15.97元，其中承担养殖海域的生态补偿标准为10.53元。

（2）各村渔家乐游客对海产品的消耗量均较大，各村生态足迹——水域占总生态足迹比例的最低值为57.07%，各村渔家乐游客承担养殖海域的生态补偿标准最低值为5.02元。店子村、黑石嘴村、嵩前村、乐园村和鹊嘴村等渔家乐的户均生态足迹较大，北长山乡渔家乐的户均生态足迹明显高于南长山镇渔家乐的户均生态足迹，这些村（乡镇）渔家乐游客需要承担的生态补偿标准也较大。

（3）渔家乐的生态足迹和生态足迹——水域分别与非山东游客比例、散客游客比例、停留两天及以上游客比例、电话或网络预定游客比例和每位游客每天给渔家乐带来的收入等主要因素呈正相关性，这些因素是影响生态补偿标准的主要因素。

二　讨论

（1）长岛县南北长山岛主要有九丈崖、月牙湾、望夫礁、仙境源、烽山和林海六个景区。在六个景区中，两个较著名的景区——九丈崖和月牙湾均分布在北长山岛，其余四个景区分布在南长山岛（见图8-1）。通过调查得知，北长山岛的店子村临近九丈崖，嵩前村临近月牙湾；南长山岛的黑石嘴村是长岛县渔家乐的样板村，渔家乐以二、三层小楼为主，渔家乐的环境在长岛县各村中居首位；南长山岛的乐园村和鹊嘴村是长岛县县城所占地，交通出行方便，整体环境较好，且两个村子距离明珠广场（长岛县著名的广场）和海水浴场较近。所以，在店子村、黑石嘴村、嵩前村、乐园村和鹊嘴村等村渔家乐入住的游客中，省外长途、散客较多，且停留时间相对较长，这类

游客对饮食和住宿标准要求较高，且水产品需求量较大，这些因素导致这些村渔家乐旅游的平均生态足迹相对较高，游客需承担的生态补偿标准也较高；同时，也导致北长山岛渔家乐旅游的生态补偿标准高于南长山岛。

（2）从海岛渔家乐游客的生态补偿标准结构来看（见表8－3），养殖海域是主要的生态补偿对象，其次是生产农产品的耕地；因水产品加工简单，对化石能源的消耗量较小，碳排放的生态补偿标准较小。海岛土地资源有限，游客消耗水产品以外的大量资源和能源均来自海岛以外的区域；所以，海岛旅游目的地的生态补偿应首先考虑对养殖海域的生态补偿。因渔家乐旅游的收入与生态足迹及生态补偿标准呈正相关，可依据各村渔家乐旅游的平均收费标准或各渔家乐的不同收费标准，实行多消耗多征收的原则，向游客征收生态补偿费用；征收的生态补偿费用可由政府相关部门代管，首先用于养殖海域生态环境的恢复和治理。

三 进一步研究的问题

生态足迹成分法是核算微观（或小范围）主体生态环境影响的重要方法，本书尝试性地将其应用到海岛渔家乐生态足迹计算中，主要核算了海岛渔家乐的主要资源、能源和水资源消耗及污水处理的生态足迹。进一步的研究可逐步考虑核算渔家乐固体垃圾产生（海岛固体垃圾较分散，且固体垃圾中海鲜壳较多，统计和计算分析固体垃圾对生态环境的影响较困难。在长岛县，调查人员到渔家乐进行调研时发现，业主们很难较准确估计出游客在渔家乐产生的固体垃圾量；运输垃圾工人和环境卫生管理相关人员很难估算出渔家乐产生的固体垃圾量占总固体垃圾量的比例，也很难估算出海鲜壳量占总固体垃圾量的比例，所以，海岛渔家乐固体垃圾生态足迹计算需要考虑新的思路和方法）、卫生纸消耗、洗涤用品消耗等的生态足迹和从生命周期角度核算渔家乐纺织品（被褥）耗损、房屋修建等的生态足迹。

旅游食宿生态足迹核算涉及数据量较大，调查起来较困难；同时，旅游餐饮和旅游住宿有些地方具有重合性，这又增加了调查获取数据的难度。本书选取了具有海岛特色的旅游食宿一体化的渔家乐为案例，初步研究了旅游食宿生态足迹核算的资源和能源消耗账户目录设计、模型构建和生态足迹计算。接下来可考虑在旅游餐饮和旅游住宿独立账户目录设计、模型构建等方面进行进一步研究，如海岛渔家乐旅游餐饮账户目录应主要包含生物资源消耗、水资源消耗、电能源消耗、化石能源消耗、生物质能源（薪柴）消耗、固体和液体垃圾产生、厨房和餐厅修建资源及能源消耗等内容；涉及的相关参数主要有均衡因子，各种生物资源的全球平均产量、各种能源的全球平均足迹、各种能源的热量换算系数，海水淡化的耗电系数，处理污水的耗电系数，薪柴密度、薪柴的含碳系数和氧化率、碳折算成二氧化碳的系数、全球平均每公顷林地吸收二氧化碳量，单位量垃圾含有有机碳的比例、有机碳的二氧化碳当量系数等。海岛渔家乐旅游住宿账户目录应主要包含水资源消耗、电能源消耗、固体和液体垃圾产生、纺织品耗损、住宿房屋修建资源及能源消耗等内容；涉及的相关参数主要有均衡因子、火电和水电的热量换算系数、火电和水电的全球平均足迹，海水淡化的耗电系数，处理污水的耗电系数，单位量垃圾含有有机碳的比例、有机碳的二氧化碳当量系数等。更为准确的旅游餐饮和旅游住宿资源和能源消耗等的独立账户目录设计、模型构建、相关参数选取等内容有待进一步研究。

第 五 篇

海岛型旅游目的地生态补偿标准：生态
系统服务付费制度和生态标签制度

第九章 生态系统服务付费制度

第一节 相关研究述评

一 旅游税研究述评

目前，已有大量的政策工具集（包括传统的监管或指挥和控制手段、生态标签、经济手段等）被用来解决旅游引起的环境外部性问题。其中，在国际上，旅游税（主要依据污染者付费原则）和旅游费（主要依据使用者付费原则）广受欢迎[①]；同时，旅游目的地生态系统（环境）服务付费（主要依据受益者付费原则）已有少量研究成果。旅游税是一种通过庇古手段（或政府手段）来解决环境外部性问题的方法，而旅游费和旅游目的地生态系统（环境）服务付费是一种通过科斯手段（或市场手段）来解决环境外部性问题的方法。在一些

---

① Do Valle P. O. , et al. , "Tourist Attitudes Towards an Accommodation Tax Earmarked for Environmental Protection: A Survey in the Algarve", *Tourism Management*, Vol. 33, 2012, pp. 1408 – 1416; Bakhat M. , et al. , "Evaluating a Seasonal Fuel Tax in a Mass Tourism Destination: A Case Study for the Balearic Islands", *Energy Economics*, Vol. 38, 2013, pp. 12 – 18; Van Sickle K. , et al. , "Budgets, Pricing Policies and User Fees in Canadian Parks' Tourism", *Tourism Management*, Vol. 19, 1998, pp. 225 – 235; Logar I. , et al. , "Respondent Uncertainty in Contingent Valuation of Preventing Beach Erosion: An Analysis with a Polychotomous Choice Question", *Journal of Environmental Management*, Vol. 113, 2012, pp. 184 – 193; Pascoe S. , et al, "Estimating the Potential Impact of Entry Fees for Marine Parks on Dive Tourism in South East Asia", *Marine Policy*, Vol. 47, 2014, pp. 147 – 152.

案例中，旅游目的地生态系统（环境）服务付费与旅游费相结合。[1]

20 世纪 80 年代，旅游税在世界范围内传播，不丹、多米尼加、巴利阿里群岛、威尼斯、佛罗伦萨等一些旅游目的地，已经将旅游税作为一种环境政策工具。[2] 住宿税是旅游税中最常见的例子，目前，关于住宿税的相关研究主要集中在对旅游供给部门或游客需求量的影响方面。[3] 如 Gago 等运用可计算的一般均衡模型分析了若征收10%的住宿税或将增值税由7%提高到12%对旅游相关部门的影响，结果表明，两种征收方式结果相似，对除了宾馆和饭店以外的其他部门影响较小；Do Valle 等通过调查葡萄牙著名的滨海旅游地阿尔加维游客对征收（用于海滩和沿海区域环境保护的）专项住宿税的态度得出，因游客支持率较低，征收住宿税可能会对游客需求产生负面影响等。另外一种应用较多的旅游税是燃油碳排放税，如 Tol 运用国际旅游流仿真模型评估了征收航空燃油碳排放税的影响，结果表明，航空燃油碳排放税将显著影响长途航班（因高排放）和短途航班（因起飞和降落阶段排放），对中途航班影响最小；所以，严重依赖短途航班和洲际航班的旅游目的地国际游客量将下降，而其他旅游目的地国际游客量将上升。关于海岛型旅游目的地旅游税的相关研究，主要集中在西班牙巴利阿里群岛案例，如 Palmer 和 Riera 详细介绍了西班牙巴利阿里群岛自治政府提出的向游客征收（用于生态环境保护和提供旅游产品、服务的）生态税，生态税被设计为一种典型的住宿税，依据宾馆类型按照每晚征收，该生态税于 2001 年 4 月被批准，2003 年 10 月被废止；Aguiló 等以西班牙巴利阿里群岛为案例，运用动态结构模型

① Tacconi L. , "Redefining Payments for Environmental Services", *Ecological Economics*, Vol. 73, 2012, pp. 29 – 36.

② Rey – Maquieira J. , et al. , "Quality Standards Versus Taxation in a Dynamic Environmental Model of a Tourism Economy", *Environmental Modelling & Software*, Vol. 24, 2009, pp. 1483 – 1490.

③ Do Valle P. O. , et al. , "Tourist Attitudes Towards an Accommodation Tax Earmarked for Environmental Protection: A Survey in the Algarve", *Tourism Management*, Vol. 33, 2012, pp. 1408 – 1416; Gooroochurn N. , et al. , "Economics of Tourism Taxation: Evidence from Mauritius", *Annals of Tourism Research*, Vol. 32, 2005, pp. 478 – 498.

（扩散模型）和传统经济效用理论模型相结合方法，评估了每位游客每天征收 1 欧元（平均值）的旅游税对德国、英国、法国和荷兰等国际游客量的影响；Bakhat 和 Rosselló 运用时间序列模型，以西班牙巴利阿里群岛 1999—2010 年的月度时间序列数据为基础，评估得出，旅游旺季征收燃油税的价格弹性较低，燃油税不能减少交通的外部性，但是，燃油税能帮助政府增加财政收入和调整燃油消费的水平和结构等。[①]

二　旅游费研究述评

向游客征收旅游费历史悠久，如 1908 年，美国第一个国家公园——瑞尼尔山国家公园就开始向游客征收旅游费。[②] 目前，关于旅游费的相关研究主要集中在运用条件价值评估法（Contingent Valuation Method，CVM），调查游客对于保护自然旅游资源的支付意愿，支付方式主要以（额外或增加）门票费为主。如 Mmopelwa 等运用 CVM 评估了为提高博茨瓦纳奥卡万戈三角洲莫瑞米动物保护区的管理水平，不同类型游客对提高门票费的支付意愿；关于海岛型旅游目的地旅游费的相关研究主要有：Arin 和 Kramer 运用 CVM 评估了菲律宾阿尼洛、麦克坦岛和阿罗拉三个海洋保护区潜水游客对保护珊瑚礁的支付意愿，支付方式为门票费；Mathieu 等运用 CVM 评估了塞舌尔群岛国家海洋公园游客对保护海洋资源的支付意愿，支付方式为门票费；Asafu‐Adjaye 和 Tapsuwan 运用 CVM 评估了泰国斯米兰群岛国家海洋

①　Gago A. , et al. , "Specific and General Taxation of Tourism Activities: Evidence from Spain", *Tourism Management*, Vol. 30, 2009, pp. 381 – 392; Do Valle P. O. , et al. , "Tourist Attitudes Towards an Accommodation Tax Earmarked for Environmental Protection: A Survey in the Algarve", *Tourism Management*, Vol. 33, 2012, pp. 1408 – 1416; Tol R. S. J. , "The Impact of a Carbon Tax on International Tourism", *Transportation Research Part D: Transport and Environment*, Vol. 12, 2007, pp. 129 – 142; Palmer T. , et al. , "Tourism and Environmental Taxes: With Special Reference to the ‘Balearic Ecotax’", *Tourism Management*, Vol. 24, 2003, pp. 665 – 674; Aguiló E. , et al. , "The Short – term Price Effect of a Tourist Tax Through a Dynamic Demand Model: The Case of the Balearic Islands", *Tourism Management*, Vol. 26, 2005, pp. 359 – 365; Bakhat M. , et al. , "Evaluating a Seasonal Fuel Tax in a Mass Tourism Destination: A Case Study for the Balearic Islands", *Energy Economics*, Vol. 38, 2013, pp. 12 – 18.

②　Van Sickle K. , et al. , "Budgets, Pricing Policies and User Fees in Canadian Parks' Tourism", *Tourism Management*, Vol. 19, 1998, pp. 225 – 235.

公园的水肺潜水游客对保护海洋资源的支付意愿，支付方式为潜水费；Casey 等运用 CVM 评估了墨西哥里维埃拉玛雅地区游客对保护珊瑚礁资源的支付意愿，支付方式为额外门票费；Ransom 和 Mangi 运用 CVM 评估了肯尼亚蒙巴萨国家海洋公园和自然保护区游客对保护珊瑚礁资源的支付意愿，支付方式为提高门票费；Mwebaze 等运用 CVM 评估了塞舌尔群岛游客对保护生物多样性（海龟和鹊鸲）的支付意愿，支付方式为额外门票费等。[①]

三 生态系统服务付费述评

在国际上，生态补偿通常是指生态系统（环境）服务付费（Payments for Ecosystem/Environmental Services，PES），它是一种基于科斯理论，通过市场化方法来解决环境外部性问题的政策工具。[②] 目前，关于 PES 的相关研究（或实践）成果主要集中在森林、流域、草原、农业等领域，涉及的生态系统服务主要包括水文服务、生物多样性保护、碳汇服务等。目前，只有少量研究成果涉及旅游，如 Biénabe 和 Hearne 在 PES 框架下，评估了哥斯达黎加居民、哥斯达黎加游客和国外游客对提高生物多样性保护和景观的支付意愿；Frost 和 Bond 描述

---

① Mmopelwa G. , et al. , "Tourists' Perceptions and Their Willingness to Pay for Park Fees: A Case Study of Self – drive Tourists and Clients for Mobile Tour Operators in Moremi Game Reserve, Botswana", *Tourism Management*, Vol. 28, 2007, pp. 1044 – 1056; Arin T. , et al. , "Divers' Willingness to Pay to Visit Marine Sanctuaries: An Exploratory Study", *Ocean & Coastal Management*, Vol. 45, 2002, pp. 171 – 183; Mathieu L. , et al. , "Valuing Marine Parks in a Developing Country: A Case Study of the Seychelles", *Environment & Development Economics*, Vol. 8, 2003, pp. 373 – 390; Asafu – Adjaye J. , et al. , "A Contingent Valuation Study of Scuba Diving Benefits: Case Study in Mu Ko Similan Marine National Park, Thailand", *Tourism Management*, Vol. 29, 2008, pp. 1122 – 1130; Casey J. F. , et al. , "Are Tourists Willing to Pay Additional Fees to Protect Corals in Mexico?" *Journal of Sustainable Tourism*, Vol. 18, 2010, pp. 557 – 573; Ransom K. P. , et al. , "Valuing Recreational Benefits of Coral Reefs: The Case of Mombasa Marine National Park and Reserve, Kenya", *Environmental Management*, Vol. 45, 2010, pp. 145 – 154; Mwebaze P. , et al. , "Economic Valuation of the Influence of Invasive Alien Species on the Economy of the Seychelles Islands", *Ecological Economics*, Vol. 69, 2010, pp. 2614 – 2623.

② Jack B. K. , et al. , "Designing Payments for Ecosystem Services: Lessons from Previous Experience with Incentive – based Mechanisms", *PNAS*, Vol. 105, 2008, pp. 9465 – 9470; Vatn A. , "An Institutional Analysis of Payments for Environmental Services", *Ecological Economics*, Vol. 69, 2010, pp. 1245 – 1252.

了津巴布韦本土资源社区管理计划的进程，讨论了社区保护与 PES（为游客提供狩猎相关服务）之间的关系，提出了 PES 计划的五点经验教训；Barr 和 Mourato 研究了通过 PES 市场进行海洋资源保护，运用 CVM 评估了墨西哥拉巴斯市圣埃斯皮里图岛游客对提高海洋公园渔业丰度的支付意愿，支付方式为提高船票价格等。[1]

四　国内旅游生态补偿相关研究述评

目前，国内已有部分景区向游客征收旅游费，如丽江古城的古城维护费、武夷山景区旅游资源保护费、三清山风景名胜资源使用费、武陵源世界自然遗产资源有偿使用费等；[2]玉龙雪山旅游索道费中包含生态环境保护专项资金；我国部分海岛（如湄洲岛、灵山岛、涠洲岛等）征收的上岛费中包含海岛生态环境保护资金等。旅游生态补偿相关研究在国内逐渐引起重视，相关研究成果主要集中在旅游生态补偿的含义、旅游生态补偿的标准、旅游生态补偿的模式等方面。如章锦河等运用生态足迹方法定量评估了九寨沟旅游生态补偿标准的最低标准、上限和合理水平；马勇和胡孝平构建了神农架旅游生态补偿实施系统，并从生态修复过程中对当地牧民造成损失、生态建设与维护中形成成本费用、当地政府和居民发展机会成本、生态服务价值四个方面核算了生态补偿标准；杨桂华和张一群从旅游生态补偿的"主体说"和"途径说"两种视角对旅游生态补偿进行了判断与识别，并提出运用"所有权、管理权、经营权"三权分离的旅游项目特许经营制度，引导世界自然遗产地受偿社区居民参与生态旅游经营服务项目，将生态补偿和特许经营有效连接，形成具有"造血"功能的生态补偿模式——社区特许经营模式；刘敏等分析了旅游生态补偿的含

---

① Biénabe E., et al., "Public Preferences for Biodiversity Conservation and Scenic Beauty Within a Framework of Environmental Services Payments", *Forest Policy and Economics*, Vol. 9, 2006, pp. 335 – 348; Frost P. G. H., et al., "The CAMPFIRE Programme in Zimbabwe: Payments for Wildlife Services", *Ecological Economics*, Vol. 65, 2008, pp. 776 – 787; Barr R. F., et al., "Investigating the Potential for Marine Resource Protection Through Environmental Service Markets: An Exploratory Study from La Paz, Mexico", *Ocean & Coastal Management*, Vol. 52, 2009, pp. 568 – 577.

② 刘敏等：《旅游生态补偿：内涵探讨与科学问题》，《旅游学刊》2013 年第 2 期。

义、利益主体、标准、渠道与机制四个旅游生态补偿的核心问题；张冰等运用CVM评估了长白山自然保护区旅游生态补偿的支付意愿；蒋依依等对玉龙县旅游地生态补偿标准和生态补偿空间选择进行了研究等。① 关于海岛旅游生态补偿方面，只有汪运波和肖建红运用生态足迹成分法，构建了五类渔家乐旅游生态足迹模型，定量评估了海岛型旅游目的地生态补偿标准等少量研究成果。②

从国内外旅游生态补偿相关研究成果来看，国外研究成果主要以旅游税和旅游费为主，研究成果与实践联系较紧密，这一研究领域涉及海岛旅游方面的研究成果较多；国内研究成果涉及旅游税、旅游费等国际主流研究内容的较少，多数成果（含定量成果）处于理论研究、探讨阶段，这一研究领域涉及海岛旅游方面的研究成果较少；同时，国外关于旅游目的地PES方面已有少量研究成果，国内在这一领域研究较少。

第二节　研究方法

一　研究框架

研究框架如图9-1所示。

（1）研究的前期阶段，实地考察了山东省长岛县，浙江省舟山市的定海区、普陀区、岱山县和嵊泗县，福建省平潭综合实验区和东山县，广

---

① 刘敏等：《旅游生态补偿：内涵探讨与科学问题》，《旅游学刊》2013年第2期；章锦河等：《九寨沟旅游生态足迹与生态补偿分析》，《自然资源学报》2005年第5期；马勇等：《神农架旅游生态补偿实施系统构建》，《人文地理》2010年第6期；张一群等：《对旅游生态补偿内涵的思考》，《生态学杂志》2012年第2期；杨桂华：《自然遗产地旅游开发造血式生态补偿研究》，《旅游学刊》2012年第5期；张冰等：《长白山自然保护区旅游生态补偿支付意愿分析》，《林业资源管理》2013年第1期；蒋依依等：《从生态补偿标准研究思考旅游业对生态保护的作用：以云南省玉龙县为例》，《人文地理》2014年第5期；蒋依依：《旅游地生态补偿空间选择研究：以云南省玉龙县为例》，《旅游学刊》2014年第11期。

② 汪运波等：《基于生态足迹成分法的海岛型旅游目的地生态补偿标准研究》，《中国人口·资源与环境》2014年第8期。

东省南澳县八个典型海岛县（区）的主要旅游景区。通过实地考察得知，我国海岛型旅游目的地的自然生态系统主要由海洋生态系统和森林生态系统组成；所以，普陀山、朱家尖、桃花岛和南北长山岛四个海岛型旅游目的地的自然生态系统包括海洋生态系统和森林生态系统。

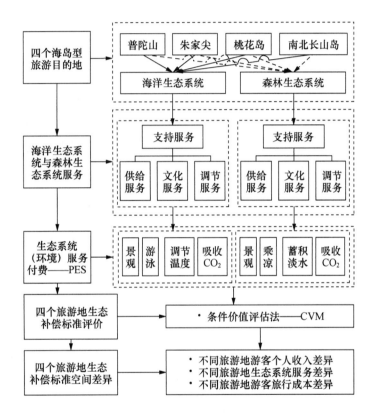

图 9 − 1　研究框架

（2）依据千年生态系统评估（Millennium Ecosystem Assessment，MA）分类法，普陀山、朱家尖、桃花岛和南北长山岛四个海岛型旅游目的地的海洋生态系统和森林生态系统，为游客提供的生态系统服务划分为支持服务、供给服务、文化服务和调节服务。

（3）在实地考察的基础上，本书考虑了普陀山、朱家尖、桃花岛和南北长山岛四个海岛型旅游目的地的海洋生态系统为游客提供的景观、游泳、调节温度、吸收 CO_2 等服务和森林生态系统为游客提供的景观、乘凉、蓄积淡水、吸收 CO_2 等服务。依据国际生态补偿（Payments for Ecosystem/Environmental Services，PES）研究的理论与实践，四个海岛型旅游目的地的游客（受益者），应对各海岛型旅游目的地的海洋生态系统和森林生态系统提供的上述主要服务进行付费（PES）。

（4）运用条件价值评估法（Contingent Valuation Method，CVM），设置同样的支付卡（投标值），调查普陀山、朱家尖、桃花岛和南北长山岛四个海岛型旅游目的地的游客，对各旅游目的地海洋生态系统为其提供的景观、游泳、调节温度、吸收 CO_2 等服务和森林生态系统为其提供的景观、乘凉、蓄积淡水、吸收 CO_2 等服务的支付意愿（Willingness to Pay，WTP），以此为基础，对四个海岛型旅游目的地的生态补偿标准进行评价。

（5）比较四个海岛型旅游目的地人均生态补偿标准的空间差异，从游客个人收入差异、生态系统服务差异和旅客旅行成本差异三个方面，研究四个海岛型旅游目的地人均生态补偿标准空间差异的主要影响因素。

二 CVM 研究设计

（1）CVM 问卷设计。以 NOAA（The National Oceanic and Atmospheric Administration，NOAA）提出的原则为基础，参考了国内外 CVM 问卷的设计经验和减少各类偏差的方法，并结合研究的实际情况，设计了支付卡式调查问卷。问卷设计前，到普陀山、朱家尖、桃花岛、南北长山岛等海岛型旅游目的地进行了实地考察；问卷设计完成后，在舟山市普陀区的普陀山景区、朱家尖国际沙雕广场景区、桃花岛各景区进行了三天的预调查（每个海岛型旅游目的地一天），在南北长山岛的九丈崖景区和月牙湾景区进行了一天的预调查。最终确立的正式调查问卷由致调查表答卷人和 11 个调查问题两部分组成，其中核心问题是调查普陀山景区（或朱家尖国际沙雕广场景区或桃花岛景区或长岛景区）游客，对海岛型旅游目的地的海洋生态系统为其提供的景观、游泳、调节温度、吸收 CO_2 等服务和森林生态系统为其提供的景观、乘凉、蓄积淡水、吸收 CO_2 等服务的支付意愿。

（2）调查过程。调查采用面对面的形式和随机抽样；调查地点为浙江省舟山市普陀区和山东省烟台市长岛县；调查对象为游客（团队游客只抽取一个样本）；调查时间为 2014 年 7 月 30 日至 8 月 21 日（详细信息见表 9 - 1）。

表 9 - 1　　　　　　　　　　问卷分布

省市（县）	区域	调查点	调查问卷量（份）	有效问卷量（份）	有效率（%）
浙江舟山	普陀山	普陀山景区	415	411	99.04
	朱家尖	国际沙雕广场景区	310	306	98.71
	桃花岛	茅草屋码头	310	307	99.03
	合计		1035	1024	98.94
山东长岛	南北长山岛	长岛码头	55	54	98.18
		月牙湾景区	135	132	97.78
		九丈崖景区	125	124	99.20
	合计		315	310	98.41
总合计			1350	1334	98.81

第三节　评价结果

一　样本特征

调查样本基本特征如表 9 - 2 所示。

二　支付意愿值分布

普陀山、朱家尖、桃花岛和南北长山岛四个海岛型旅游目的地分别获得有效问卷 411 份、306 份、307 份和 310 份，分别有 87.10%、88.56%、85.02% 和 84.84% 的受访者（游客）愿意为旅游目的地的海洋生态系统和森林生态系统提供的服务付费，分别有 12.90%、11.44%、

表 9 - 2   受访者的基本特征

变量	编码	区域			
		浙江舟山市			山东长岛县
		普陀山	朱家尖	桃花岛	南北长山岛
性别	男：1；女：0	1：245； 0：166	1：145； 0：161	1：160； 0：147	1：152； 0：158
年龄	1：≤30 岁； 2：31—35 岁； 3：36—40 岁； 4：≥41 岁	1：127； 2：98； 3：93； 4：93	1：103； 2：102； 3：52； 4：49	1：105； 2：84； 3：64； 4：54	1：64； 2：83； 3：89； 4：74
文化 程度	1：高中、中专、技校及以下（其 中：1.1：小学，1.2：初中）； 2：大专； 3：本科及以上（其中：3.1：硕 士）	1：122， 1.1：4， 1.2：28； 2：103； 3：186， 3.1：21	1：99， 1.1：2， 1.2：21； 2：73； 3：134， 3.1：12	1：78， 1.1：2， 1.2：16； 2：71； 3：158， 3.1：7	1：69， 1.1：0， 1.2：7； 2：92； 3：149， 3.1：20
2013 年 个人收入	1：≤40000 元； 2：40001—60000 元； 3：60001—80000 元； 4：≥80001 元	1：87； 2：121； 3：86； 4：117	1：62； 2：106； 3：55； 4：83	1：72； 2：87； 3：60； 4：88	1：93； 2：97； 3：56； 4：64
职业	1：专业技术人员； 2：商业、服务业人员； 3：其他（其中：3.1：办事人员和 有关人员，3.2：生产、运输设备操 作人员及有关人员）	1：107； 2：179； 3：125， 3.1：61， 3.2：33	1：91； 2：122； 3：93， 3.1：43， 3.2：16	1：82； 2：101； 3：124， 3.1：50， 3.2：30	1：88； 2：120； 3：102， 3.1：59， 3.2：25
客源地	舟山：1：浙江； 2：其他（其中：2.1：江苏，2.2： 上海）； 长岛：1：山东； 2：其他（其中：2.1：河北、河南， 2.2：北京、天津）	1：157； 2：254； 2.1：65， 2.2：27	1：169； 2：137， 2.1：45， 2.2：20	1：132； 2：175， 2.1：63， 2.2：24	1：125； 2：185， 2.1：79， 2.2：44

14.98% 和 15.16% 的受访者不愿意付费，按 0 支付意愿值处理。因在调查中，首先询问受访者是否愿意为生态系统服务付费，所以排除了出现负支付意愿值的可能性。在四个海岛型旅游目的地中，受访者选择投标值 10、20、30、50 和 100 的人数均较多，选择投标值在 100 及以下的受访者分别占总有效受访者的 84.43%、88.89%、88.27% 和 94.19%（支付意愿值分布见图 9 - 2）。

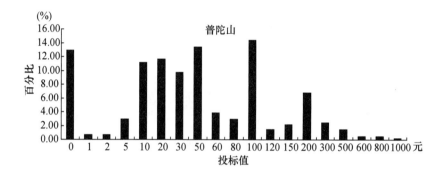

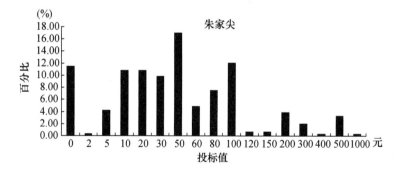

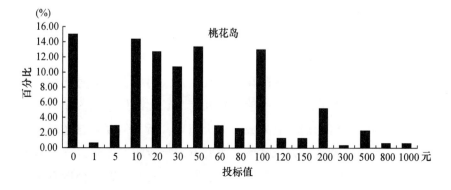

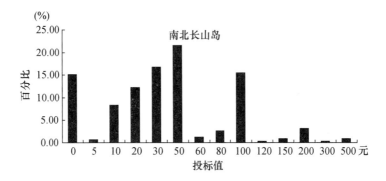

图 9 - 2　支付意愿值分布

三　生态补偿标准

$$E(WTP)_{普陀山} = \sum_{i=1}^{19} P_i B_i = 74.77（元／人次）\qquad (9-1)$$

$$E(WTP)_{朱家尖} = \sum_{j=1}^{17} P_j B_j = 72.34（元／人次）\qquad (9-2)$$

$$E(WTP)_{桃花岛} = \sum_{k=1}^{17} P_k B_k = 68.95（元／人次）\qquad (9-3)$$

$$E(WTP)_{南北长山岛} = \sum_{n=1}^{14} P_n B_n = 51.58（元／人次）\qquad (9-4)$$

$$ECS_m = E(WTP)_m \times Q_m \qquad (9-5)$$

式（9-1）至式（9-5）中，P_i、P_j、P_k 和 P_n 分别为普陀山、朱家尖、桃花岛和南北长山岛四个海岛型旅游目的地各投标值投标人数的分布频率；B_i、B_j、B_k 和 B_n 分别为普陀山、朱家尖、桃花岛和南北长山岛四个海岛型旅游目的地各投标数值；ECS_m 为第 m 个海岛型旅游目的地的生态补偿标准；$E(WTP)_m$ 为第 m 个海岛型旅游目的地的受访者的平均支付意愿值；Q_m 为 2013 年第 m 个海岛型旅游目的地经过调整后的游客量。

普陀山属于一个大景区范畴，只有一张大门票，所以直接用旅游部门公布的游客量；朱家尖、桃花岛和南北长山岛属于由多个景区组合而成的复合景区，需要联票或多张大门票，所以需要对旅游部门公布的游客量进行调整。朱家尖景区主要由国际沙雕广场景区（最核心景区）、乌石塘景区、白山观音文化苑景区和大青山国家公园景区等组成，其中前三个景区可以买联票；桃花岛景区主要由大佛岩景区（射雕英雄传影城）、桃花峪景区和安期峰景区等组成，三个景区分别购买门票；长岛景区（南北长山岛）由九丈崖、月牙湾、望夫礁、仙境源、烽山、林海等组成，六个景区可以买联票，九丈崖和月牙湾（两个最好的景区）是一张（联）票。同时，为了获得较为准确的游客量数据，我们还专门访谈了朱家尖国际沙雕广场景区、大佛岩景区（射雕英雄传影城）、桃花峪景区、安期峰景区和长岛县旅游局等相关单位的负责人。依据朱家尖景区、桃花岛景区和长岛景区上述分析的实际情况，并结合相关访谈信息，朱家尖景区和桃花岛景区按照各景区平分游客量处理，长岛景区按照九丈崖和月牙湾平分游客量处理。2013 年，各海岛型旅游目的地调整后的游客量分别为普陀山 594.68×10^4 人次、朱家尖 106.95×10^4 人次、桃花岛 62.72×10^4 人次、南北长山岛 131×10^4 人次（这些调整后的游客量与我们在各旅游相关单位访谈的结果较相似）。运用式（9－5）计算得出，2013 年，各海岛型旅游目的地的生态补偿标准分别为普陀山 44464.22×10^4 元、朱家尖 7736.76×10^4 元、桃花岛 4324.54×10^4 元、南北长山岛 6756.98×10^4 元。

第四节　人均生态补偿标准差异影响因素分析

普陀山、朱家尖、桃花岛和南北长山岛四个海岛型旅游目的地人均生态补偿标准（人均 WTP 值或人均 PES 值）分别为 74.77 元/人次、72.34 元/人次、68.95 元/人次和 51.58 元/人次。舟山市普陀山、朱家尖和桃花岛三个海岛型旅游目的地之间人均生态补偿标准差异较小，但这三个海岛型旅游目的地与长岛县南北长山岛的人均生态补偿标准差异较大（本书所有统计检验过程均是在 SPSS 软件下实现的）。

一　游客个人收入差异

四个海岛型旅游目的地支付意愿值分布不符合正态分布，也不规则（见图 9－2）；所以，总样本各因素对支付意愿值影响的相关性分

析运用列联表及 χ^2 独立性统计检验方法。结果表明，各海岛型旅游目的地的游客个人收入均显著影响其支付意愿值（见表9-3）；具体表现为普陀山游客收入在80001元及以上的支付意愿值高，朱家尖、桃花岛和南北长山岛游客收入越高支付意愿值越高。所以，在同一个海岛型旅游目的地，游客个人收入的差异会影响其支付意愿值，且呈现正相关性。

表9-3　　　　　　　总样本各因素对支付意愿值影响的相关性

因素	普陀山			朱家尖			桃花岛			南北长山岛		
	χ^2	df	Sig.	χ^2	df	Sig.	χ^2	df	Sig.	χ^2	df	Sig.
性别	5.731	7	0.571	8.470	7	0.293	9.757	7	0.203	12.062	7	0.099
年龄	17.973	21	0.651	29.591	21	0.101	20.515	21	0.489	15.428	21	0.801
文化程度	6.933	14	0.937	11.928	14	0.612	10.654	14	0.713	19.266	14	0.155
2013年个人收入	41.513	21	0.005	33.156	21	0.045	32.676	21	0.050	61.708	21	0.000
职业	10.999	14	0.686	15.901	14	0.319	18.398	14	0.189	17.546	14	0.228
客源地	8.109	7	0.323	6.714	7	0.459	7.484	7	0.380	15.397	7	0.031

运用 Kruskal – Wallis 检验，分析普陀山、朱家尖、桃花岛和南北长山岛四个海岛型旅游目的地游客个人收入的总体分布是否存在显著差异。由表9-4可知，四个海岛型旅游目的地2013年游客个人收入的平均秩分别为694.99、682.49、681.96和601.94，K－W统计量为12.161，概率P值为0.007。所以，在显著性水平0.05下，四个海岛型旅游目的地2013年游客个人收入的平均秩存在显著差异，游客个人收入的总体分布存在显著差异。

表9-4　　　　　　　　　Kruskal – Wallis 检验结果

变量	组别	N	平均秩	χ^2	df	Sig.
游客个人收入	普陀山	411	694.99	12.161	3	0.007
	朱家尖	306	682.49			
	桃花岛	307	681.96			
	南北长山岛	310	601.94			

　　再运用 Mann - Whitney U 检验，分析普陀山—朱家尖、普陀山—桃花岛、普陀山—南北长山岛、朱家尖—桃花岛、朱家尖—南北长山岛、桃花岛—南北长山岛等海岛型旅游目的地两两之间游客个人收入的总体分布是否存在显著差异。六组两两海岛型旅游目的地的平均秩、秩总和、W 统计量、U 统计量、Z 统计量、概率 P 值等数值如表9 - 5 所示。在显著性水平 0.05 下，普陀山—朱家尖（概率 P 值为0.634）、普陀山—桃花岛（概率 P 值为 0.689）、朱家尖—桃花岛（概率 P 值为 0.976）等海岛型旅游目的地之间 2013 年游客个人收入的总体分布不存在显著差异，普陀山—南北长山岛（概率 P 值为0.001）、朱家尖—南北长山岛（概率 P 值为 0.007）、桃花岛—南北长山岛（概率 P 值为 0.013）等海岛型旅游目的地之间 2013 年游客个人收入的总体分布存在显著差异。普陀山、朱家尖、桃花岛等海岛型旅游目的地之间，游客个人收入总体分布不存在显著差异，人均生态补偿标准也不存在显著差异；南北长山岛与普陀山、朱家尖、桃花岛等海岛型旅游目的地之间，游客个人收入总体分布存在显著差异，人均生态补偿标准也存在显著差异。由此初步推断，游客个人收入差异是四个海岛型旅游目的地人均生态补偿标准空间差异的主要影响因素。

表 9 - 5　　　　　　　　　　Mann - Whitney U 检验结果

变量	组别	N	平均秩	秩总和	Mann - Whitney U	Wilcoxon W	Z	Sig.
游客个人收入	普陀山	411	362.15	148844.50	61587.500	108558.500	- 0.476	0.634
	朱家尖	306	354.77	108558.50				
	普陀山	411	362.16	148846.50	61996.500	109274.500	- 0.400	0.689
	桃花岛	307	355.94	109274.50				
	普陀山	411	382.68	157283.50	54792.500	102997.500	- 3.244	0.001
	南北长山岛	310	332.25	102997.50				
	朱家尖	306	306.78	93876.00	46905.000	93876.000	- 0.030	0.976
	桃花岛	307	307.21	94315.00				

续表

变量	组别	N	平均秩	秩总和	Mann – Whitney U	Wilcoxon W	Z	Sig.
游客个人收入	朱家尖	306	327.94	100349.50	41481.500	89686.500	−2.718	0.007
	南北长山岛	310	289.31	89686.50				
	桃花岛	307	326.80	100327.00	42121.000	90326.000	−2.487	0.013
	南北长山岛	310	291.37	90326.00				

二　生态系统服务差异

舟山市和长岛县均四面环海，森林覆盖率均超过 50%。舟山市旅游季节（全年）平均温度 16 ℃，长岛县旅游季节（夏季）平均温度 24℃。普陀山、朱家尖、桃花岛、南北长山岛四个海岛型旅游目的地均具有气候舒适宜人、空气清新、负氧离子含量高等特征，游客通常很难感受到四个海岛型旅游目的地海洋生态系统、森林生态系统提供调节温度、乘凉、吸收 CO_2 等服务的差异；同时，游客也很难感受到四个海岛型旅游目的地的森林生态系统提供蓄积淡水服务的差异。所以，我们重点分析四个海岛型旅游目的地海洋生态系统和森林生态系统提供景观、游泳服务的差异。从表 9 – 6 可以看出，在四个海岛型旅游目的地中，普陀山为国家 5A 级景区，景观具有明显的优势，而其他三个景区均为国家 4A 级景区，各有特色；朱家尖国际沙雕广场景区和南北长山岛景区的沙滩（游泳）好于另外两个景区。将四个海岛型旅游目的地海洋生态系统和森林生态系统提供的景观和沙滩（游泳）两项服务综合起来考虑，较难判断各旅游目的地提供服务的优劣，通常取决于游客的个人偏好。由此初步推断，生态系统服务差异不是四个海岛型旅游目的地人均生态补偿标准空间差异的主要影响因素。

表 9 - 6　　　　　　四个海岛型旅游目的地提供景观和游泳服务

景区	海洋生态系统和森林生态系统景观	海洋生态系统沙滩（游泳）
普陀山景区	树木丰茂、古樟遍野，海岛植物园；海洋、佛教于一体，海天佛国	百步沙、千步沙：沙滩沙质一般，海水浴场小，基本无服务设施，游泳游客少
朱家尖国际沙雕广场景区	沙雕艺术品；沙雕旅游体验；林间沙雕文化；中国舟山国际沙雕节	十里金沙的核心南沙：沙滩沙质好，海水浴场大，服务设施齐全，游泳游客多
桃花岛景区	武侠文化、东海神奇小岛；休闲憩息佳处——桃花寨；舟山群岛第一高峰——安期峰	塔湾金沙：沙滩沙质一般，海水浴场小，有简单服务设施，游泳游客少
南北长山岛景区	海岛型国家地质公园；地质博物馆；黄渤海分界线；森林公园；鸟展馆	月牙湾球石滩：沙滩均为球石，海水浴场大，服务设施齐全，游泳游客多

三　游客旅行成本差异

　　游客旅游成本包括交通、住宿、餐饮、游览、娱乐和购物等的花费和时间成本。游客平均花费运用旅游部门公布的数据计算，舟山市普陀山、朱家尖和桃花岛（依据普陀区和定海区游客平均花费计算）游客的人均花费为 981 元/人次，长岛县南北长山岛游客的人均花费为 1034 元/人次，游客的人均花费舟山市（普陀山、朱家尖和桃花岛）比长岛县（南北长山岛）少 53 元/人次。

　　游客旅行时间成本包括往返交通时间成本和旅游目的地停留时间成本。为了计算游客在舟山市（普陀山、朱家尖和桃花岛）和长岛县（南北长山岛）旅游目的地的停留时间，专门设置一道问题问卷，询问游客到达和离开旅游目的地的时间；舟山市（普陀山、朱家尖和桃花岛）和长岛县分别获得有效问卷 985 份和 610 份，计算得出，舟山市（普陀山、朱家尖和桃花岛）游客平均停留时间为 1.94 天/人次（46.59 小时/人次），长岛县（南北长山岛）游客平均停留时间为 1.56 天/人次（37.42 小时/人次）；运用 2013 年我国城镇单位就业人员平均工资（每年按照 250 个工作日，假期按照 1/3 工作日工资折算），计算得出，舟山市（普陀山、朱家尖和桃花岛）游客在旅游目的地停留的平均时间成本为 134 元/人次，长岛县（南北长山岛）游客在旅游目的地停留的平均时间成本为 108 元/人次，游客旅游目的地停留的平均时间成本舟山市（普陀山、朱家尖和桃花岛）比长岛县（南北长山岛）多 26 元/人次。

从表 9-7 可知，普陀山、朱家尖和桃花岛三个旅游目的地，华东地区六省一市的游客占 80.86%，沪宁杭的游客占 68.55%，浙江省内的游客占 44.73%；南北长山岛旅游目的地，华北地区北京、天津、河北、山西和山东、河南的游客占 86.13%，山东省内的游客占 40.32%。四个海岛型旅游目的地附近区域的游客均占到了 80% 以上，旅游目的地本省游客均占到了 40% 以上。分别取各省市区省会到舟山市或蓬莱市（距离长岛县最近的市）的自驾里程，并按照各省市区问卷量占总问卷量的比例对里程进行加权处理，计算可得，游客到达舟山市（普陀山、朱家尖、桃花岛）的平均往返自驾里程约为 1208 千米，游客到达蓬莱市（蓬莱港坐船直达南北长山岛）的平均往返自驾里程约为 1318 千米，游客的平均往返自驾里程舟山市（普陀山、朱家尖、桃花岛）比长岛县（南北长山岛）约少 110 千米，按照自驾 80 千米/小时（时间单位成本同旅游目的地停留的时间单位成本）计算可得，游客往返交通的平均时间成本舟山市（普陀山、朱家尖、桃花岛）约比长岛县（南北长山岛）少 4 元/人次。

表 9-7　　　　　　　　　　客源地分布

省市区	普陀山	朱家尖	桃花岛	普陀山、朱家尖、桃花岛		南北长山岛		
	频数	频数	频数	频数合计	百分比（%）	频数	频数合计	百分比（%）
黑龙江	8	4	1			0		
吉林	3	1	0	27	2.64	2	9	2.90
辽宁	6	1	3			7		

续表

省市区	普陀山	朱家尖	桃花岛	普陀山、朱家尖、桃花岛		南北长山岛		
	频数	频数	频数	频数合计	百分比（%）	频数	频数合计	百分比（%）
北京	8	1	3	33	3.22	19	110	35.48
天津	3	1	0			25		
河北	4	1	5			47		
内蒙古	2	0	1			0		
山西	2	0	2			19		
安徽	21	7	15	828	80.86	4	150	48.39
福建	21	4	8			1		
江苏	65	45	63			16		
江西	14	5	8			0		
山东	14	6	3			125		
上海	27	20	24			3		
浙江	157	169	132			1		
河南	13	11	10	87	8.50	32	36	11.61
湖北	10	4	7			2		
湖南	11	9	12			2		
广东	6	5	2	18	1.76	0	0	0.00
广西	2	3	0			0		
重庆	1	1	1	16	1.56	0	0	0.00
四川	3	3	5			0		
贵州	1	0	0			0		
云南	1	0	0			0		
陕西	5	2	2	15	1.46	4	5	1.61
甘肃	3	2	0			0		
新疆	0	1	0			1		
合计	411	306	307	1024	100.00	310	310	100.00

最后，游客的平均旅行成本舟山市（普陀山、朱家尖、桃花岛）三个旅游目的地约比长岛县（南北长山岛）旅游目的地少31元/人次

（约占旅游花费的 3%）。所以，四个旅游目的地游客的旅行成本差异较小。由此初步推断，游客旅行成本差异不是四个海岛型旅游目的地人均生态补偿标准空间差异的主要影响因素。

第五节　结论与讨论

（1）本书运用生态系统（环境）服务付费（PES）和条件价值评估法（CVM），以普陀山、朱家尖、桃花岛和南北长山岛为案例，调查了游客对四个海岛型旅游目的地海洋生态系统提供景观、游泳、调节温度、吸收 CO_2 等服务和森林生态系统提供景观、乘凉、蓄积淡水、吸收 CO_2 等服务的支付意愿，共获得有效问卷 1334 份；以此为基础，评估得出，2013 年四个海岛型旅游目的地的生态补偿标准分别为普陀山 44464.22×10^4 元，朱家尖 7736.76×10^4 元，桃花岛 4324.54×10^4 元，南北长山岛 6756.98×10^4 元；人均生态补偿标准（人均 WTP 值或人均 PES 值）分别为普陀山 74.77 元/人次，朱家尖 72.34 元/人次，桃花岛 68.95 元/人次，南北长山岛 51.58 元/人次；并从游客个人收入差异、生态系统服务差异和游客旅行成本差异三方面分析得出，游客个人收入差异是海岛型旅游目的地人均生态补偿标准空间差异的主要影响因素。

（2）目前国际上，用旅游税或旅游费来解决旅游引起的环境外部性问题的研究和实践较多，而关于 PES 在旅游领域的应用国外只有少数研究成果，国内尚属空白。PES 是一种基于科斯市场，从预先控制和正面经济激励来解决环境外部性问题的政策工具集。近年来，PES 在国际生态补偿领域得到广泛应用。Wunder 将 PES 定义为：①一种自愿的交易；②有明确定义的生态系统（环境）服务（或能保障这种服务的土地利用）；③至少有一个生态系统（环境）服务购买者；④至少有一个生态系统（环境）服务提供者；⑤当且仅当服务提供者保障服务的供给（条件性）。[1] 目前，这一定义被广泛采用。本书满足 Wunder 提出的关于 PES 的五个条件：①运用 CVM，首先询问游客是否具有支付意愿，所以，这是一种自愿的（模拟或假想）交易；②海岛型旅游目的地自然生态系统主要由海洋生态系统和森林生态系统组成，海洋生态系统为游客提供了景观、游泳、调节温度、吸收 CO_2 等服务；森林生态系统为游客提供了景观、乘凉、蓄积淡水、吸收 CO_2 等服务，这些服务是具有明确定义的；③普陀山、朱家尖、桃花岛、南北长山岛分别有 358 位、271 位、261 位、263 位游客愿意为旅游目的地的海洋生态系统和森林生态系统提供的服务付费，所以，至少有一个购买者；④海岛型旅游目的地当地政府相关部门或各景区管理部门或当地社区是海洋生态系统和森林生态系统的提供者（代理人），所以，至少有一个提供者；⑤普陀山为国家 5A 级景区，其他三个旅游地均为国家 4A 级景区，游客客源充足且游客 PES 支持率较高（普陀山为 87.10%，朱家尖为 88.56%，桃花岛为 85.02%，南北长山岛为 84.84%）。所以，各景区能够获得持续的海洋生态系统和森林生态系统保护资金，同时也能够持续提供生态系统服务。

（3）生态补偿标准具有空间差异性，如何科学合理地制定不同空间的同一类生态系统（或同一类生态工程或同一类旅游目的地）的（具有差异性的）生态补偿标准至关重要。但是，在我国现实实践中，生态补偿标准空间差异性和科学合理地考虑生态补偿标准空间差异性等问题却较少考虑。如我国的退耕还林（还草）工程是典型的大范围的、跨区域的生态补偿工程，但是，生态补偿标准只是按照南方（长江流域等）和北方（黄河流域等）确定的，如南方和北方每亩退耕地每年分别补助 300 斤和 200 斤原粮，20 元现金；这是典型的"一刀切"生态补偿标准。据刘春腊等整理的资料，我国部分省（市、区）的森林生态补偿标准每年每亩分别为北京市 40 元，江苏 20 元，广东 18 元，海南 17 元，福建 15 元，吉林、辽宁、河北、重庆、四川、云

---

[1]　Wunder S. , *Payments for Environmental Services: Some Nuts and Bolts*, CIFOR Occasional Paper, 2005.

南、青海 10 元，新疆、西藏、甘肃、贵州 5 元①；虽然执行的森林生态补偿标准具有空间差异性，但是制定的生态补偿标准不具有科学性。本书通过研究发现，普陀山、朱家尖和桃花岛三个海岛型旅游目的地的人均生态补偿标准与南北长山岛的人均生态补偿标准存在显著差异，而普陀山、朱家尖和桃花岛三个旅游目的地之间的人均生态补偿标准不存在显著差异。研究从三个方面验证了人均生态补偿标准存在空间差异的影响因素，最后发现，游客个人收入差异是人均生态补偿标准差异的主要影响因素。所以，在同一种类型的不同旅游目的地（如本书的四个海岛型旅游目的地）在征收用于旅游目的地生态环境保护的门票费、资源使用费及其他生态补偿相关费用时，应充分考虑该旅游目的地游客的承受能力（收入水平）。

（4）生态补偿标准评估方法除了 CVM 之外，还有机会成本法、成本—费用分析法、生态系统服务价值法等主要方法，用这些方法核算同一种类型的不同旅游目的地（或其他领域）的生态补偿标准时，同样需要考虑不同区域的经济发展水平、可支配收入、就业机会等的差异，来确定具有空间差异性的生态补偿标准。在同一个旅游目的地，旅游开发和旅游活动对旅游目的地不同空间区域的影响也具有差异性，所以，在评估和分配生态补偿标准时，也应考虑其空间的差异性；同时，同一个旅游目的地游客从事的不同类型的旅游活动（如观光、休闲度假、宗教活动等）对旅游目的地生态系统的影响程度也存在差异性，在制定生态补偿标准时也应该考虑这方面的差异。上述这些问题都需要进一步深入研究。

---

① 刘春腊等：《生态补偿的地理学特征及内涵研究》，《地理研究》2014 年第 5 期。

第十章 海洋渔业生态标签制度

第一节 相关研究述评

一 生态产品

国内外早期的生态产品是指基于生态设计或生态研发的低碳、环保、节约资源的产品。[1] 2011 年，国务院印发的《全国主体功能区规划》（以下简称《规划》）中，将生态产品定义为维系生态安全、保障生态调节功能、提供良好人居环境的自然要素，包括清新的空气、清洁的水源和宜人的气候等；并提出生态功能区提供生态产品的主体功能主要体现在吸收二氧化碳、制造氧气、涵养水源、保持水土、净化水质、防风固沙、调节气候、清洁空气、减少噪声、吸附粉尘、保护生物多样性、减轻自然灾害等。《规划》把增强生态产品生产能力作为国土空间（包括陆地、陆上水域、内水、领海、领空等）开发的重要任务。随后，党的十八大提出"增强生态产品生产能力"。由此可见，《规划》和党的十八大提出的生态产品，是以千年生态系统评估（Millennium Ecosystem Assessment，MA）生态系统服务为基础的生态产品。[2]

目前在国外，生态产品仍然是指基于生态设计或生态研发的产

---

[1] 任耀武等：《初论"生态产品"》，《生态学杂志》1992 年第 6 期；蔡培印：《生态产品拾零》，《环境》1996 年第 1 期。

[2] Millennium Ecosystem Assessment, *Ecosystems and Human Well - being*：*Synthesis*，Island Press，2005.

品，与国内近期生态产品含义相似的是生态系统服务。在国内，《规划》和党的十八大报告提出生态产品的概念之后，有多位学者直接引用或以此为基础界定了生态产品的概念。如庞丽花等直接引用了《规划》中提出的概念；陈辞在认同《规划》提出生态产品定义的基础上，将生态产品分为有形的生态产品（如有机食品、生态工农业产品等）和无形的生态产品（如优美环境、宜人气候、生态安全等）两类；曾贤刚等认为生态产品是指维持生命支持系统、保障生态调节功能、提供环境舒适性的自然要素，包括干净的空气、清洁的水源、无污染的土壤、茂盛的森林和适宜的气候等；王兴华认为，生态产品本质上是指有利于人类在整个生态系统中与其他要素和谐相处，共同发展的各种产品，它包括良好的自然环境和在各类商品中增加了生态特性，甚至打上了生态标签，提高了商品的附加值，这种商品也是生态产品。① 本书认为，生态系统是生态产品制造的"机器"，生态产品是依托于生态系统服务的产品；它是指森林、海洋、草原、湿地、农田等各类生态系统以支持服务为基础，通过其供给服务和文化服务为人类提供的各种环境友好的、可持续的直接产品，或通过其调节服务为人类提供能恢复或维持关键环境要素（空气、水源、土壤等）质量的间接产品。

二 海洋渔业产品生态标签制度

生态标签也称为绿色标签，通常是指授予一类产品的标识、象征、主题、印章等，以此来告知消费者该类产品具有较高的生态质量或者较低的环境影响；生态标签可以是强制的或自愿的，强制的生态标签只有政府支持，而自愿的生态标签由私人部门和政府支持。② 生

---

① 庞丽花等：《自然保护区生态产品供给能力评估——以呼伦贝尔辉河保护区为例》，《干旱区资源与环境》2014 年第 10 期；陈辞：《生态产品的供给机制与制度创新研究》，《生态经济》2014 年第 8 期；曾贤刚等：《生态产品的概念、分类及其市场化供给机制》，《中国人口·资源与环境》2014 年第 7 期；王兴华：《西南地区发展生态产品存在的问题与对策研究》，《生态经济》2014 年第 4 期。

② Reczkova L., et al., "Some Issues of Consumer Preferences for Eco – labeled Fish to Promote Sustainable Marine Capture Fisheries in Peninsular Malaysia", *Procedia – Social and Behavioral Sciences*, Vol. 91, 2013, pp. 497 – 504.

态标签最早起源于德国的蓝天使（1978），而后加拿大（1988）、日本（1991）、澳大利亚（1991）及美国（1991）等诸多发达国家开始纷纷使用；1992 年，欧盟出台了欧盟生态标签制度，并逐渐发展成为最有国际影响力的一种制度。[①] 近年来，生态标签制度在巴西、印度、印度尼西亚、泰国等一些发展中国家和挪威、瑞典、冰岛、芬兰和丹麦等多数发达国家得到重视。[②] 目前，生态标签已在建筑、木材、咖啡、葡萄酒、电、苹果、卫生纸和纸巾、滨海旅游等多个领域得到应用。[③] 生态标签是从源头上控制产品对生态环境影响的方法，受到许多消费者的喜爱。例如在欧洲，几乎一半的受访者表明生态标签在他们购买决策中扮演着重要角色；75% 的人愿意支付更多的钱准备购买环境友好型产品。[④]

　　目前，世界渔业和水产养殖状况非常令人担忧。[⑤] 根据联合国粮农组织（FAO）报告，全球渔业资源超过一半已被完全开发，30% 已

　　① 王萌等：《渔业生态标签制度的发展与问题》，《中国渔业经济》2011 年第 1 期。

　　② Chang H. H., "Does the Use of Eco‐labels Affect Income Distribution and Income Inequality of Aquaculture Producers in Taiwan?" *Ecological Economics*, Vol. 80, 2012, pp. 101‐108.

　　③ Franzitta V., et al., "Toward a European Eco‐label Brand for Residential Buildings: Holistic or By‐components Approaches?" *Energy*, Vol. 36, 2011, pp. 1884‐1892; Aguilar F., et al., "Conjoint Effect of Environmental Labeling, Disclosure of Forest of Origin and Price on Consumer Preferences for Wood Products in the US and UK", *Ecological Economics*, Vol. 70, 2010, pp. 308‐316; Beuchelt T., et al., "Profits and Poverty: Certification's Troubled Link for Nicaragua's Organic and Fairtrade Coffee Producers", *Ecological Economics*, Vol. 70, 2011, pp. 1316‐1324; Berghoef N., et al., "Determinants of Interest in Eco‐labelling in the Ontario Wine Industry", *Journal of Cleaner Production*, Vol. 52, 2013, pp. 263‐271; Truffer B., et al., "Eco‐labeling of Electricity: Strategies and Tradeoffs in the Definition of Environmental Standards", *Energy Policy*, Vol. 29, 2001, pp. 885‐897; Marette S., et al., "Consumers' Willingness to Pay for Eco‐friendly Apples Under Different Labels: Evidences from a Lab Experiment", *Food Policy*, Vol. 37, 2012, pp. 151‐161; Brouhle K., et al., "Determinants of Participation Versus Consumption in the Nordic Swan Eco‐labeled Market", *Ecological Economics*, Vol. 73, 2012, pp. 142‐151; Capacci S., et al., "Seaside Tourism and Eco‐labels: The Economic Impact of Blue Flags", *Tourism Management*, Vol. 47, 2015, pp. 88‐96.

　　④ Brécard D., "Consumer Confusion Over the Profusion of Eco‐labels: Lessons from a Double Differentiation Model", *Resource and Energy Economics*, Vol. 37, 2014, pp. 64‐84.

　　⑤ Brécard D., et al., "Determinants of Demand for Green Products: An Application to Eco‐label Demand for Fish in Europe", *Ecological Economics*, Vol. 69, 2009, pp. 115‐125.

被过度开发或已枯竭。① 中国是世界上最大的海产品消费国和海产品
供应商，海产品主要销往美国、欧洲、韩国和日本。由于持续关注产
品质量，近年来，中国海产品的国际需求已经下降。② 20 世纪 90 年
代，海洋渔业产品生态标签制度开始使用，最早的是海豚安全标签
（Dolphin－Safe Labeling）；现在，最具权威性和应用最广泛的是海洋
管理委员会（Marine Stewardships Council，MSC）的海洋渔业产品生
态标签制度，由世界自然基金会（WWF）于 1997 年创立。③ MSC 根
据 FAO 的指导方针确立海洋渔业产品生态标签认证的程序和标准。
海洋渔业产品被授予 MSC 生态标签必须满足可持续渔业的 MSC 环境
标准：收获渔业资源的可持续性、生态系统的维护、针对渔业的负责
和有效的管理及程序监管链能防止非法捕捞行为。FAO 于 2005 年出
台了促进可持续渔业的《海洋捕捞渔业鱼和渔产品生态标签国际准
则》，这是被授予 MCS 生态标签的最低要求。④ FAO 的海洋捕捞渔业
和渔产品生态标签国际准则主要分为两个方面：①关于海洋捕捞渔业
鱼和渔产品生态标签原则和标准的国际准则；②关于捕捞渔业鱼和渔
产品生态标签程序和机构方面的国际准则。⑤

　　海洋渔业产品生态标签分为单一属性生态标签、捕获阶段的多属
性生态标签和产品整个生命周期的多属性生态标签。单一属性生态标
签，其主要集中在保护单一物种；如海豚安全金枪鱼标签（1990 年
被确立）属于单一属性生态标签，其目的是减少或避免捕获海豚。捕
获阶段的多属性生态标签专注于通过限制过度捕捞保持渔业资源可持

　　① FAO.，"*Review the State of World Marine Fishery Resources*"，Food and Agriculture Organization of the United Nations，Rome，2009.
　　② Xu P.，et al.，"Chinese Consumers' Willingness to Pay for Green－and Eco－labeled Seafood"，*Food Control*，Vol. 28，2012，pp. 74－82.
　　③ Brécard D.，et al.，"Determinants of Demand for Green Products：An Application to Eco－label Demand for Fish in Europe"，*Ecological Economics*，Vol. 69，2009，pp. 115－125.
　　④ Reczkova L.，et al.，"Some Issues of Consumer Preferences for Eco－labeled Fish to Promote Sustainable Marine Capture Fisheries in Peninsular Malaysia"，*Procedia－Social and Behavioral Sciences*，Vol. 91，2013，pp. 497－504；Thrane M.，et al.，"Eco－labelling of Wild－caught Seafood Products"，*Journal of Cleaner Production*，Vol. 17，2009，pp. 416－423.
　　⑤ 王萌等：《渔业生态标签制度的发展与问题》，《中国渔业经济》2011 年第 1 期。

续生产能力和对海洋生态系统的不良影响；如 MSC 生态标签（1997年被确立）属于多属性生态标签，其目标是保护渔业资源和海洋生态系统。产品整个生命周期的多属性生态标签是专注于更广泛意义环境方面的影响，不仅关注海洋生态系统，而且考虑的是产品整个生命周期的环境影响。如瑞典的 KRAV 生态标签代表这一类型的生态标签。[①]因海洋渔业产品生态标签制度主要是发达国家在推动，而水产养殖又主要在发展中国家发展较快，所以，生态标签对水产养殖产品关注不够。相对于其他食品，因水产品存在高健康风险（如 1981—2004 年，中国台湾地区 30% 的食物中毒来自水产品消费），对水产养殖产品进行生态标签认证更至关重要。[②] 2010 年，欧盟开始实施关于有机食品标签新规定，其中一项重大变化就是欧盟首次推出有关有机水产养殖的欧盟规定。

目前，关于海洋渔业产品生态标签制度的相关研究主要有 Chang 运用台湾渔业局 2008 年《海洋渔业和水产养殖的经济调查年报》中的 560 个家庭数据，研究了生态标签对水产养殖生产者的收入分配、收入变化和收入不平等的影响。结果表明，生态标签增加了收入水平，但也增加了收入变化；生态标签对收入不平等没有显著影响。Brécard 等通过随机调查欧洲国家（比利时、丹麦、法国、意大利、荷兰）的 4748 位消费者，寻找生态标签海产品需求的决定因素。结果表明，生态标签意愿与海产品的新鲜程度、原产地、野生还是养殖等特征紧密相连，此外，生态标签与海产品的价格显著相关；同时，受过更好的教育、对海洋资源状况了解得更多和意识到海洋资源保护重要性的消费者更可能接受生态标签产品。Wessels 等通过美国 1640个家庭的意愿调查，评估了消费者可能接受的海洋渔业产品生态标签计划。结果表明，成功的海洋渔业产品生态标签计划设计不能简单地

---

① Thrane M., et al., "Eco - labelling of Wild - caught Seafood Products", *Journal of Cleaner Production*, Vol. 17, 2009, pp. 416 - 423.

② Chang H. H., "Does the Use of Eco - labels Affect Income Distribution and Income Inequality of Aquaculture Producers in Taiwan?" *Ecological Economics*, Vol. 80, 2012, pp. 101 - 108.

"一刀切"，另外，消费者消费偏好会因产品的品种、产地、消费群和认证机构的不同而有所差异。Kirby 等运用国际海洋渔业治理框架关键原则——预防方法和生态系统方法，比较评估了国际渔业治理的原则、标准和要求与渔业产品生态标签及其一致性；对比分析了多种海洋渔业生态标签计划的认证、监察和服从要求。Thrane 等分析了四种不同海洋渔业产品生态标签的应用标准和海产品不同生命周期阶段的环境影响。Karlsen 等比较了三种海洋渔业生态标签的标准（MSC、KRAV 和 FOS），研究了这些生态标签对挪威渔民收获方式的影响。①

第二节　理论框架

海洋生态系统功能是人类获得海洋生态系统服务的基础，而海洋生态系统服务则是人类获得海洋生态产品的基础。海洋生态系统功能与海洋生态系统服务和海洋生态系统服务与海洋生态产品并不一定存在一一对应关系，即海洋生态系统为人类提供的某一项海洋生态系统服务，可能是由一种或多种海洋生态系统功能提供的；海洋生态系统的某一种功能，也可能为人类提供一项或多项海洋生态系统服务。同样地，海洋生态系统提供的某一种海洋生态产品，可能是由一项或多项海洋生态系统服务提供的；海洋生态系统的某一项服务，也可能为人类提供一种或多种海洋生态产品。所以，在理论框架中（见图10 -

① Chang H. H. , "Does the Use of Eco - labels Affect Income Distribution and Income Inequality of Aquaculture Producers in Taiwan?" *Ecological Economics*, Vol. 80, 2012, pp. 101 - 108; Brécard D. , et al. , "Determinants of Demand for Green Products: An Application to Eco - label Demand for Fish in Europe", *Ecological Economics*, Vol. 69, 2009, pp. 115 - 125; Wessels C. , et al. , "Assessing Consumer Preferences for Ecolabeled Seafood: The Influence of Species, Certifier, and Household Attributes", *American Journal of Agricultural Economics*, Vol. 81, 1999, pp. 1084 - 1089; Kirby D. S. , et al. , "Assessment of Eco - labelling Schemes for Pacific Tuna Fisheries", *Marine Policy*, Vol. 43, 2014, pp. 132 - 142; Thrane M. , et al. , "Eco - labelling of Wild - caught Seafood Products", *Journal of Cleaner Production*, Vol. 17, 2009, pp. 416 - 423; Karlsen K. M. , et al. , "Eco - labeling of Seafood: Does It Affect the Harvesting Patterns of Norwegian Fishermen?" *Marine Policy*, Vol. 36, 2012, pp. 1123 - 1130.

1），为了表达此含义，各项海洋生态系统服务与各种海洋生态产品之间用虚箭头连接，并用省略号表示只画出了一部分主要箭头和列出了一些主要海洋生态产品。理论框架分为三部分（见图 10-1）：①海洋生态系统服务划分及含义；②与海洋生态系统服务对应的各种海洋生态产品；③海洋生态产品的市场化与生态补偿标准。

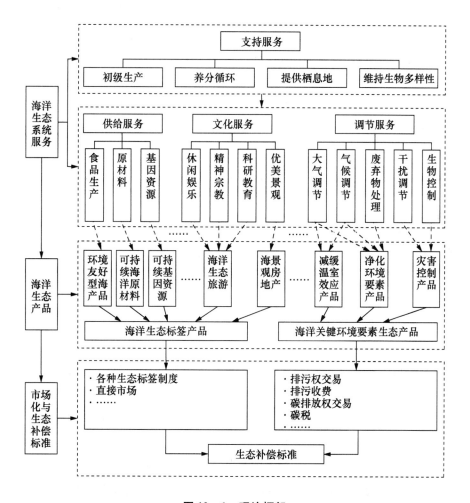

图 10-1　理论框架

一 海洋生态系统服务划分及含义

依据 MEA 的分类①，将海洋生态系统服务分为支持服务、供给服务、文化服务和调节服务。

1. 支持服务

①初级生产，是海洋生态系统浮游植物、底栖植物、微生物等初级生产者通过固定太阳能或其他能量，合成有机化合物，形成食物链及能量传递等服务。②养分循环，是海洋生态系统汇集的碳、氮、磷等营养元素经过物理、化学等过程被海洋生物吸收，进入食物链，实现营养元素的海洋与陆地间循环的服务。③栖息地和维持生物多样性，是海洋生态系统为海洋定居或迁徙种群提供的生境和供养的多种类型海洋种群等服务。

2. 供给服务

①食品生产，是海洋生态系统提供的鱼类、贝类、虾蟹、海藻等多种可食用海产品服务。②原材料，是海洋生态系统提供的工业原料、医药材料和装饰材料等产品服务。③基因资源，是海洋生态系统的植物、动物、微生物等提供的特有生物材料、产品等服务。

3. 文化服务

①休闲娱乐，是海洋生态系统提供的观光、游泳、垂钓、潜水等服务。②精神宗教，是海洋生态系统提供的精神感知、美感体验、宗教文化等服务。③科研教育，是海洋生态系统提供的科研场所，教育素材等服务。④优美景观，是海洋生态系统海岸带提供的不同视角观海景观和视觉体验等服务。

4. 调节服务

①大气调节，是海洋生态系统的初级生产者通过光合作用吸收二氧化碳，释放氧气，维持大气中二氧化碳和氧气平衡等服务。②气候调节，是海洋生态系统对全球降水、温度等的调节服务和通过生物泵作用、钙化作用等吸收大气中的二氧化碳，减缓温室效应等服务。

---

① Millennium Ecosystem Assessment, *Ecosystems and Human Well – being: Synthesis*, Island Press, 2005.

③生物控制，是海洋生态系统对海洋种群的动态调节等服务。④干扰调节，是海洋生态系统的海岸带、海草床和红树林等减缓、削弱强风暴，减轻风暴对沿岸的侵蚀和破坏等服务。⑤废弃物处理，是海洋生态系统将人类活动产生的废弃物通过其物理、化学和生物过程转化为无害物质等服务。

二　与海洋生态系统服务对应的海洋生态产品

1. 支持服务

通过为供给服务、文化服务和调节服务提供基础支撑，使这三项服务具有提供海洋生态产品的能力。

2. 供给服务

海洋生态系统提供的环境友好型海产品和可持续海洋原材料、可持续基因资源等属于海洋生态产品。环境友好型海产品是指通过合理的捕捞方式（适度捕捞和采用可持续方式捕捞）和生态养殖模式（饵料、排泄物、化学药物等对海洋污染较低，使其能自我恢复）获得的各类海产品；可持续原材料和基因资源是指从可持续发展视角保护的海洋药物、药材、化工等原材料和海洋遗传基因资源。

3. 文化服务

海洋生态系统海岸带、岛屿、近海及远海等提供的观光休闲、宗教文化、科教考察等低碳形式的生态旅游产品属于海洋生态产品；同时，沿海岸带建设的具有增值价值的海景观房地产也属于海洋生态产品。

4. 调节服务

海洋生态系统提供的关键环境要素生态产品属于海洋生态产品。关键环境要素生态产品是指海洋生态系统通过其各项调节服务形成的释放氧气、吸收二氧化碳、调节温度和降水、减缓自然灾害和稳定海洋生物群落、处理废弃物等具体服务，这些服务对维持或恢复因人类活动引起的空气、水源、土壤等关键环境要素质量具有重要作用，所以，将其称为关键环境要素生态产品。我们讨论空气、水、土壤等关键环境要素的价值意义不大，因为它们的总价值（存量）对于人类来说是无穷大；但是，研究这些关键环境要素变化的损失或价值（流量）具有重要意义（如核算人类活动对这些关键环境要素产生负面影响的损失，或核算海洋生态系统服务对这些关键环境要素产生正面影响的价值）。本书将海洋关键环境要素生态产品划分为减缓温室效应产品（如吸收二氧化碳等）、净化环境要素产品（如释放氧气、处理废弃物、去除硫氧化物等）、灾害控制产品（如减缓自然灾害、稳定生物群落等）等。

三 海洋生态产品市场化与生态补偿标准

环境友好型海产品、可持续海洋原材料、可持续基因资源、海洋生态旅游、海景观房地产等海洋生态产品，可以通过建立不同的海洋生态标签制度对其进行市场化（其中部分生态产品也可以直接市场化）。减缓温室效应产品、净化环境要素产品、灾害控制产品等海洋关键环境要素生态产品，可通过借鉴已有的排污权交易、碳排放权交易、排污收费、碳税等产权制度或税费制度或重新构建新的其他制度对其进行市场化。

各类海洋生态标签产品可以通过其与传统海洋同类产品的市场差价来确立生态补偿标准，生态补偿主体主要是各类海洋生态标签产品的消费者，生态补偿对象主要是各类海洋生态标签产品的生产者。海洋关键环境要素生态产品生态补偿标准的确立较为复杂，通过影子工程法、影子价格法、恢复费用法、防护费用法等间接方法计算出来的标准通常只能作为理论值（数值较大），不具有可操作性。可以通过目前已建立的排污权、碳排放权等市场规模或排污收费等的税费规模，综合考虑森林、海洋、草地等各类生态系统的贡献度，确立海洋关键环境要素生态产品的生态补偿标准，对其进行部分补偿；海洋关键环境要素生态产品的生态补偿主体主要是排污权、碳排放权等市场的消费者，或者是排污收费等的对象；海洋关键环境要素生态产品的生态补偿对象主要是海洋生态系统。

第三节 研究方法

一 研究范围与研究思路

1. 研究范围

图 10 - 1 海洋生态系统供给服务——食品生产对应的环境友好型海产品，它是指"通过合理的捕捞方式（适度捕捞和采用可持续方式捕捞）和生态养殖模式（饵料、排泄物、化学药物等对海洋污染较低，使其能自我恢复）获得的各类海产品"。

2. 研究思路

（1）设置模拟市场。通过合理的捕获方式和生态养殖模式获得的海产品，既有利于海洋生态系统的保护和持续提供海产品，又有利于人体健康，这类捕获或养殖的海产品将被标有"海洋渔业生态标签"；假设这类海洋渔业生态标签产品比传统的海产品价格高，询问受访者是否愿意购买这类海洋渔业生态标签产品；若愿意，（与传统海产品相比）愿意为带有海洋渔业生态标签产品每公斤多支付多少（从5%至300%，设置具有 20 个选项的支付卡）。

（2）收集基础数据。①以舟山市普陀区和烟台市长岛县海岛游客为调查对象，运用条件价值评估法，通过问卷调查分别获得两个案例地受访者（游客）的支付意愿值；②通过专项问卷调查，分别获得两个案例地游客的停留时间（到达旅游目的地至离开旅游目的地的时间）；③通过专项问卷调查，获得游客在海岛型旅游目的地每人每天各类海产品的消耗量；④通过查阅资料，获得我国主要城市海鲜市场各类海产品的平均价格；⑤通过实地考察和部门访谈，对两个案例地的游客量进行调整。

（3）确立生态补偿标准。若两个案例地的海洋渔业生产者为游客提供海洋渔业生态标签产品，以此来保护海洋生态系统，这些生产者应获得相应的生态补偿激励（同时生产海洋渔业生态标签产品也会增加成本，生态补偿也是为了弥补新增加的成本）。依据"（2）收集基础数据"中收集的我国主要城市各类海产品的平均价格、两个案例地游客的支付意愿值、游客每人每天各类海产品的消耗量、游客在两个案例地停留的时间、两个案例地调整后的游客量等基础数据，确立两个案例地通过海洋渔业产品生态标签制度可以获得的生态补偿标准。

二 问卷设计与调查过程

1. CVM 问卷设计

以美国海洋与大气管理局（NOAA）提出的原则为基础，参考了国内外 CVM（Contingent Valuation Method，CVM）问卷的设计经验，采用了减少各类偏差的处理方法，并结合本书的实际情况，设计了支付卡式支付意愿调查问卷。[①] 到浙江省舟山市普陀区和山东省烟台市长岛县的主要景区进行了实地考察，并在正式调查拟选取的调查点（舟山市的普陀客运中心、普陀山景区、朱家尖国际沙雕广场景区、桃花岛茅草屋码头和长岛县的长岛码头、月牙湾景区、九丈崖景区）进行了预调查。通过实地考察和预调查发现并修改了问卷初稿中存在的问题，最终确定了正式调查问卷。正式调查问卷主要由两大部分组成：①详细界定了本书应用的海洋渔业产品生态标签；②致调查表答卷人和 12 个调查问卷。

2. 游客停留时间和海产品消耗量问卷设计

①游客停留时间。专门设置一道问题，询问游客到达和离开旅游目的地的时间。②海产品消耗量。专门设计一份含有各类主要海产品的清单，通过入户调查海岛上的渔家乐业主或采购员填写清单。

3. 调查过程

①CVM 问卷调查和游客停留时间问卷调查。这两种问卷调查均采用面对面的形式并随机抽样；调查地点均为浙江省舟山市普陀区和山东省烟台市长岛县；调查对象均为游客，但是每一位游客只做其中的一种问卷（对于团队游客，无论旅游团队大小，每个旅游团队只抽取

---

① Arrow K., et al., "Report of the NOAA Panel on Contingent Valuation", *Federal Register*, Vol. 58, 1993, pp. 4601 - 4614; Mitchell R. C., et al., *Using Surveys to Value Public Goods: The Contingent Valuation Method*, Resources for the Future, 1989; 薛达元：《生物多样性经济价值评估：长白山自然保护区案例研究》，中国环境科学出版社 1997 年版。

一个调查样本）；调查时间均为 2014 年 7 月 30 日至 8 月 21 日。CVM
获得的有效问卷量及分布参见表 10 - 1；游客停留时间问卷在舟山市
普陀区和烟台市长岛县调查的问卷量分别为 992 份和 610 份，其中有
效问卷量分别为 985 份和 610 份。②海产品消耗量问卷调查。采用面
对面的形式并随机抽样；调查地点为烟台市长岛县；调查对象为在长
岛县旅游局注册的 13 个村子的渔家乐业主或采购人员；调查时间为
2011 年 7 月 19 日至 7 月 26 日。海产品消耗量问卷共调查了 506 户渔
家乐中的 105 户，抽样比例为 20.75%；其中有效问卷 102 户。

表 10 - 1 问卷分布

区域	调查点	问卷量	有效问卷量	有效率（%）
浙江舟山	普陀客运中心	220	215	97.73
	普陀山景区	200	197	98.50
	朱家尖国际沙雕广场景区	45	45	100.00
	桃花岛茅草屋码头	45	44	97.78
	合计	510	501	98.24
山东长岛	长岛码头	85	83	97.65
	月牙湾景区	169	166	98.22
	九丈崖景区	166	166	100.00
	合计	420	415	98.81
总合计		930	916	98.49

第四节　结果分析

一　有效样本特征

受访者的特征如表 10 - 2 所示。

表 10 - 2   **受访者的基本特征**

变量	编码	区域	
		舟山市普陀区	烟台市长岛县
性别	男：1； 女：0	1：298（59.5%）； 0：203（40.5%）	1：204（49.2%）； 0：211（50.8%）
年龄	1：≤25 岁； 2：26—30 岁； 3：31—35 岁； 4：36—40 岁； 5：≥41 岁	1：80（16.0%）； 2：103（20.6%）； 3：125（25.0%）； 4：103（20.6%）； 5：90（18.0%）	1：19（4.6%）； 2：59（14.2%）； 3：131（31.6%）； 4：111（26.7%）； 5：95（22.9%）
文化 程度	1：高中、中专、技校及以下（其中： 1.1：小学，1.2：初中）； 2：大专； 3：本科及以上（其中：3.1：硕士）	1：140（27.9%）， 1.1：5（1.0%）， 1.2：24（4.8%）； 2：129（25.7%）； 3：232（46.3%）， 3.1：24（4.8%）	1：107（25.8%）， 1.1：1（0.2%）， 1.2：15（3.6%）； 2：116（28.0%）； 3：192（46.3%）， 3.1：23（5.5%）
个人收入	1：≤40000 元； 2：40001—70000 元； 3：70001—100000 元； 4：≥100001 元	1：98（19.6%）； 2：195（38.9%）； 3：128（25.5%）； 4：80（16.0%）	1：113（27.2%）； 2：172（41.4%）； 3：59（14.2%）； 4：71（17.1%）
职业	1：专业技术人员； 2：商业、服务业人员； 3：其他（其中：3.1：办事人员和有关人员，3.2：生产、运输设备操作人员及有关人员）	1：150（29.9%）； 2：200（39.9%）； 3：151（30.1%）； 3.1：61（12.2%）， 3.2：46（9.2%）	1：137（33.0%）； 2：149（35.9%）； 3：129（31.1%）； 3.1：69（16.6%）， 3.2：36（8.7%）
客源地	舟山：1：浙江； 2：其他（其中：2.1：江苏，2.2：上海）； 长岛：1：山东； 2：其他（其中：2.1：河北、河南；2.2：北京、天津）	1：214（42.7%）； 2：287（57.3%）； 2.1：74（14.8%）， 2.2：56（11.2%）	1：168（40.5%）； 2：247（59.5%）； 2.1：92（22.2%）， 2.2：68（16.4%）

续表

变量	编码	区域	
		舟山市普陀区	烟台市长岛县
对海洋过度和不可持续捕捞现象的了解	1：非常严重； 2：比较严重； 3：一般（其中：3.1：不严重； 3.2：没有这种现象）	1：181（36.1%）； 2：252（50.3%）； 3：68（13.6%）， 3.1：4（0.8%）， 3.2：0（0）	1：112（27.0%）； 2：224（54.0%）； 3：79（19.0%）， 3.1：6（1.4%）， 3.2：1（0.2%）
对海水养殖污染程度的了解	舟山：1：非常严重； 2：比较严重；3：一般（其中：3.1：不严重，3.2：没有污染）； 长岛：1：比较严重（其中：1.1：非常严重）； 2：一般（其中：2.1：不严重，2.2：没有污染）	1：95（19.0%）； 2：211（42.1%）； 3：195（38.9%）； 3.1：16（3.2%）； 3.2：6（1.2%）	1：213（51.3%）， 1.1：36（8.7%）； 2：202（48.7%）， 2.1：6（1.4%）， 2.2：2（0.5%）
对海鲜的喜爱程度	1：非常喜欢； 2：比较喜欢； 3：一般（其中：3.1：不喜欢； 3.2：不吃海鲜）	1：178（35.5%）； 2：167（33.3%）； 3：156（31.1%）； 3.1：22（4.4%）， 3.2：5（1.0%）	1：105（25.3%）； 2：148（35.7%）； 3：162（39.0%）； 3.1：28（6.7%）， 3.2：5（1.2%）
调查时间	1：周一、周日； 2：周二至周四； 3：周五、周六	1：221（44.1%）； 2：171（34.1%）； 3：109（21.8%）	1：120（28.9%）； 2：175（42.2%）； 3：120（28.9%）
同游人数	1：1—3人； 2：4—5人； 3：6人及以上	1：279（55.7%）； 2：116（23.2%）； 3：106（21.2%）	1：125（30.1%）； 2：138（33.3%）； 3：152（36.6%）

二　支付意愿值分布

在舟山市普陀区的 501 份有效问卷中，有 93.41% 的受访者愿意为海洋渔业生态标签产品支付比普通海产品更高的价格，有 6.59% 的受访者不愿意支付费用，按照 0 支付意愿值处理；在烟台市长岛县的 415 份有效问卷中，有 95.90% 的受访者愿意为海洋渔业生态标签产品支付比普通海产品更高的价格，有 4.10% 的受访者不愿意支付费用，按照 0 支付意愿值处理。因在调查中，首先询问受访者是否有支付意愿，所以排除了出现负支付意愿值的可能性。在舟山市普陀区具有正支付意愿值的 468 位受访者中和烟台市长岛县具有正支付意愿值的 398 位受访者中，选择投标额 5%、10%、15%、20%、25%、30% 和 50% 的人数均较多；舟山市普陀区和烟台市长岛县选择投标额在 50% 及以下的人数分别占其总人数的 96.21% 和 95.66%（具体支付意愿值分布见图 10-2 和图 10-3）。在舟山市普陀区和烟台市长岛县分别有 33 位受访者和 17 位受访者不愿意支付，其不愿意支付的最主要原因均为"认为这种保护海洋生态系统方式应该由国家或当地政府出资"，分别占不愿意支付总人数的 54.55% 和 82.35%。

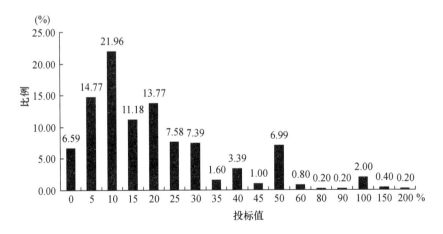

图 10-2　舟山支付意愿值分布

三　支付意愿值影响因素

从表 10-3 列联表及 χ^2 独立性检验可以得出，在舟山市普陀区和烟台市长岛县案例中，性别、年龄、收入、对海洋过度及不可持续捕捞现象的了解、对海水养殖污染程度的了解、对海鲜的喜爱程度等因

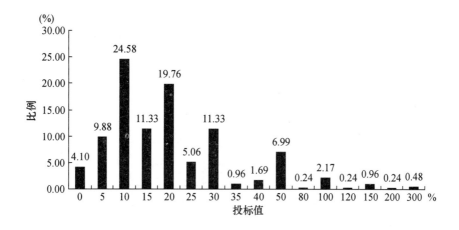

图 10 - 3　长岛支付意愿值分布

素显著影响支付意愿值，两个案例地均表现出男性支付意愿值高、41
岁及以上支付意愿值高、收入越高支付意愿值越高、认为过度及不可
持续捕捞现象越严重支付意愿值越高、认为污染越严重支付意愿值越
高、越喜欢吃海鲜支付意愿值越高。在舟山市普陀区案例中，职业和
调查时间两因素与其支付意愿值显著相关，文化程度与其支付意愿值
弱显著相关，具体表现为其他职业支付意愿值高、周五和周六调查样
本支付意愿值高、学历越高支付意愿值越高；在烟台市长岛县案例
中，文化程度和客源地两因素与其支付意愿值显著相关，具体表现为
学历越高支付意愿值越高、省外游客支付意愿值较高。

表 10 - 3　　　　　总样本各因素对支付意愿值影响的相关性

因素	舟山市普陀区			烟台市长岛县		
	χ^2	自由度	显著水平	χ^2	自由度	显著水平
性别	52.100	9	0.000 ***	12.110	5	0.033 **
年龄	57.076	36	0.014 **	33.393	20	0.031 **
文化程度	26.116	18	0.097 *	24.673	10	0.006 ***
收入	62.934	27	0.000 ***	46.478	15	0.000 ***
职业	33.658	18	0.014 **	14.124	10	0.167
客源地	11.213	9	0.261	12.557	5	0.028 **

因素	舟山市普陀区			烟台市长岛县		
	χ^2	自由度	显著水平	χ^2	自由度	显著水平
海洋捕捞现象	56.129	18	0.000***	30.120	10	0.001***
海水养殖污染	56.087	18	0.000***	11.271	5	0.046**
吃海鲜	71.805	18	0.000***	24.451	10	0.006***
调查时间	44.666	18	0.000***	7.287	10	0.698
同游人数	14.626	18	0.687	7.521	10	0.676

注：***表示置信水平为1%，**表示置信水平为5%，*表示置信水平为10%。

四　生态补偿标准

$$E(WTP)_{舟山} = \sum_{i=1}^{17} P_i B_i = 21.15(\%) \qquad (10-1)$$

$$E(WTP)_{长岛} = \sum_{j=1}^{16} P_j B_j = 23.80(\%) \qquad (10-2)$$

$$ECS_k = [(\overline{P} \times WTP_k) \times q_k \times t_k] \times Q_k \qquad (10-3)$$

式（10-1）至式（10-3）中，P_i 和 P_j 分别为各投标额投标人数的分布频率；B_i 和 B_j 分别为各投标数额；ECS_k 为舟山市普陀区或烟台市长岛县生态补偿标准（元/a）；$\overline{P}$ 为我国主要海产品的均价（元/千克）；WTP_k 为舟山市普陀区或烟台市长岛县游客的支付意愿值（%）；q_k 为海岛型旅游目的地（舟山市普陀区或烟台市长岛县）每位游客每天海产品的消耗量［千克/（人·天）］；t_k 为舟山市普陀区或烟台市长岛县游客平均停留时间（d）；Q_k 为2013年舟山市普陀区或烟台市长岛县经过调整后的游客量（人次）。

各参数计算过程及结果：（1）t_k：通过统计舟山市普陀区985份有效问卷和烟台市长岛县610份有效问卷，计算得出，游客在两个案例地停留时间分别为1.94天/人（46.59小时/人）和1.56天/人（37.42小时/人）。（2）q_k：通过统计烟台市长岛县102户渔家乐有效问卷，计算得出，游客在海岛型旅游目的地各类海产品的消耗量为0.8294千克/（人·天）。（3）$\overline{P}$：通过统计2014年10月24日，东港、威海、合肥、厦门、苏州、沈阳、大连、北京、青岛、秦皇岛、福州、上海 12 个城市海产品市场 29 种主要海产品的均价（有的海产品只有部分城市市场有，取均价时有几个城市市场有就按照几个城市取均值），最后求出我国 29 种主要海产品的均价为 51.18 元/千克。

（4）Q_k：旅游部门公布的城市游客量存在重复统计现象，计算时对游客量进行了调整，舟山市普陀区游客量取 5A 级景区普陀山景区游客量作为调整后的总游客量，即 2013 年游客量为 594.68×10^4 人次；烟台市长岛县游客量取总游客量的一半（长岛县九丈崖和月牙湾两个最好的景区是联票，所以，取一半较为合理；这一调整结果与我们到长岛县旅游局访谈的结果较相似），即 2013 年游客量为 131×10^4 人次。

应用各参数值，运用式（10 - 3）计算得出，2013 年，舟山市普陀区通过海洋渔业产品生态标签制度可获得 1.0358×10^8 元的生态补偿标准，烟台市长岛县可获得 0.2065×10^8 元的生态补偿标准。

第五节　结论与结语

（1）海洋生态系统功能是产生海洋生态系统服务的基础，海洋生态系统服务是产生海洋生态产品的基础。海洋生态系统为人类提供了支持服务、供给服务、文化服务和调节服务，以此为基础，海洋生态系统为人类提供了环境友好型海产品、可持续海洋原材料、可持续基因资源、生态旅游产品、海景观房地产等海洋生态标签产品和减缓温室效应产品、净化环境要素产品、灾害控制产品等海洋关键环境要素生态产品。海洋生态产品具有公共物品属性和正的外部性，需用生态补偿制度对该产品的供给行为进行激励。海洋生态产品市场化是确立生态补偿标准和实施生态补偿制度的基础，生态标签制度、碳排放权交易、排污权交易、排污收费、碳税等是国际上常用的市场化运作模式。

（2）舟山市普陀区和烟台市长岛县分别有 93.41% 和 95.90% 的

受访者愿意为海洋渔业生态标签产品支付比普通海产品更高的价格，由此可见，两个旅游目的地游客对海洋渔业生态标签产品接受程度非常高（支持率非常高，这可能与我国近年来的生态环境问题比较突出和食品安全问题比较严重有关）。运用列联表及卡方独立性检验方法分析得出总样本各因素对支付意愿值的影响，两个旅游目的地结果均显示：性别、年龄、文化程度、收入、对海洋过度及不可持续捕捞现象的了解、对海水养殖污染程度的了解、对海鲜的喜爱程度等因素显著影响支付意愿值。

（3）舟山市普陀区旅游目的地计算得出的生态补偿标准为 10.82 元/千克，游客承担的生态补偿标准为 17.43 元/人次，通过海洋渔业产品生态标签制度可获得 1.0364×10^8 元的生态补偿资金；将舟山市普陀区旅游目的地的游客按照浙江省、江苏省和上海市、皖赣闽豫湘鄂鲁及其他省（市、区）划分，计算得出的生态补偿标准分别为 10.53 元/千克、10.98 元/千克、11.03 元/千克和 11.18 元/千克，各客源地游客承担的生态补偿标准分别为 14.39 元/人次、17.59 元/人次、20.54 元/人次和 22.87 元/人次，通过海洋渔业产品生态标签制度可获得 1.0358×10^8 元的生态补偿资金；通过对比发现，将游客统一核算和分客源地核算得出的生态补偿资金总额差异较小，但是，按照各客源地核算得出的生态补偿标准和各客源地游客人均承担的生态补偿标准差异均较大。

（4）烟台市长岛县旅游目的地计算得出的生态补偿标准为 12.18 元/千克，游客承担的生态补偿标准为 15.75 元/人次，通过海洋渔业产品生态标签制度可获得 0.2064×10^8 元的生态补偿资金；将烟台市长岛县旅游目的地的游客按照山东省、京津冀晋豫及其他省（市、区）划分，计算得出的生态补偿标准分别为 10.86 元/千克、12.85 元/千克和 13.70 元/千克，各客源地游客承担的生态补偿标准分别为 13.26 元/人次、17.57 元/人次和 17.56 元/人次，通过海洋渔业产品生态标签制度可获得 0.2070×10^8 元的生态补偿资金；通过对比发现，烟台市长岛县旅游目的地得出了和舟山市普陀区旅游目的地相同的结论，即游客按照统一核算和分客源地核算得出的生态补偿资金总额差异较小，但按照各客源地核算得出的生态补偿标准和游客人均承担的生态补偿标准差异较大。

（5）游客因在旅游目的地的停留时间、从事旅游活动类型及个人意愿偏好等不同，对旅游目的地生态环境的影响（或保护）具有差异性。本书从旅游目的地不同客源地游客停留时间和个人意愿偏好两方面考虑了生态补偿标准的区域差异性，进一步的研究可以考虑游客不同类型的旅游活动（如观光、宗教、休闲等）对旅游目的地生态环境的影响及生态补偿标准的差异性。同时，本书在核算生态补偿总量时，样本的总体范围只扩展为核心景区的游客量，进一步的研究可考虑如何通过科学的方法将总体范围扩展到包含当地居民、外地消耗目的地海产品的居民等。

第 六 篇

海岛型旅游目的地生态补偿标准：
碳排放增量收费

第十一章　舟山旅游交通及其碳排放的变化

第一节　区域骨干交通工程建设

一　相关研究述评

目前，国内外学者关于交通工程建设（或改善）对旅游业影响的研究成果主要集中在两个方面：一方面是高速铁路建设对旅游业的影响，主要包括高铁对区域旅游流的影响、高铁对区域旅游格局的影响和高铁对可达性的影响[①]；另一方面是高铁外其他交通工程建设（或改善）对旅游业的影响，主要包括跨海通道或旅游区交通发展对区域旅游空间格局与空间结构的影响、区域交通巨变对客源空间结构的影响、铁路或隧道工程建设对区域旅游业整体发展的影响、大桥建设对

[①] Delaplace M., et al., "Can High Speed Rail Foster the Choice of Destination for Tourism Purpose?" *Procedia – Social and Behavioral Sciences*, Vol. 111, 2014, pp. 166 – 175; Pagliara F., et al., "High Speed Rail and the Tourism Market: Evidence from the Madrid Case Study", *Transport Policy*, Vol. 37, 2015, pp. 187 – 194; 汪德根：《京沪高铁对主要站点旅游流时空分布影响》，《旅游学刊》2014 年第 1 期；殷平：《高速铁路与区域旅游新格局构建——以郑西高铁为例》，《旅游学刊》2012 年第 12 期；汪德根：《武广高速铁路对湖北省区域旅游空间格局的影响》，《地理研究》2013 年第 8 期；黄泰等：《高铁对都市圈城市旅游服务力格局演变的影响——以长三角都市圈为例》，《经济地理》2014 年第 11 期；蒋海兵等：《高速铁路影响下的全国旅游景点可达性研究》，《旅游学刊》2014 年第 7 期。

旅游交通环境的影响和交通改善对旅游城镇化的影响。① 目前，从国内外关于交通工程建设（或改善）对旅游业影响相关研究成果来看，学者们均较少关注区域交通工程建设（或改善）对旅游交通（或旅游业）碳排放的影响，这不利于制定具有现实性和可操作性的旅游碳减排政策，同时也与我国交通工程建设领域出现"革命式"的变化这一现实不相符。本书以我国典型的海岛型旅游目的地——舟山普陀旅游金三角为案例地，以 2009 年和 2014 年两次问卷调查和访谈调查获取的数据为基础，定量评估了区域骨干交通工程建设对海岛旅游交通及其碳排放的影响。

二 交通变化

2015 年，我国高速铁路运营里程达到 19000 千米，位居世界第一；高速公路运营里程达到 12.54×10^4 千米，位居世界第一；民用航空旅客周转量达到 3.94×10^8 人次。高速铁路、高速公路和民用航空的快速发展，标志着我国交通已进入"高速时代"。交通"高速时代"将开创我国旅游业新的局面，旅游业将拥有新的价值和面对新的问题。② 交通对海岛旅游业的发展至关重要③，在我国交通"高速时代"的大背景下，海岛型旅游目的地区域交通也发生了重大变化，已修建了诸如东海大桥、杭州湾跨海大桥、舟山跨海大桥、平潭海峡大桥、青岛海湾大桥、厦漳跨海大桥、南澳跨海大桥等多座跨海大桥，并与高速公路（或国道、省道）连接；同时，海岛临近核心城市的高

---

① 冯立新等：《骨干交通设施对区域旅游空间格局的影响——以渤海海峡跨海通道为例》，《经济地理》2011 年第 2 期；杨仲元等：《交通发展对区域旅游空间结构的影响研究——以皖南旅游区为例》，《地理科学》2013 年第 7 期；戴学军等：《基于 GIS 的旅游交通巨变下客源空间结构演化分析——以惠州龙门县为例》，《热带地理》2011 年第 5 期；朱竑等：《青藏铁路对西藏旅游业可持续发展的影响及其对策》，《经济地理》2005 年第 6 期；彭永祥等：《贫困地区区域旅游系统对重大机遇的滞后弱响应——以秦岭终南山公路隧道通车后的柞水旅游为例》，《干旱区资源与环境》2009 年第 1 期；张建春等：《芜湖长江大桥与安徽旅游交通条件的改善》，《人文地理》2002 年第 4 期；王兆峰等：《基于交通改善的湘西旅游城镇化响应时空分异与机制研究》，《经济地理》2013 年第 1 期。

② 魏小安等：《"高速时代"的中国旅游业发展》，《旅游学刊》2012 年第 12 期。

③ Currie C., et al., "Maintaining Sustainable Island Destinations in Scotland: The Role of the Transport - tourism Relationship", *Journal of Destination Marketing & Management*, Vol. 3, 2014, pp. 162 - 172.

速铁路也相继开通。这些区域骨干交通工程建设完成，打通了海岛旅游交通的重要制约"瓶颈"，海岛旅游业面临着新的发展机遇；同时，也需要面对新的问题，其中一个关键问题就是生态环境问题。

本书涉及的舟山普陀旅游金三角区域骨干交通工程建设包括：①2008 年 5 月通车的杭州湾跨海大桥接沈海高速（G15），大桥全长 36 千米，总投资 118×10^8 元；②2009 年 12 月通车的舟山跨海大桥接甬舟高速（G9211），大桥全长 48.16 千米，总投资 130×10^8 元；③2013 年 7 月宁杭甬高铁开通，沪宁杭甬现已开通沪京哈线、沪深线、沪蓉线、沪昆线（上海—长沙段）高速列车。

第二节　研究方法和数据来源

一　研究方法

1. 影响评估的基准年和对照年选取

本书进行了两次问卷调查和访谈调查。2009 年问卷调查和访谈调查（调查时间为 2009 年 8 月 18 日—27 日）时，杭州湾跨海大桥已通车一年多；但由于舟山跨海大桥尚未通车，杭州湾跨海大桥通车并未对舟山普陀旅游金三角交通产生根本性改变，游客量也未出现明显增加（见图 11 - 1）；同时，宁杭甬高铁也未开通。2014 年问卷调查和访谈调查（调查时间为 2014 年 7 月 30 日—8 月 12 日）时，杭州湾跨海大桥已通车六年多，舟山跨海大桥已通车四年多，沪宁杭甬高铁已通车一年多。所以，研究选取 2009 年为影响评估的基准年，选取 2014 年为影响评估的对照年。

2. 核算方法

运用自下而上的方法，以时隔五年（2009 年和 2014 年）的两次问卷调查和访谈调查获取的一手数据为基础，统计核算区域骨干交通工程（杭州湾跨海大桥、舟山跨海大桥和沪宁杭甬高速铁路）建设对舟山普陀旅游金三角海岛旅游交通的影响；以此为基础，初步估算区域骨干交通工程建设对舟山普陀旅游金三角旅游交通碳排放的影响。

为了进行对比研究（影响研究），2009年和2014年调查数据采用统一的方法进行核算，具体如下。

（1）划分游客客源地。①长三角地区游客客源地划分为杭州市、宁波市、绍兴市、舟山市、温州市、金华市（除义乌市）、台州市、嘉兴市、义乌市、湖州市、衢州市、丽水市、江苏省和上海市；②华中和华东地区（除长三角地区，本章以下所称华中和华东地区均不包含长三角地区）游客客源地划分为安徽省、江西省、福建省、河南省、湖南省、湖北省和山东省；③广东和京津冀地区游客客源地划分为广东省、北京市、河北省和天津市；④东北和西部地区游客客源地划分为四川省、黑龙江省、辽宁省、陕西省、山西省、广西壮族自治区、吉林省、重庆市、内蒙古自治区、甘肃省、新疆维吾尔自治区、贵州省、宁夏回族自治区、青海省和云南省；⑤海外游客客源地划分为中国港澳地区、中国台湾地区、日本、菲律宾、新加坡、泰国、印度尼西亚、美国、加拿大、英国、法国、德国、意大利、俄罗斯、澳大利亚、新西兰、韩国和马来西亚。

（2）核算交通里程。①国内长途交通里程。各客源地游客乘坐长途汽车或自驾直达舟山的长途交通公路里程，按照浙江省各市、浙江省以外其他各省（市、区）省会到达舟山核算（2009年为到达宁波白峰码头，2014年为到达金塘大桥舟山市定海区）；各客源地游客乘坐长途汽车、火车或飞机（宁波、杭州或上海）中转后再到达舟山的长途交通公路里程、铁路里程或航空里程，按照浙江省各市、浙江省以外其他各省（市、区）省会到达中转城市的公路里程、铁路里程或航空里程，再加上中转城市到达舟山的公路里程核算（2009年为到达宁波白峰码头，2014年为到达金塘大桥舟山市定海区）；各客源地（有直达航线的客源地）游客乘坐飞机直达舟山的长途交通航空里程，按照各客源地省会到达舟山核算。②海外游客长途交通里程。海外游客航空里程按照中国香港、中国台北、东京、马尼拉、新加坡、曼谷、雅加达、纽约、温哥华、伦敦、巴黎、法兰克福、罗马、莫斯科、悉尼、奥克兰、首尔和吉隆坡到达上海核算，公路里程按照上海到达舟山核算（2009年为到达宁波白峰码头，2014年为到达金塘大桥舟山市定海区）。③市内交通里程。市内交通里程包括半升洞码头—普陀山码头的水路里程（取普陀山景区游客量）、普陀山码头—蜈蚣峙码头的水路里程（取普陀山景区游客量）、墩头码头—茅草屋码头往返的水路里程（取桃花岛景区游客量），2009 年的市内交通里程再加上普陀长途汽车站—国际沙雕广场的公路里程（取朱家尖景区游客量）、白峰码头—鸭蛋山码头往返的水路里程（取普陀山景区非舟山市民的游客量）、鸭蛋山码头—普陀长途站往返的公路里程（取普陀山景区非舟山市民的游客量）和定海客运中心—普陀长途站往返的公路里程（取普陀山舟山市民的游客量）；2014 年的市内交通里程再加上舟山普陀客运中心—国际沙雕广场的公路里程（取朱家尖景区游客量）、金塘大桥舟山市定海区—舟山普陀客运中心往返的公路里程（取普陀山景区非舟山市民的游客量）和定海客运中心—舟山普陀长途客运中心往返的公路里程（取普陀山舟山市民的游客量）。

（3）核算游客周转量。取普陀山 2008 年和 2013 年游客量作为舟山普陀旅游金三角 2008 年和 2013 年的游客量。国内游客依据调查获得的各客源地游客所占比例，计算得出 2008 年和 2013 年国内各客源地的游客量；海外游客依据舟山市各海外客源地游客所占比例，计算得出 2008 年和 2013 年海外各客源地的游客量。①核算浙江省各市、江苏省、上海市、华中和华东地区各省长途交通游客周转量。依据调查获得的各客源地游客乘坐各类交通工具（自驾、长途汽车、火车或飞机）和中转城市（直达舟山、宁波、杭州或上海）的比例，再结合各客源地的游客量和各类交通工具长途交通里程的核算方法，分别计算各客源地游客乘坐各类交通工具的长途交通游客周转量；再通过汇总可得出，浙江省、江苏省、上海市、长三角地区、华中和华东地区等游客乘坐各类交通工具的长途交通游客周转量。②广东和京津冀地区、东北和西部地区长途交通游客周转量。以调查获得的各省市或各省、市、区游客乘坐各类交通工具（自驾、长途汽车、火车或飞机）和中转城市（直达舟山、宁波、杭州或上海）的数据为基础，分别核算两个地区游客乘坐各类交通工具和中转城市的比例，广东和京津冀地区、东北和西部地区各省市或各省（市、区）各类交通工具和中转城市的比例均取其所在地区的比例；再结合两个地区各省市或各省（市、区）的游客量和各类交通工具长途交通里程的核算方法，分别计算两个地区各省市或各省（市、区）游客乘坐各类交通工具的游客周转量；再通过汇总可以得出，广东和京津冀地区、东北和西部地区游客乘坐各类交通工具的长途交通游客周转量。③海外游客长途交通游客周转量。依据海外各客源地的游客量和航空里程、公路里程的核算方法，分别计算得出海外各客源地游客各类交通工具的长途交通游客周转量。④市内交通游客周转量。依据国内和海外各客源地的游客量、市内各交通线路的游客量和市内交通各类交通工具的里程，分别计算得出各客源地游客的市内交通游客周转量。

（4）评估碳排放量。①市内交通和长途交通碳排放量。以各客源地游客周转量核算为基础，分别核算浙江省、江苏省、上海市、长三角地区、华中和华东地区、广东和京津冀地区、东北和西部地区、港澳台及国外地区等 2008 年和 2013 年长途交通、市内交通的碳排放量；②景区内交通碳排放量。以访谈调查获取的景区内各类交通工具年能源消耗量数据为基础，分别核算 2008 年和 2013 年游客景区内旅游交通的碳排放量。

3. 碳排放评估模型

$$T_{1\text{-}CO_2}^{i} = \sum_{j} \sum_{k} (D_{jk} \times \beta_k \times \varepsilon_k) \tag{11-1}$$

$$T_{2\text{-}CO_2}^{i} = \sum_{t} \sum_{m} \left[(Q_{tm} \times f_m) \times \rho_m \times r_m \right] \tag{11-2}$$

$$T_{CO_2}^{i} = T_{1\text{-}CO_2}^{i} + T_{2\text{-}CO_2}^{i} \tag{11-3}$$

式（11-1）至式（11-3）中，$T_{CO_2}^{i}$ 为 2008 年或 2013 年旅游交通的二氧化碳排放量；$T_{1\text{-}CO_2}^{i}$ 为 2008 年或 2013 年长途旅游交通、市内旅游交通和（市内）景区间旅游交通的二氧化碳排放量；$T_{2\text{-}CO_2}^{i}$ 为 2008 年或 2013 年景区内旅游交通的二氧化碳排放量；D_{jk} 为第 j 个游客客源地第 k 种交通工具的年游客周转量；β_k 为第 k 种交通工具每人·千米的 CO_2 排放系数；ε_k 为第 k 种交通工具排放 CO_2-e（等当量 CO_2）的均衡因子；Q_{tm} 为第 t 个旅游景区内第 m 种交通工具的年能源消耗量；f_m 为第 m 种交通工具的游客使用率；ρ_m 为第 m 种交通工具消耗能源的热量折算系数；r_m 为第 m 种交通工具消耗能源的二氧化碳排放因子。

二　数据来源

1. 两次问卷调查

为了获得游客客源地、游客交通方式（自驾、长途汽车、火车或飞机）、游客中转城市（直达舟山、宁波、杭州或上海）和游客旅游目的地停留时间等数据，2009 年和 2014 年进行了两次游客问卷调查（见表 11 – 1）。

表 11 – 1　　　　　　　　　　　有效样本量

变量	2009 年（份）	2014 年（份）
游客客源地	2218	2503
停留时间	563	985
交通方式	545	983
中转城市	545	983

2. 两次访谈调查

为了获得半升洞码头—普陀山码头—蜈蚣峙码头、墩头码头—茅草屋码头、鸭蛋山码头—白峰码头之间的水路航线里程和（2009 年）各客源地游客自驾比例等数据，2009 年访谈了鸭蛋山码头、普陀山码头、蜈蚣峙码头、茅草屋码头、半升洞码头、墩头码头和舟山市旅游相关部门；为了获得普陀山景区和桃花岛景区各类旅游交通工具年能源消耗量和游客使用交通工具的比例，2009 年和 2014 年两次访谈了普陀山客运公司、普陀山客运索道公司和桃花岛客运公司。

3. 网站数据

为了获得公路里程、铁路里程、航空里程和景区游客量及海外游客量等数据，查阅了普陀长途汽车站、定海客运中心、宁波长途汽车站、宁波火车站、杭州火车站、上海火车站、宁波栎社国际机场、杭州萧山国际机场、上海浦东国际机场、上海虹桥国际机场、南方航空公司、百度地图、高铁网、舟山市旅游委和舟山市统计信息网等网站。

4. 核算参数

各类交通工具二氧化碳排放系数和均衡因子、我国电力结构中火电比例、火力发电单位煤耗、各种能源的热量折算系数和二氧化碳排放因子等数据来源于文献或通过文献中的数据计算得出。[①]

第三节　旅游交通的变化

一　游客量和目的地停留时间的变化

1. 普陀山景区游客量的变化

从普陀山历年游客量同比增长来看，舟山跨海大桥和杭州湾跨海大桥通车后，2010 年普陀山游客量出现了迅猛增长；同时，普陀山景区 2010 年同比增长在我国 13 个首批 5A 级山岳景区中排名第一位，而其他年份同比增长并没有表现出优势（见图 11 - 1）。普陀山景区 2013 年国内游客量比 2008 年增加了近 245×10^4 人次，增长率超过 70%；海外游客量下降了 6341 人次。上述分析表明，区域骨干交通工程建设引起了普陀旅游金三角国内游客量的显著增加。

2. 普陀山景区各客源地游客量的变化

普陀山景区海外游客较少（2013 年普陀山接待海外旅游者 45164 人次，2008 年接待海外旅游者 51505 人次），所以，这里只分析国内各客源地游客量的变化。从表 11 - 2 可以得出，浙江省游客量增加最多，占国内游客增加量的 47.27%；其次是江苏省，占国内游客增加量的 24.81%。长三角地区占国内游客增加量的 75.02%，华中和华东地区占国内游客增加量的 20.82%。距离普陀旅游金三角 0—500 千

---

① Gössling S., et al., "The Eco - efficiency of Tourism", *Ecological Economics*, Vol. 54, 2005, pp. 417 - 434；中国国家统计局：《中国统计年鉴》，中国统计出版社 2014 年版；肖建红等：《水库大坝建设的经济价值与经济损失评价——基于生态系统服务视角》，中国社会科学出版社 2014 年版；Intergovernmental Panel on Climate Change, *IPCC Guidelines for National Greenhouse Gas Inventories（Volume second：Energy）*, Intergovernmental Panel on Climate Change, 2006.

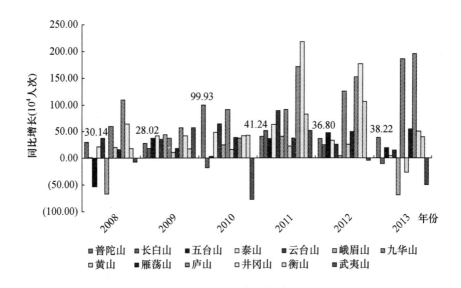

图 11-1　我国首批 5A 级山岳景区游客量的变化

米（浙江省、江苏省核心区域和上海市）的区域占国内游客增加量的70%以上；距离 0—1200 千米（长三角地区、安徽省、江西省、福建省、河南省、湖南省、湖北省和山东省）的区域占国内游客增加量的95%以上。由此可见，区域骨干交通工程建设对各客源地游客量的影响具有显著差异，距离是对各客源地游客量影响的关键因素。

　　3. 各客源地游客旅游目的地停留时间的变化

　　杭州湾跨海大桥建设缩短了江苏省各市和上海市到达舟山的里程；舟山跨海大桥建设消除了游客渡船等待的时间和增加了自驾游的比例；沪宁杭甬各条高速铁路建设缩短了高铁沿线城市到达舟山的时间。区域骨干交通工程建设增加了舟山普陀旅游金三角交通的便利性，加快了游客流动速度，各主要客源地游客旅游目的地停留时间显著缩短（见表 11-2）。

二　交通方式和中转城市的变化

　　1. 各客源地交通方式的变化

　　杭州湾跨海大桥和舟山跨海大桥建设，使长三角地区、华中和华东地区等中短途客源地游客的自驾比例增加，乘坐长途汽车比例减少。

表 11 - 2 游客量和停留时间的变化

游客客源地	2009 年			2014 年			2009—2014 年变化量		
	百分点	游客量（人次）	停留时间（h）	百分点	游客量（人次）	停留时间（h）	百分点	游客量（人次）	停留时间（h）
浙江省	40.63	1403035	44.71	43.38	2560114	39.53	2.75	1157079	- 5.18
江苏省	8.70	300428	52.52	15.38	907666	47.85	6.68	607238	- 4.67
上海市	13.21	456168	50.40	8.95	528193	44.25	- 4.26	72025	- 6.15
长三角	62.54	2159631	46.75	67.71	3995973	41.96	5.17	1836342	- 4.79
华中和华东	21.15	730352	64.26	21.01	1239926	53.89	- 0.14	509574	- 10.37
广东和京津冀	7.85	271076	69.00	4.28	252588	57.51	- 3.57	- 18488	- 11.49
东北和西部	8.48	292831	58.25	7.00	413112	60.26	- 1.48	120281	2.01

长三角地区、华中和华东地区、广东和京津冀地区等高速铁路的修建，增加了这些区域游客乘坐火车的比例，乘坐长途汽车的比例减少。高铁与航空的竞争，导致航空票价明显下降；再加上大桥建设增加了宁波、杭州和上海等中转城市到达舟山的便利性，华中和华东地区、广东和京津冀地区、东北和西部地区等游客乘坐飞机的比例增加（见表 11 - 3）。

表 11 - 3 交通方式的变化

游客客源地	2009 年				2014 年				2009—2014 年变化量			
	自驾	汽车	火车	飞机	自驾	汽车	火车	飞机	自驾	汽车	火车	飞机
长三角	30.00	67.97	2.03	0.00	44.19	47.86	7.95	0.00	14.19	- 20.11	5.92	0.00
华中和华东	10.00	48.71	36.77	4.52	20.00	27.15	40.00	12.85	10.00	- 21.56	3.23	8.33
广东和京津冀	0.00	40.91	31.82	27.27	0.00	14.58	35.42	50.00	0.00	- 26.33	3.60	22.73
东北和西部	0.00	12.50	45.83	41.67	5.63	14.09	29.57	50.70	5.63	1.59	- 16.26	9.03

2. 各客源地中转城市的变化

杭州湾跨海大桥的修建，削弱了杭州中转城市的地位，游客在杭州中转的比例下降；舟山跨海大桥的修建，削弱了上海中转城市的地位，又进一步削弱了杭州中转城市的地位；两座大桥的修建，增加了直达或宁波中转的比例（见表11－4）。

表 11 - 4　　　　　　　　　中转城市的变化

游客客源地	2009 年			2014 年			2009—2014 年变化量		
	宁波/直达	杭州	上海	宁波/直达	杭州	上海	宁波/直达	杭州	上海
长三角	100.00	0.00	0.00	100.00	0.00	0.00	0.00	0.00	0.00
华中和华东	76.77	17.42	5.81	78.57	13.81	7.62	1.80	-3.61	1.81
广东和京津冀	36.36	36.36	27.27	62.50	18.75	18.75	26.14	-17.61	-8.52
东北和西部	29.17	33.33	37.50	49.30	18.31	32.39	20.13	-15.02	-5.11

第四节　旅游交通二氧化碳排放量影响评估

一　各客源地二氧化碳排放量的变化

2013 年与 2008 年相比，各客源地旅游交通二氧化碳排放量的变化表现出以下特征（见表 11 - 5）：①国内各客源地（除上海市外）旅游交通二氧化碳排放量均显著增加；从景区内、舟山市内景区外和舟山市外空间分割来看，长途交通是旅游交通二氧化碳排放量增加的最主要贡献者。②上海市因杭州湾跨海大桥修建使其到达宁波的距离缩短了 120 千米，旅游交通二氧化碳排放量只出现了略微增加，长途交通二氧化碳排放量出现了负增加。③港澳台及国外地区客源地因游客量下降，导致旅游交通和长途旅游交通二氧化碳排放量均出现负增加现象。

表 11 – 5   二氧化碳排放量的空间变化

客源地	年份	景区内 (t)	舟山市内 景区外 (t)	舟山 市外 (t)	合计 (t)
浙江省	2008	607. 2927	8467. 4792	16874. 3711	25949. 1430
	2013	945. 0973	18064. 4262	33037. 8892	52047. 4127
	差值	337. 8046	9596. 9470	16163. 5181	26098. 2697
江苏省	2008	130. 0379	1900. 9657	11421. 8626	13452. 8662
	2013	335. 0759	6780. 5014	36710. 0946	43825. 6719
	差值	205. 0380	4879. 5357	25288. 2320	30372. 8057
上海市	2008	197. 4488	2886. 4144	12013. 2102	15097. 0734
	2013	194. 9888	4229. 6464	11873. 5452	16298. 1804
	差值	− 2. 4600	1343. 2320	− 139. 6650	1201. 1070
长三角	2008	934. 7793	13254. 8593	40309. 4438	54499. 0824
	2013	1475. 1622	29074. 5741	81621. 5289	112171. 2652
	差值	540. 3829	15819. 7148	41312. 0851	57672. 1828
华中和华东	2008	316. 1272	4131. 7942	51787. 6629	56235. 5843
	2013	457. 7338	7172. 5549	145004. 7475	152635. 0362
	差值	141. 6066	3040. 7607	93217. 0846	96399. 4519
广东和 京津冀	2008	117. 3331	1442. 6820	69689. 2842	71249. 2993
	2013	93. 2460	1084. 6395	105269. 5034	106447. 3889
	差值	− 24. 0871	− 358. 0425	35580. 2192	35198. 0896
东北和西部	2008	126. 7495	1558. 4599	142850. 6896	144535. 8990
	2013	152. 5053	2000. 5828	239267. 2048	241420. 2929
	差值	25. 7558	442. 1229	96416. 5152	96884. 3939
港澳台 及国外	2008	22. 2936	274. 1120	75071. 7980	75368. 2036
	2013	16. 6728	200. 3733	72228. 4819	72445. 5280
	差值	− 5. 6208	− 73. 7387	− 2843. 3161	− 2922. 6756
合计	2008	1517. 2828	20661. 9074	379708. 8786	401888. 0688
	2013	2195. 3199	39532. 7245	643391. 4666	685119. 5110
	差值	678. 0371	18870. 8171	263682. 5880	283231. 4422

注：本表景区内二氧化碳排放量包含了索道交通，其实质索道交通耗电的间接碳排放并未发生在景区内。

2013 年与 2008 年相比（见图 11-2），各客源地旅游交通二氧化碳排放量占旅游交通二氧化碳排放总量比例的变化表现出以下特征：①长三角地区短途客源地旅游交通二氧化碳排放量占旅游交通二氧化碳排放总量的比例显著上升。长三角地区因游客量所占比例和自驾比例上升（见表 11-2 和表 11-3），导致其旅游交通二氧化碳排放量所占比例上升；但上升幅度小于游客量所占比例上升幅度（见图 11-2 和表 11-2）。②华中和华东地区中途客源地旅游交通二氧化碳排放量占旅游交通二氧化碳排放总量的比例大幅度上升。华中和华东地区因游客自驾和乘坐飞机比例上升（见表 11-3），导致其旅游交通二氧化碳排放量所占比例大幅度上升（见图 11-2）。③其他长途客源地旅游交通二氧化碳排放量所占比例下降。广东和京津冀地区、东北和西部地区因游客量所占比例下降（见表 11-2），导致其旅游交通二氧化碳排放量所占比例下降；但因这两个客源地游客乘坐飞机比例上升（见表 11-3），所以，其旅游交通二氧化碳排放量所占比例降幅小于游客量所占比例降幅（见图 11-2 和表 11-2）。④港、澳、台及国外地区因游客量下降和国内中短途客源地游客量的显著增加，导致其旅游交通二氧化碳排放量所占比例大幅度下降。

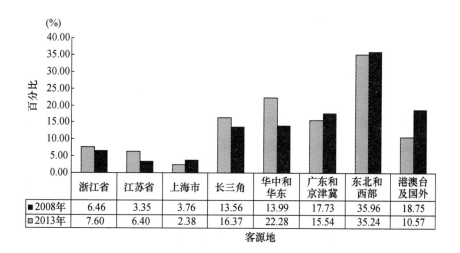

图 11-2 二氧化碳排放量所占比例的变化

二 各类交通工具二氧化碳排放量的变化

2013 年与 2008 年相比（见表 11 - 6），各类交通工具二氧化碳排放量的变化表现出以下特征：①飞机是旅游交通二氧化碳排放量增加的最大贡献者，其贡献了 283231.4422t 增加量中的 194764.4269t。华中和华东地区、东北和西部地区因游客量增加（见表 11 - 2）和游客乘坐飞机比例上升（见表 11 - 3），导致这两个客源地飞机二氧化碳排放量增加；广东和京津冀地区因游客乘坐飞机比例上升（见表 11 - 3），导致飞机二氧化碳排放量增加；港澳台及国外地区因游客量下降，导致飞机二氧化碳排放量减少。②汽车是旅游交通二氧化碳排放量增加的第二贡献者，其贡献了 82562.0751t 的二氧化碳排放增加量。长三角地区、华中和华东地区因游客量增加（见表 11 - 2）和游客自驾比例上升（见表 11 - 3），导致这两个客源地汽车二氧化碳排放量增加；东北和西部地区因游客量增加（见表 11 - 2）和游客自驾、乘坐长途汽车比例上升（见表 11 - 3），导致汽车二氧化碳排放量增加；广东和京津冀地区因游客量下降（见表 11 - 2）和游客乘坐长途汽车比例下降（见表 11 - 3），导致汽车二氧化碳排放量下降；港澳台及国外地区因游客量下降和杭州湾跨海大桥缩短了到达宁波的里程，导致汽车二氧化碳排放量下降。③火车二氧化碳排放量增加。长三角地区、华中和华东地区因游客量增加（见表 11 - 2）和游客乘坐火车比例上升（见表 11 - 3），导致这两个客源地火车二氧化碳排放量增加；广东和京津冀地区游客乘坐火车比例上升（见表11 - 3），但因游客量下降（见表 11 - 2），导致火车二氧化碳排放量略微增加；东北和西部地区因游客乘坐火车比例大幅度下降，导致火车二氧化碳排放量下降。④轮船二氧化碳排放量下降。舟山跨海大桥修建，替代了宁波白峰码头—舟山鸭蛋山码头的游客水路航线，导致各客源地（除江苏省外）水路交通二氧化碳排放量下降。江苏省因游客量增加了两倍（见表 11 - 2），导致景区间水路交通二氧化碳排放量显著增加；所以，江苏省轮船二氧化碳排放量增加。

2013 年与 2008 年相比（见图 11 - 3），各类交通工具二氧化碳排放量占其二氧化碳排放总量比例的变化表现出以下特征：①汽车是长

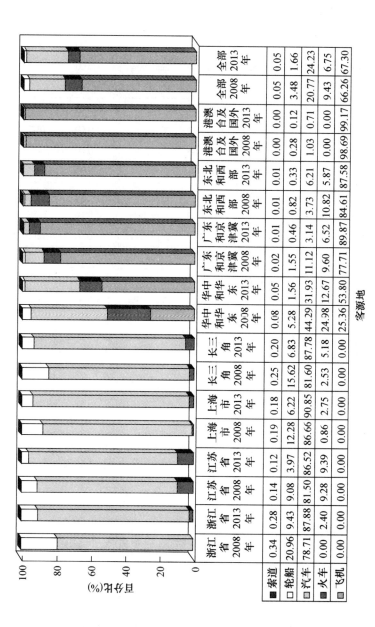

零源地	浙江省 2008年	浙江省 2013年	江苏省 2008年	江苏省 2013年	上海市 2008年	上海市 2013年	长三角 2008年	长三角 2013年	华中和华东 2008年	华中和华东 2013年	广东和京津冀 2008年	广东和京津冀 2013年	东北和西部 2008年	东北和西部 2013年	港澳台及国外 2008年	港澳台及国外 2013年	全部 2008年	全部 2013年
索道	0.34	0.28	0.14	0.12	0.19	0.18	0.25	0.20	0.08	0.05	0.02	0.01	0.01	0.01	0.00	0.00	0.05	0.05
轮船	20.96	9.43	9.08	3.97	12.28	6.22	15.62	6.83	5.28	1.56	1.55	0.46	0.82	0.33	0.28	0.12	3.48	1.66
汽车	78.71	87.88	81.50	86.52	86.66	90.85	81.60	87.78	44.29	31.93	11.12	3.14	3.73	6.21	1.03	0.71	20.77	24.23
火车	0.00	2.40	9.28	9.39	0.86	2.75	2.53	5.18	24.98	12.67	9.60	6.52	10.82	5.87	0.00	0.00	9.43	6.75
飞机	0.00	0.00	0.00	0.00	0.00	0.00	0.00	0.00	25.36	53.80	77.71	89.87	84.61	87.58	98.69	99.17	66.26	67.30

图 11-3　各类交通工具二氧化碳排放量占总排放量比例的变化

表 11 - 6　　　　　　　　　各类交通工具二氧化碳排放量的变化

客源地	年份	索道（t）	轮船（t）	汽车（t）	火车（t）	飞机（t）	合计（t）
浙江省	2008	88.0218	5437.6804	20423.4408	0.0000	0.0000	25949.1430
	2013	145.6514	4910.1381	45741.3658	1250.2574	0.0000	52047.4127
	差值	57.6296	-527.5423	25317.9250	1250.2574	0.0000	26098.2697
江苏省	2008	18.8479	1221.3044	10963.6478	1249.0661	0.0000	13452.8662
	2013	51.6394	1740.8465	37918.3432	4114.8428	0.0000	43825.6719
	差值	32.7915	519.5421	26954.6954	2865.7767	0.0000	30372.8057
上海市	2008	28.6185	1854.4208	13083.6375	130.3966	0.0000	15097.0734
	2013	30.0502	1013.0411	14806.6651	448.4240	0.0000	16298.1804
	差值	1.4317	-841.3797	1723.0276	318.0274	0.0000	1201.1070
长三角	2008	135.4881	8513.4055	44470.7262	1379.4626	0.0000	54499.0824
	2013	227.3411	7664.0257	98466.3743	5813.5241	0.0000	112171.2652
	差值	91.8530	-849.3798	53995.6481	4434.0615	0.0000	57672.1828
华中和华东	2008	45.8199	2969.0375	24907.7091	14048.8997	14264.1181	56235.5843
	2013	70.5425	2378.1003	48734.2428	19332.2284	82119.9222	152635.0362
	差值	24.7226	-590.9372	23826.5337	5283.3287	67855.8041	96399.4519
广东和京津冀	2008	17.0064	1101.9844	7925.3428	6837.5129	55367.4528	71249.2993
	2013	14.3704	484.4479	3340.9979	6939.1991	95668.3736	106447.3889
	差值	-2.6360	-617.5365	-4584.3449	101.6862	40300.9208	35198.0896
东北和西部	2008	18.3712	1190.4210	5394.5159	15634.2173	122298.3736	144535.8990
	2013	23.5030	792.3229	14980.2530	14180.3806	211443.8334	241420.2929
	差值	5.1318	-398.0981	9585.7371	-1453.8367	89145.4598	96884.3939
港澳台及国外	2008	3.2313	209.3789	776.8879	0.0000	74378.7055	75368.2036
	2013	2.5695	86.6217	515.3891	0.0000	71840.9477	72445.5280
	差值	-0.6618	-122.7572	-261.4988	0.0000	-2537.7578	-2922.6756
合计	2008	219.9170	13984.2274	83475.1818	37900.0926	266308.6500	401888.0688
	2013	338.3264	11405.5185	166037.2569	46265.3323	461073.0769	685119.5110
	差值	118.4094	-2578.7089	82562.0751	8365.2397	194764.4269	283231.4422

三角地区短途客源地旅游交通二氧化碳排放量的最主要贡献者。长三角地区因游客量增加（见表 11 - 2）和游客自驾比例上升（见表 11 -

3），导致汽车二氧化碳排放量占其二氧化碳排放总量的比例上升。②飞机是广东和京津冀地区、东北和西部地区、港澳台及国外地区等长途客源地旅游交通二氧化碳排放量的最主要贡献者。国内长途游客客源地因游客乘坐飞机比例上升（见表11 - 3），导致飞机二氧化碳排放量占其二氧化碳排放总量的比例上升；我国港澳台及国外地区因港澳台短距离游客所占比例下降，欧美等长距离游客所占比例上升，导致飞机二氧化碳排放量占其二氧化碳排放总量的比例上升；华中和华东地区中途客源地因游客量增加（见表11 - 2）和游客乘坐飞机比例上升（见表11 - 3），导致飞机二氧化碳排放量占其二氧化碳排放总量的比例显著上升。③因修建舟山跨海大桥，导致各客源地轮船二氧化碳排放量占其二氧化碳排放总量的比例下降。④长三角地区短途客源地火车二氧化碳排放量占其二氧化碳排放总量的比例上升，其他中长途客源地所占比例下降。因中长途客源地飞机二氧化碳排放量所占比例上升，导致火车二氧化碳排放量所占比例下降。

三　人均二氧化碳排放量的变化

2013 年与 2008 年相比（见表11 - 7），人均二氧化碳排放量、人均区域外二氧化碳排放量和人均区域内二氧化碳排放量的变化表现出以下特征：①各客源地（除上海外）人均二氧化碳排放量均增加，短途客源地游客比中途客源地游客的增加量小，中途客源地游客比长途客源地游客的增加量小。长三角地区（除上海外）短途客源地因游客自驾比例上升（见表11 - 3），导致人均二氧化碳排放量增加；上海因到达宁波里程缩短，导致人均二氧化碳排放量下降。华中和华东地区中途客源地因游客自驾比例和乘坐飞机比例上升（见表11 - 3），导致人均二氧化碳排放量增加。广东和京津冀地区、东北和西部地区长途客源地因游客乘坐飞机比例上升（见表11 - 3），导致人均二氧化碳排放量增加。我国港澳台及国外地区因港澳台短距离游客所占比例由 46.84% 下降到 41.71%，美国、加拿大、英国、法国、德国、意大利、俄罗斯、澳大利亚和新西兰等长距离游客所占比例由 10.90% 上升到 13.84%，导致人均二氧化碳排放量增加。②各客源地人均区域外二氧化碳排放量增加（上海为减少）是人均二氧化碳排放

量增加（或减少）的主要贡献者，人均区域内二氧化碳排放量的变化
较小。③全部（所有游客）人均二氧化碳排放量增加较小。这主要是
因为长三角地区、华中和华东地区等中短途客源地的游客量所占比例
上升（见表 11-2），其他长途客源地的游客量所占比例下降，导致
全部（加权）人均二氧化碳排放量的变化较小。

表 11-7 人均二氧化碳排放量

客源地	人均排放量（kg）			人均舟山市外排放量（kg）			人均舟山市内排放量（kg）		
	2008 年	2013 年	差值	2008 年	2013 年	差值	2008 年	2013 年	差值
浙江省	18.50	20.33	1.83	12.03	12.90	0.87	6.47	7.43	0.96
江苏省	44.78	48.28	3.50	38.02	40.44	2.42	6.76	7.84	1.08
上海市	33.10	30.86	-2.24	26.34	22.48	-3.86	6.76	8.38	1.62
长三角	25.24	28.07	2.83	18.66	20.43	1.77	6.57	7.65	1.08
华中和华东	77.00	123.10	46.10	70.91	116.95	46.04	6.09	6.15	0.06
广东和京津冀	262.84	421.43	158.59	257.08	416.76	159.68	5.75	4.66	-1.09
东北和西部	493.58	584.39	90.81	487.83	579.18	91.35	5.75	5.21	-0.54
港澳台及国外	1463.32	1604.05	140.73	1457.56	1599.25	141.69	5.75	4.81	-0.94
全部	114.65	115.21	0.56	108.32	108.19	-0.13	6.33	7.02	0.69

第五节 结论

（1）区域骨干交通工程建设，改变了舟山普陀旅游金三角的游客
总量、各客源地游客量所占比例和游客旅游目的地停留时间。国内游
客量增加了近 245×10^4 人次，增长率超过了 70%。其中，游客客源
地与旅游目的地距离在 0—500 千米区域内的游客增加量占国内游客
增加量的 70% 以上；距离在 0—1200 千米区域内的游客增加量占国内
游客增加量的 95% 以上。同时，区域骨干交通工程建设，提高了旅游

目的地交通的便利性，加快了游客流动速度，各主要客源地游客旅游目的地停留时间显著缩短。

（2）区域骨干交通工程建设，改变了游客交通方式和中转城市的比例。长三角地区、华中和华东地区等中短途客源地游客的自驾比例和乘坐火车比例上升，而乘坐长途汽车比例下降；华中和华东地区、广东和京津冀地区、东北和西部地区等中长途客源地游客乘坐飞机比例上升。同时，区域骨干交通工程建设，削弱了上海和杭州（特别是杭州）中转城市的地位，直达或宁波中转的比例上升。

（3）国内各客源地旅游交通二氧化碳排放量出现了不同程度的增加，我国港澳台及国外地区旅游交通二氧化碳排放量出现了下降。从空间划分来看，长途交通是旅游交通二氧化碳排放量增加的最主要贡献者；从交通工具类型来看，飞机是旅游交通二氧化碳排放量增加的第一贡献者，汽车是第二贡献者；火车二氧化碳排放量增加，轮船二氧化碳排放量下降。

（4）各客源地（除上海外）游客旅游交通人均二氧化碳排放量不但没有减少，反而增加了；且表现出短途客源地游客人均二氧化碳排放增加量小于中途客源地游客增加量，中途客源地游客增加量小于长途客源地游客增加量。各客源地人均区域外旅游交通二氧化碳排放量增加是人均二氧化碳排放量增加的主要贡献者，人均区域内二氧化碳排放量的变化较小。

第十二章　长岛旅游交通碳排放
特征和减排策略

第一节　相关研究述评

一　国外相关研究

旅游交通是旅游业能源消耗和二氧化碳排放最多的环节。[①] 目前，国外相关研究成果主要以旅游业二氧化碳排放量评估为主，旅游交通二氧化碳排放量评估是其中的一部分，国外专门研究旅游交通二氧化碳排放量评估的研究成果较少。[②] 如 El Hanandeh 运用生命周期法评估得出，长途航空旅行贡献了麦加朝圣旅游碳足迹的 60%；Gössling 运用自下而上法评估得出，旅游交通能源消耗占全球旅游业总能源消耗的 93.91%，旅游交通温室气体排放量占全球旅游业温室气体排放量的 90.28%；Perch - Nielsen 等运用自下而上法评估得出，瑞士旅游交通温室气体排放量占旅游业温室气体排放总量的 87%，航空交通温室气体排放量占旅游业温室气体排放总量的 80%；Dwyer 等运用生产法和支出法评估得出，澳大利亚旅游业贡献了全国温室气体排放量的

① Whittlesea E. R. , et al. , "Towards a Low Carbon Future—The Development and Application of REAP Tourism, a Destination Footprint and Scenario Tool", *Journal of Sustainable Tourism*, Vol. 20, 2012, pp. 845 – 865; Gössling S. , et al. , " 'It does not Harm the Environment!' An Analysis of Industry Discourses on Tourism, Air Travel and the Environment", *Journal of Sustainable Tourism*, Vol. 15, 2007, pp. 402 – 417.

② Peeters P. , et al. , "Major Environmental Impacts of European Tourist Transport", *Journal of Transport Geography*, Vol. 15, 2007, pp. 83 – 93.

3.9%—5.3%，旅游交通温室气体排放量占旅游业直接温室气体排放
量的63.3%；Becken 等通过调查新西兰南岛西海岸国内和国际游客
选择的交通方式、住宿类型、景点和旅游活动等信息，研究旅游行为
与能源消耗之间的关系得出，旅游交通能源消耗约占总能源消耗的
70%；Peeters 和 Schouten 运用生态足迹法评估了荷兰阿姆斯特丹入境
旅游环境影响得出，70%的环境压力来自入境游客从客源地到目的地
的长途交通；Gössling 等通过研究得出，虽然欧洲公民旅游只有20%
选择航空，但却产生了全部欧洲旅游交通75%的温室气体排放量；
Kelly 和 Williams 运用自下而上方法评估得出，旅游业能源消耗和温室
气体排放占惠斯勒总量的65%，其中有一半来自旅游交通；Munday
等运用投入产出法核算了英联邦威尔士旅游消费碳足迹得出，铁路、
公路、海运加航空等交通碳足迹分别占总间接碳足迹的6.0%、7.9%
和29.6%；Peeters 等通过构建数据模型评估欧洲旅游交通的环境影响
得出，航空交通占温室气体排放量的80%份额，认为降低欧洲旅游业
的外部性应重点放在减少航空交通和洲际旅游的影响上。[1]

二　国内相关研究

国内相关研究成果专门针对旅游交通二氧化碳排放量评估的较

---

[1] El Hanandeh A. , "Quantifying the Carbon Footprint of Religious Tourism: The Case of Hajj", *Journal of Cleaner Production*, Vol. 52, 2013, pp. 53 – 60; Gössling S. , "Global Environmental Consequences of Tourism", *Global Environmental Change*, Vol. 12, 2002, pp. 283 – 302; Perch – Nielsen S. , et al. , "The Greenhouse Gas Intensity of the Tourism Sector: The Case of Switzerland", *Environmental Science & Policy*, Vol. 13, 2010, pp. 131 – 140; Dwyer L. , et al. , "Estimating the Carbon Footprint of Australian Tourism", *Journal of Sustainable Tourism*, Vol. 18, 2010, pp. 355 – 376; Becken S. , et al. , "Energy Use Associated with Different Travel Choices", *Tourism Management*, Vol. 24, 2003, pp. 267 – 277; Peeters P. , et al. , "Reducing the Ecological Footprint of Inbound Tourism and Transport to Amsterdam", *Journal of Sustainable Tourism*, Vol. 14, 2006, pp. 157 – 171; Gössling S. , et al. , "Voluntary Carbon Offsetting Schemes for Aviation: Efficiency, Credibility and Sustainable Tourism", *Journal of Sustainable Tourism*, Vol. 15, 2007, pp. 223 – 248; Kelly J. , et al. , "Modelling Tourism Destination Energy Consumption and Greenhouse Gas Emissions: Whistler, British Columbia, Canada", *Journal of Sustainable Tourism*, Vol. 15, 2007, pp. 67 – 90; Munday M. , et al. , "Accounting for the Carbon Associated with Regional Tourism Consumption", *Tourism Management*, Vol. 36, 2013, pp. 35 – 44; Peeters P. , et al. , "Major Environmental Impacts of European Tourist Transport", *Journal of Transport Geography*, Vol. 15, 2007, pp. 83 – 93.

多。如 Lin 运用自下而上法评估了 1999—2006 年我国台湾地区五个国家公园区域内旅游交通二氧化碳排放量；Kuo 和 Chen 运用生命周期法评估了台湾澎湖列岛旅游交通二氧化碳排放量；肖潇等运用自下而上法评估了九寨沟风景区、西安碑林博物馆和南京珍珠泉风景区旅游交通二氧化碳排放量；窦银娣等运用生命周期法评估了南岳衡山风景区旅游交通系统碳足迹；陶玉国等运用替代式自下而上法评估了长三角地区区域旅游交通二氧化碳排放量；吴普运用自下而上法评估了海口市旅游交通二氧化碳排放量；罗芬等运用交通碳排放计量模型评估了张家界线路旅游者交通碳足迹等。[①] 目前，从国内外旅游交通碳排放相关研究成果来看，专门针对旅游交通碳减排评估方面的研究成果较少。本书运用市场替换法和情景分析法，以山东省长岛县为案例地，以区域差异为基础，对旅游交通碳减排效果进行了评估。

第二节　研究方法和数据来源

一　研究方法

1. 游客客源地划分

以问卷调查收集的数据为基础，将长岛县旅游目的地游客来源市场划分为七个客源地、52 个子客源地：①山东省，包括山东省 17 个地市，共 17 个子客源地；②京津冀地区，包括北京市、天津市和河北省 11 个地市，共 13 个子客源地；③晋豫地区，包括山西省和河南

---

① Lin T. P., "Carbon Dioxide Emissions from Transport in Taiwan's National Parks", *Tourism Management*, Vol. 31, 2010, pp. 285 – 290; Kuo N. W., et al., "Quantifying Energy Use, Carbon Dioxide Emission, and Other Environmental Loads from Island Tourism Based on a Life Cycle Assessment Approach", *Journal of Cleaner Production*, Vol. 17, 2009, pp. 1324 – 1330; 肖潇等：《旅游交通碳排放的空间结构与情景分析》，《生态学报》2012 年第 23 期；窦银娣等：《旅游风景区旅游交通系统碳足迹评估——以南岳衡山为例》，《生态学报》2012 年第 17 期；陶玉国等：《基于替代式自下而上法的区域旅游交通碳排放测度》，《生态学报》2015 年第 12 期；吴普：《离岸岛屿目的地旅游交通能耗与 CO_2 排放测算——以海口市为例》，《旅游学刊》2014 年第 8 期；罗芬等：《旅游者交通碳足迹空间分布研究》，《中国人口·资源与环境》2014 年第 2 期。

省，共两个子客源地；④华东地区，包括上海市、江苏省、浙江省、安徽省、江西省和福建省，共六个子客源地；⑤西部地区，包括内蒙古自治区、陕西省、宁夏回族自治区、新疆维吾尔自治区、甘肃省、四川省、重庆市和贵州省，共八个子客源地；⑥东北地区，包括辽宁省、吉林省和黑龙江省，共三个子客源地；⑦华中和华南地区，包括湖北省、湖南省和广东省，共三个子客源地。因到长岛来的海外旅游者较少，本书忽略了海外客源地。

2. 市场替换法和情景分析法

以游客客源地划分为基础，分别核算各客源地游客量所占比例、各客源地游客乘坐各类交通工具所占比例、各客源地各类交通工具的游客周转量等基础数据；以此为基础，分别估算各客源地各类交通工具碳排放量、各客源地各类交通工具碳排放量所占比例、各客源地旅游交通碳排放总量和各客源地人均旅游交通碳排放量。碳排放评估模型为：

$$Q^i = \sum_j (D_j \times \beta_j \times \varepsilon_j) \qquad (12-1)$$

式（12-1）中，Q^i 为第 i 个客源地游客旅游交通的碳排放量；D_j 为长途或市内旅游交通第 j 种交通工具的年游客周转量；β_j 为第 j 种交通工具每人·千米的碳排放系数；ε_j 为第 j 种交通工具排放等当量二氧化碳的均衡因子。

以各客源地游客人均旅游交通碳排放量和各客源地游客量所占比例为基础，提出不同客源地之间的市场替换方案，并进行市场替换法碳减排效果测算；以各客源地游客乘坐各类交通工具所占比例和各客源地游客乘坐各类交通工具碳排放量所占比例为基础，提出各客源地内部不同交通工具之间转换的情景方案，并进行情景分析法碳减排效果测算。

二　数据来源

为了获取游客客源地、游客旅游目的地停留时间、游客乘坐各类交通工具及中转城市等基础数据，2014 年 8 月 15 日至 21 日到长岛县进行了游客问卷调查（见表 12-1）；为了获得长岛县非重复统计的游客量（本书非重复统计游客量取值为 131.00×10^4 人次）、长岛县两条海上游览航线的里程和游客量、长岛码头与六个核心景点之间环游里程等基础数据，2014 年访谈了长岛县旅游局、长岛码头、船运公司等单位相关负责人；为了获得公路、铁路和航空里程数据，查阅了百度地图、南方航空公司和高铁网等网站；各类交通工具二氧化碳排放系数和均衡因子来源于文献。[①]

表 12 – 1　　　　　　　　　　　有效问卷量

调查地点	交通工具和中转城市	游客停留时间	游客客源地
长岛码头	121	122	331
月牙湾景区	240	244	689
九丈崖景区	240	244	682
合计	601	610	1702

第三节　市场替换法碳减排策略

一　市场替换方案

长岛县旅游目的地各客源地长途交通碳排放量占各自总碳排放量的比例均超过了 95%；山东省、京津冀地区、晋豫地区等中短途客源地游客量占总游客量的 84.19%，但其旅游交通碳排放量却只占旅游交通总碳排放量的 65.47%；而东北地区、西部地区、华东地区、华中和华南地区等长途客源地市场游客量占总游客量的 15.81%，但其旅游交通碳排放量却占到了旅游交通总碳排放量的 34.53%（见图 12 – 1 和表 12 – 2）。由此可知，通过将长途客源地游客市场替换为中短途客源地游客市场，可以减少旅游交通碳排放量。

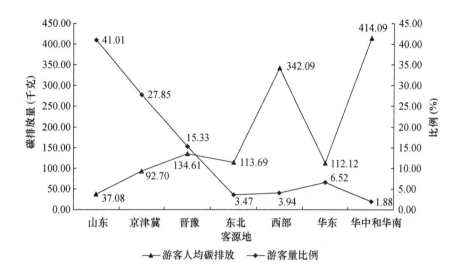

图 12 - 1　人均碳排放和游客量比例

表 12 - 2　　　　　　　　　停留时间和碳排放量

客源地	停留时间（h）	旅游交通		长途交通		市内交通	
		碳排放量（t）	比例（%）	碳排放量（t）	比例（%）	碳排放量（t）	比例（%）
山东	35.32	19922.606	16.15	18994.631	95.34	927.975	4.66
京津冀	40.09	33820.694	27.41	33190.504	98.14	630.190	1.86
晋豫	38.50	27032.277	21.91	26685.389	98.72	346.888	1.28
东北	38.76	5167.857	4.19	5089.338	98.48	78.519	1.52
西部	30.86	17656.481	14.31	17567.327	99.50	89.154	0.50
华东	37.18	9576.671	7.76	9429.136	98.46	147.535	1.54
华中和华南	43.47	10198.208	8.27	10155.667	99.58	42.541	0.42
各客源地	37.42	123374.794	100.00	121111.992	98.17	2262.803	1.83

　　本书在综合考虑各客源地游客旅游交通人均碳排放量和各客源地游客量所占比例这两个因素的基础上（见图 12 - 1），提出了五种市场替换方案。前三种方案是将游客人均碳排放量最多的西部地区、华中和华南地区等长途客源地市场，分别替换为山东省、京津冀地区、晋豫地区等

中短途客源地市场；后两种方案是将所有长途客源地市场，分别替换为山东省、京津冀地区等中短途客源地市场。具体如下：

①市场替换方案Ⅰ：将西部地区、华中和华南地区等游客客源地市场替换为山东省游客市场；②市场替换方案Ⅱ：将西部地区、华中和华南地区等游客客源地市场替换为京津冀地区游客市场；③市场替换方案Ⅲ：将西部地区、华中和华南地区等游客客源地市场替换为晋豫地区游客市场；④市场替换方案Ⅳ：将东北地区、西部地区、华东地区、华中和华南地区等游客客源地市场替换为山东省游客市场；⑤市场替换方案Ⅴ：将东北地区、西部地区、华东地区、华中和华南地区等游客客源地市场替换为京津冀地区游客市场。

二 市场替换法碳减排效果

运用市场替换法，将长途客源地市场替换为中短途客源地市场，碳减排效果显著（见表12-3）。其中，市场替换方案Ⅰ—Ⅲ：因西部地区、华中和华南地区等长途客源地市场游客乘坐飞机比例较高（见表12-4），通过市场替换碳减排效果非常显著；5.82%的游客客源市场替换比例，实现了14.26%—20.29%的碳减排比例。市场替换方案Ⅳ—Ⅴ：通过市场替换效果较显著，15.81%的市场替换比例实现了18.97%—28.31%的碳减排比例。因长途客源地游客在长岛旅游目的地的停留时间并不比中短途客源地游客停留时间长（见表12-2），依据游客旅游目的地停留时间初步判断，市场替换法碳减排策略对长岛县旅游经济的影响较小。

表12-3　　　　　市场替换法减排效果

市场替换方案	客源市场替换比例（%）	排放量（t）	减排量（t）	人均排放量（kg）	人均减排量（t）	减排比例（%）
市场替换方案Ⅰ	5.82	98344.967	25029.827	75.07	19.11	20.29
市场替换方案Ⅱ	5.82	102585.547	20789.247	78.31	15.87	16.85
市场替换方案Ⅲ	5.82	105780.849	17593.945	80.75	13.43	14.26
市场替换方案Ⅳ	15.81	88453.190	34921.604	67.52	26.66	28.31
市场替换方案Ⅴ	15.81	99972.704	23402.090	76.32	17.86	18.97

第四节　情景分析法碳减排策略

一　交通情景方案

山东省、京津冀地区、晋豫地区等中短途客源地自驾比例均超过了 40%，自驾碳排放量占各自旅游交通碳排放量比例均超过了 45%；西部地区、华东地区、华中和华南地区等长途客源地游客乘坐飞机比例较高，导致华东地区飞机交通碳排放量占其旅游交通碳排放量比例超过了 40%，西部地区、华中和华南地区等飞机交通碳排放量占其各自旅游交通碳排放量比例均超过了 70%（见表 12-4、表 12-5 和图 12-2）。由此可知，通过将中短途客源地部分游客由自驾转换为乘坐火车，或将长途客源地部分游客由乘坐飞机转换为乘坐火车，或两者同时进行，可以减少旅游交通的碳排放量。

表 12-4　各类交通工具比例

客源地	自驾	汽车	火车	飞机	火车+轮船*
山东	43.82	49.80	6.37	0.00	0.00
京津冀	40.59	40.59	9.41	9.41	0.00
晋豫	49.40	24.10	18.07	8.43	0.00
东北	17.39	13.04	21.74	4.35	43.48
西部	22.73	22.73	31.82	22.73	0.00
华东	18.92	40.54	27.03	13.51	0.00
华中和华南	20.00	13.33	33.33	33.33	0.00
各客源地	39.77	39.77	12.31	6.49	1.66

注：火车+轮船是指东三省游客乘坐火车到大连中转，再从大连乘坐轮船到烟台；所有客源地游客蓬莱—长岛之间的长途交通工具均为 100% 轮船。

表 12 – 5　　　　　　　　各类交通工具碳排放量

客源地	自驾（t）	汽车（t）	轮船（t）	火车（t）	飞机（t）
山东	13883.732	3831.672	1167.715	1039.488	0.000
京津冀	15793.300	3721.271	792.998	1697.687	11815.439
晋豫	14094.552	1909.126	436.505	1852.788	8739.307
东北	1917.540	402.722	575.541	1361.444	910.610
西部	2733.683	706.726	112.187	1734.992	12368.894
华东	2484.892	1225.057	185.650	1459.140	4221.933
华中和华南	1154.995	230.207	53.531	603.459	8156.016
各客源地	52062.694	12026.779	3324.126	9748.997	46212.198

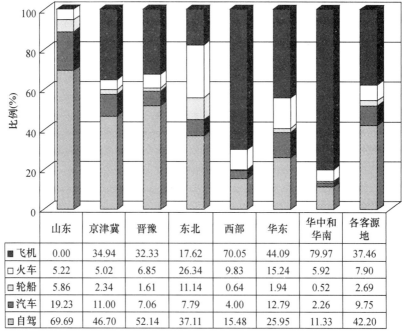

	山东	京津冀	晋豫	东北	西部	华东	华中和华南	各客源地
■ 飞机	0.00	34.94	32.33	17.62	70.05	44.09	79.97	37.46
□ 火车	5.22	5.02	6.85	26.34	9.83	15.24	5.92	7.90
□ 轮船	5.86	2.34	1.61	11.14	0.64	1.94	0.52	2.69
▨ 汽车	19.23	11.00	7.06	7.79	4.00	12.79	2.26	9.75
▨ 自驾	69.69	46.70	52.14	37.11	15.48	25.95	11.33	42.20

客源地

图 12 – 2　各类交通工具碳排放比例

　　本书在综合考虑各客源地游客乘坐各类交通工具所占比例（见表 12 – 4）和各客源地各类交通工具碳排放量所占比例（见图 12 – 2 和

表 12 - 5）的基础上，提出了六种交通情景方案。前四种方案是将中短途客源地市场游客自驾或长途客源地市场游客乘坐飞机比例下降10% 或 20%，乘坐火车比例上升10% 或 20%；后两种方案是将中短途客源地市场游客自驾比例和长途客源地市场游客乘坐飞机比例同时下降10% 或 20%，乘坐火车比例同时上升10% 或 20% （若某客源地游客自驾或乘坐飞机比例小于10% 或 20%，交通情景方案中自驾或乘坐飞机比例下降到0，乘坐火车比例上升对应的自驾或乘坐飞机下降的比例）。具体如下：

①情景方案 I：山东省、京津冀地区、晋豫地区等中短途客源地市场游客自驾比例下降10%，乘坐火车比例上升10%；②情景方案 II：山东省、京津冀地区、晋豫地区等中短途客源地市场游客自驾比例下降20%，乘坐火车比例上升20%；③情景方案 III：西部地区、华东地区、华中和华南地区等长途客源地市场游客乘坐飞机比例下降10%，乘坐火车比例上升10%；④情景方案 IV：西部地区、华东地区、华中和华南地区等长途客源地市场游客乘坐飞机比例下降20%，乘坐火车比例上升20%；⑤情景方案 V：山东省、京津冀地区、晋豫地区等中短途客源地市场游客自驾比例下降10%，乘坐火车比例上升10%；同时，西部地区、华东地区、华中和华南地区等长途客源地市场游客乘坐飞机比例下降10%，乘坐火车比例上升10%；⑥情景方案 VI：山东省、京津冀地区、晋豫地区等中短途客源地市场游客自驾比例下降20%，乘坐火车比例上升20%；同时，西部地区、华东地区、华中和华南地区等长途客源地市场游客乘坐飞机比例下降20%，乘坐火车比例上升20%。

二　情景分析法碳减排效果

运用情景分析法，转换中短途客源地部分游客或（和）长途客源地部分游客乘坐的交通工具碳减排效果较显著（见表 12 - 6）。其中，碳减排效果从大到小依次为（综合考虑转换交通工具游客所占比例）：情景方案 III 和情景方案 IV > 情景方案 V 和情景方案 VI > 情景方案 I 和情景方案 II。这表明，降低长途客源地游客乘坐飞机的比例是减少旅游交通碳排放量的关键。因各客源地部分游客交通工具的转换只涉及长途交通，对长岛县旅游目的地内部的旅游交通影响较小；可以初步判断，交通情景分析法碳减排策略对长岛县旅游经济的影响较小。

表 12 - 6　　　　　　　　情景分析法减排效果

情景方案	转换交通工具游客所占比例（%）	排放量（t）	减排量（t）	人均排放量（kg）	人均减排量（t）	减排比例（%）
情景方案Ⅰ	8.27	118455.846	4918.948	90.42	3.75	3.99
情景方案Ⅱ	16.43	113597.913	9776.881	86.72	7.46	7.92
情景方案Ⅲ	0.83	116464.219	6910.575	88.90	5.28	5.60
情景方案Ⅳ	1.34	111433.901	11940.893	85.06	9.12	9.68
情景方案Ⅴ	9.10	111545.271	11829.523	85.15	9.03	9.59
情景方案Ⅵ	17.77	101657.021	21717.773	77.60	16.58	17.60

第五节　结论和结语

（1）长岛县旅游目的地各客源地（包括山东省、京津冀地区、晋豫地区、东北地区、西部地区、华东地区、华中和华南地区），在游客量所占比例、游客旅游交通人均碳排放量、游客选择各类交通工具所占比例、各类交通工具碳排放量所占比例等方面存在显著的差异。利用这些区域差异性特征，运用市场替换法和情景分析法可以制定旅游交通碳减排策略。

（2）以各客源地游客旅游交通人均碳排放量和各客源地游客量所占比例为基础，提出了五种市场替换方案。其中，市场替换方案Ⅰ—Ⅲ，游客客源市场替换比例均为 5.82%，碳减排比例分别为 20.29%、16.85% 和 14.26%；市场替换方案Ⅳ—Ⅴ，游客客源市场替换比例均为 15.81%，碳减排比例分别为 28.31% 和 18.97%。由此可见，运用市场替换法，将长岛县旅游目的地长途客源地市场替换为中短途客源地市场，碳减排效果显著。

（3）以各客源地游客乘坐各类交通工具所占比例和各客源地各类交通工具碳排放量所占比例为基础，提出了六种交通情景方案。其中，情景方案Ⅰ和情景方案Ⅱ，转换交通工具游客所占比例分别为8.27%和16.43%，碳减排比例分别为3.99%和7.92%；情景方案Ⅲ和情景方案Ⅳ，转换交通工具游客所占比例分别为0.83%和1.34%，碳减排比例分别为5.60%和9.68%；情景方案Ⅴ和情景方案Ⅵ，转换交通工具游客所占比例分别为9.10%和17.77%，碳减排比例分别为9.59%和17.60%。由此可见，运用情景分析法，将长岛县旅游目的地长途客源地部分游客由乘坐飞机转换为乘坐火车，碳减排效果显著。

（4）市场替换法旅游交通碳减排策略的核心思想是倡导"短途旅游"。运用市场替换法，将旅游目的地长途客源地游客市场替换为中短途客源地游客市场，这既体现了旅游交通距离的缩短，又体现了游客乘坐飞机比例的减少（中短途游客乘坐飞机比例低于长途游客）；所以，市场替换法"不自觉地"包含了交通情景分析法的含义。情景分析法旅游交通碳减排策略的核心思想是倡导"低碳交通方式"。运用情景分析法，将长途客源地市场部分游客由乘坐飞机转换为乘坐火车或（和）将中短途客源地市场部分游客由自驾转换为乘坐火车，体现了游客乘坐飞机或自驾比例的减少。在旅游交通碳减排、低碳旅游等相关政策制定或宣传中，既要倡导中短途旅游，又要鼓励低碳交通方式。因此，市场替换法和情景分析法要综合起来应用。

第十三章　旅游业碳排放增量
生态补偿标准

第一节　相关研究述评

一　旅游业碳排放

旅游业贡献了全球温室气体排放量的5%—14%，旅游业二氧化碳排放量评估和二氧化碳减排政策研究是被广泛关注的热点问题。[①]目前，在旅游业二氧化碳排放量评估研究方面，国内外学者运用的评估方法基本相同，主要包括自下而上法、自上而下法、生命周期法、投入—产出法、扩展的卫星账户法、碳足迹法、生态足迹法、生产法和支出法、计量模型等。国外学者主要从全球、大洲、国家、地区、省市、旅游目的地等不同尺度，开展了旅游业（直接、间接、旅游投资）、旅游交通、旅游方式、短途旅游及特色旅游（海滨游船、邮轮、

---

① Whittlesea E. R., et al., "Towards a Low Carbon Future – The Development and Application of REAP Tourism, a Destination Footprint and Scenario Tool", *Journal of Sustainable Tourism*, Vol. 20, 2012, pp. 845 – 865.

极地观赏、宗教）等二氧化碳排放量评估工作[1]；国内学者主要从国家、地区、省市、旅游目的地等不同尺度，开展了旅游业（直接、间接）、旅游交通、旅游过程、旅游线路等二氧化碳排放量评估工作。[2]从国内外旅游业二氧化碳排放量评估相关研究成果来看，国外学者的评估范围和评估领域较国内学者要宽泛。国外学者的评估范围涉及全球和大洲，评估领域涉及旅游投资、特色旅游等。

---

[1]　Gössling S., "Global Environmental Consequences of Tourism", *Global Environmental Change*, Vol. 12, 2002, pp. 283 – 302; Eijgelaar E., et al., "Antarctic Cruise Tourism: The Paradoxes of Ambassadorship, 'Last Chance Tourism' and Greenhouse Gas Emissions", *Journal of Sustainable Tourism*, Vol. 18, 2010, pp. 337 – 354; Byrnes T. A., et al., "Greenhouse Gas Emissions from Marine Tours: A Case Study of Australian Tour Boat Operators", *Journal of Sustainable Tourism*, Vol. 14, 2006, pp. 255 – 270; Howitt O. J. A., et al., "Carbon Emissions from International Cruise Ship Passengers' Travel to and from New Zealand", *Energy Policy*, Vol. 38, 2010, pp. 2552 – 2560; Cadarso M. A., et al., "Calculating Tourism's Carbon Footprint: Measuring the Impact of Investments", *Journal of Cleaner Production*, Vol. 111, 2016, pp. 529 – 537; Becken S., et al., "Energy Use Associated with Different Travel Choices", *Tourism Management*, Vol. 24, 2003, pp. 267 – 277; Filimonau V., et al., "The Carbon Impact of Short – haul Tourism: A Case Study of UK Travel to Southern France Using Life Cycle Analysis", *Journal of Cleaner Production*, Vol. 64, 2014, pp. 628 – 638; Jones C., "Scenarios for Greenhouse Gas Emissions Reduction from Tourism: An Extended Tourism Satellite Account Approach in a Regional Setting", *Journal of Sustainable Tourism*, Vol. 21, 2013, pp. 458 – 472; Martín – Cejas R. R., et al., "Ecological Footprint Analysis of Road Transport Related to Tourism Activity: The Case for Lanzarote Island", *Tourism Management*, Vol. 31, 2010, pp. 98 – 103; Peeters P., et al., "Reducing the Ecological Footprint of Inbound Tourism and Transport to Amsterdam", *Journal of Sustainable Tourism*, Vol. 14, 2006, pp. 157 – 171; El Hanandeh A., "Quantifying the Carbon Footprint of Religious Tourism: The Case of Hajj", *Journal of Cleaner Production*, Vol. 52, 2013, pp. 53 – 60; Kelly J., "Modelling Tourism Destination Energy Consumption and Greenhouse Gas Emissions: Whistler, British Columbia, Canada", *Journal of Sustainable Tourism*, Vol. 15, 2007, pp. 67 – 90; Dawson J., et al., "The Carbon Cost of Polar Bear Viewing Tourism in Churchill, Canada", *Journal of Sustainable Tourism*, Vol. 18, 2010, pp. 319 – 336.

[2]　石培华等：《中国旅游业能源消耗与 CO_2 排放量的初步估算》，《地理学报》2011年第2期；袁宇杰：《中国旅游间接能源消耗与碳排放的核算》，《旅游学刊》2013年第10期；Lin T. P., "Carbon Dioxide Emissions from Transport in Taiwan's National Parks", *Tourism Management*, Vol. 31, 2010, pp. 285 – 290；肖建红等：《旅游过程碳足迹评估——以舟山群岛为例》，《旅游科学》2011年第4期；罗芬等：《旅游者交通碳足迹空间分布研究》，《中国人口·资源与环境》2014年第2期；肖潇等：《旅游交通碳排放的空间结构与情景分析》，《生态学报》2012年第23期。

二 旅游业碳减排政策

在旅游业二氧化碳减排政策研究方面，国外学者较关注运用政府手段或市场手段，通过建立碳税、碳补偿和碳中和等碳排放政策来控制旅游业的二氧化碳排放量[1]；而国内学者则较关注低碳旅游或低碳景区的建设和评估方面。[2] 目前，从国内外旅游业二氧化碳排放量评估和碳减排政策相关研究成果来看，涉及旅游业二氧化碳排放量区域差异性与市场替换碳减排效果评估方面的研究成果较少，这不利于制定具有差异性的碳减排政策。本书运用自下而上法，以舟山普陀旅游金三角和长岛县为案例地，对旅游业二氧化碳排放量区域差异性、碳减排效果和生态补偿标准进行了评估。

第二节　研究方法

一　二氧化碳排放量评估模型

1. 旅游交通

$$Q_{trans}^i = \sum_j (D_j \times \beta_j \times \varepsilon_j) + l_i \times \sum_k [(q_k \times f_k) \times \rho_k \times r_k] \quad (13-1)$$

式（13-1）中，Q_{trans}^i 为 2013 年旅游目的地第 i 个客源地游客旅游交通的 CO_2 排放量；D_j 为 2013 年长途旅游交通、市内旅游交通和景区间旅游交通第 j 种交通工具的年游客周转量；β_j 为第 j 种交通工

---

① Tol R. S. J. , "The Impact of a Carbon Tax on International Tourism", *Transportation Research Part D: Transport and Environment*, Vol. 12, 2007, pp. 129 – 142; Bakhat M. , et al. , "Evaluating a Seasonal Fuel Tax in a Mass Tourism Destination: A Case Study for the Balearic Islands", *Energy Economics*, Vol. 38, 2013, pp. 12 – 18; Smith I. J. , et al. , "Carbon Emission Offsets for Aviation – generated Emissions Due to International Travel to and from New Zealand", *Energy Policy*, Vol. 37, 2009, pp. 3438 – 3447; Gössling S. , "Carbon Neutral Destinations: A Conceptual Analysis", *Journal of Sustainable Tourism*, Vol. 17, 2009, pp. 17 – 37; Gössling S. , et al. , "Implementing Carbon Neutral Destination Policies: Issues from the Seychelles", *Journal of Sustainable Tourism*, Vol. 18, 2010, pp. 377 – 391.
② 蔡萌等：《低碳旅游：一种新的旅游发展方式》，《旅游学刊》2010 年第 1 期；马勇等：《低碳旅游目的地综合评价指标体系构建研究》，《经济地理》2011 年第 4 期；唐明方等：《游客对低碳旅游的认知和意愿——以丽江市为例》，《生态学报》2014 年第 17 期。

具每人·千米的 CO_2 排放系数；ε_j 为第 j 种交通工具排放等当量 CO_2 的均衡因子；l_i 为 2013 年第 i 个客源地游客量占旅游目的地总游客量的比例；q_k 为 2013 年旅游景区内第 k 种交通工具的年能源消耗量；f_k 为 2013 年第 k 种交通工具的游客使用率；ρ_k 为第 k 种交通工具消耗能源的热量折算系数；r_k 为第 k 种交通工具消耗能源的 CO_2 排放因子。

2. 旅游住宿

$$Q^i_{accom} = m_i \times \sum_j (365 \times N_j \times R_j \times C_j \times e_{China}) \qquad (13-2)$$

式（13-2）中，Q^i_{accom} 为 2013 年旅游目的地第 i 个客源地游客旅游住宿的 CO_2 排放量；m_i 为 2013 年第 i 个客源地游客量与该客源地游客平均停留时间的乘积占各客源地该乘积总和的比例；N_j 为 2013 年第 j 种住宿设施拥有的床位数；R_j 为 2013 年第 j 种住宿设施的年平均客房出租率；C_j 为第 j 种住宿设施每个床位住宿每天的能源消耗量；e_{China} 为我国电力考虑能源结构折算的 CO_2 排放因子。

3. 旅游餐饮

$$Q^i_{food} = (N_i \times t_i) \times \sum_j (e_j \times \rho_j \times r_j) \qquad (13-3)$$

式（13-3）中，Q^i_{food} 为 2013 年旅游目的地第 i 个客源地游客旅游餐饮的 CO_2 排放量；N_i 为 2013 年第 i 个客源地的游客量；t_i 为 2013 年第 i 个客源地游客在旅游目的地的平均停留时间；e_j 为 2013 年旅游目的地城镇居民餐饮平均每人每天第 j 种能源（电力除外）的消耗量；ρ_j 为第 j 种能源的热量折算系数；r_j 为第 j 种能源的 CO_2 排放因子。

4. 旅游游览

$$Q^i_{visit} = l_i \times \sum_j (E_j \times \rho_j \times r_j) \qquad (13-4)$$

式（13-4）中，Q^i_{visit} 为 2013 年旅游目的地第 i 个客源地游客旅游游览的 CO_2 排放量；l_i 含义同式（13-1）；E_j 为 2013 年旅游游览第 j 种能源的消耗量；ρ_j 和 r_j 的含义同式（13-3）。

5. 旅游固态废弃物

$$Q_{waste}^i = m_i \times \lambda \times \left[\sum_j (P_j \times \rho_j \times r_j) + \left(\sum_k W_k \right) \times C_f \times O_f \times (44/12) \right]$$

$$(13-5)$$

式（13-5）中，Q_{waste}^i 为 2013 年旅游目的地第 i 个客源地游客旅游固体废弃物的 CO_2 排放量；m_i 的含义同式（13-2）；λ 为 2013 年旅游固体废弃物占旅游目的地总固体废弃物的比例；P_j 为 2013 年运输固体废弃物第 j 种能源的消耗量；ρ_j 和 r_j 的含义同式（13-3）；W_k 为 2013 年第 k 个城区产生固体废弃物的质量；C_f 为固体废弃物可燃碳含量；O_f 为氧化因子。

二 核算方法

1. 舟山普陀旅游金三角案例

（1）划分游客客源地。①长三角地区游客客源地划分为浙江省各地级市或副省级市（义乌市从金华市中单独列出）、江苏省各地级市或副省级市和上海市共 26 个客源地；②华中和华东地区（除长三角地区，本书以下简称华中和华东地区均不包含长三角地区）游客客源地划分为安徽省、江西省、福建省、河南省、湖南省、湖北省和山东省共七个客源地；③广东和京津冀地区游客客源地划分为广东省、北京市、河北省和天津市共四个客源地；④东北和西部地区游客客源地划分为四川省、黑龙江省、辽宁省、陕西省、山西省、广西壮族自治区、吉林省、重庆市、内蒙古自治区、甘肃省、新疆维吾尔自治区、贵州省、宁夏回族自治区、青海省和云南省共 15 个客源地；⑤国际游客客源地划分为中国港澳地区、中国台湾地区、日本、菲律宾、新加坡、泰国、印度尼西亚、美国、加拿大、英国、法国、德国、意大利、俄罗斯、澳大利亚、新西兰、韩国和马来西亚。

（2）长途旅游交通、市内旅游交通和景区间旅游交通游客周转量核算。①国内游客长途旅游交通和市内旅游交通游客周转量核算。按照问卷调查获得的国内 52 个客源地游客乘坐各类交通工具（自驾、长途汽车、火车和飞机）和中转城市（直达舟山、宁波、杭州和上海）的基础数据，分别核算每个客源地的汽车（自驾和长途汽车分别核算）、火车和飞机的游客周转量；其中，长三角地区26个客源地的起点是各市，其他26个国内客源地的起点是各自的省会城市；长途旅游交通和市内旅游交通的分界点是金塘大桥舟山市定海区。②国际游客长途旅游交通和市内旅游交通游客周转量核算。航空周转量按照中国香港、中国台北、东京、马尼拉、新加坡、曼谷、雅加达、纽约、温哥华、伦敦、巴黎、法兰克福、罗马、莫斯科、悉尼、奥克兰、首尔和吉隆坡到达上海核算；长途汽车周转量按照上海到达金塘大桥舟山市定海区核算；市内旅游交通游客周转量按照金塘大桥舟山市定海区到达舟山普陀客运中心核算。③景区间旅游交通游客周转量核算。景区间旅游交通游客周转量包括半升洞码头—普陀山码头、普陀山码头—蜈蚣峙码头和墩头码头—茅草屋码头之间的轮船游客周转量和舟山普陀客运中心——国际沙雕广场之间的汽车游客周转量。

（3）其他核算。景区内旅游交通、旅游住宿、旅游餐饮、旅游游览和旅游固体废弃物等基础数据的核算比较简单，只需把访谈调查获取的数据进行分类或汇总即可。

2. 长岛案例

（1）划分游客客源地。将长岛旅游目的地客源地划分为山东省（含17个子客源地）、京津冀（含13个子客源地）、晋豫（含两个子客源地）、东北（含三个子客源地）、西部（含八个子客源地）、华东（含六个子客源地）、华中和华南（含三个子客源地）共七个客源地、52个子客源地。

（2）长途旅游交通游客周转量核算。按照问卷调查获得的52个子客源地游客乘坐各类交通工具（自驾、长途汽车、火车、轮船和飞机）的基础数据，分别核算每个客源地的汽车（自驾和长途汽车分别核算）、火车、轮船（东北游客在大连中转后，乘坐大连—烟台的轮船）、飞机的游客周转量；其中，山东省和河北省28个子客源地的起点是各地市或副省级市，其他24个子客源地的起点是各自的省会城市或直辖市；长途旅游交通和市内旅游交通的分界点是长岛码头。

（3）其他核算。长岛内旅游交通、海上游旅游交通、旅游住宿、旅游餐饮和旅游固体废弃物等基础数据的核算比较简单，只需把访谈调查获取的数据进行分类或汇总即可。

三 数据来源

1. 舟山普陀旅游金三角案例

（1）问卷调查。为了收集游客客源地、游客旅游目的地停留时间、游客交通方式（自驾、长途汽车、火车或飞机）和中转城市（直达舟山、宁波、杭州或上海）等基础数据，2014年7月30日—8月12日到舟山市进行了游客问卷调查（见表13-1）。

表 13-1　　　　　　　　　　有效问卷分布

调查地点	游客客源地	停留时间	交通方式和中转城市
舟山普陀客运中心	522	303	307
普陀山景区	1023	424	417
朱家尖国际沙雕广场景区	477	129	129
桃花岛茅草屋码头	481	129	130
合计	2503	985	983

（2）访谈调查。①旅游交通。为了获得普陀山景区和桃花岛景区各类旅游交通工具的年能源消耗量和游客使用交通工具的比例，访谈了普陀山客运公司、普陀山客运索道公司和桃花岛客运公司；②旅游住宿。为了获得舟山市普陀区和定海区市区内、普陀山景区内、朱家尖镇、桃花镇等星级宾馆的床位数，访谈了舟山市旅游委；③旅游游览。为了获得普陀山景区游览耗电量，访谈了普陀山供电营业所；④旅游固体废弃物。为了获得舟山市普陀区、定海区、临城新区、普陀山等固体废弃物产生量和运输能源消耗量，访谈了舟山市及各区的环境卫生管理处。

（3）网站数据。为了获得公路里程、铁路里程、航空里程和景区游客量及国际游客量等数据，查阅了舟山、宁波长途汽车站，宁波、杭州、上海火车站和国际机场，南方航空公司，百度地图，高铁网，舟山市旅游委和舟山市统计信息网等网站。

（4）核算参数。沈家门—普陀山—朱家尖—桃花岛等景区间里程、各类交通工具二氧化碳排放系数和均衡因子、我国电力结构中火电比例、火力发电单位煤耗、舟山市普陀区和定海区社会宾馆床位数、平均客房出租率、各类宾馆每个床位每天的能源消耗量、我国电力考虑能源结构折算的二氧化碳排放因子（其计算值为 206.087kg/GJ）、舟山市城镇居民餐饮每人每天能源消耗量、各种能源的热量折算系数和二氧化碳排放因子、生活固体废弃物可燃碳含量和氧化因子等数据来源于文献或通过文献中基础数据计算得出。[①]

2. 长岛案例

（1）问卷调查。为了收集游客客源地、游客旅游目的地停留时间、游客交通方式（自驾、长途汽车、火车、轮船或飞机）等基础数据，2014 年 8 月 15 日至 21 日到长岛县进行了游客问卷调查；游客客源地、停留时间和交通方式分别获得有效问卷 1702 份、610 份和 601份；为了收集长岛县游客餐饮能源消耗量基础数据，2011 年 7 月 19日至 7 月 26 日到长岛县进行了渔家乐业主或采购人员问卷调查，有效问卷为 102 户渔家乐。

（2）访谈调查。为了获得长岛县非重复统计的游客量（本书非重复统计游客量取值为 131.00×10^4 人次）、长岛县两条海上游览航线的里程和游客量、长岛码头与六个核心景点之间环游里程、长岛县星级宾馆和渔家乐床位数和入住率、旅游固体垃圾量等基础数据，2014年访谈了长岛县旅游局、长岛码头、船运公司、长岛县环境卫生管理部门和垃圾中转站等单位相关负责人。

---

① 肖建红等：《旅游过程碳足迹评估——以舟山群岛为例》，《旅游科学》2011 年第 4期；肖建红等：《舟山群岛旅游交通生态足迹评估》，《生态学报》2011 年第 3 期；Gössling S., et al., "The Eco-efficiency of Tourism", *Ecological Economics*, Vol. 54, 2005, pp. 417-434；中国国家统计局：《中国统计年鉴》，中国统计出版社 2014 年版；肖建红等：《水库大坝建设的经济价值与经济损失评价——基于生态系统服务视角》，中国社会科学出版社2014 年版；浙江省旅游局：《浙江省旅游统计月报》，http://www.tourzj.gov.cn/，2013-12-19；章锦河等：《旅游生态足迹模型及黄山市实证分析》，《地理学报》2004 年第 5 期；Intergovernmental Panel on Climate Change, *IPCC Guidelines for National Greenhouse Gas Inventories* (*Volume second*: *Energy*), Intergovernmental Panel on Climate Change, 2006；舟山市统计局：《舟山统计年鉴》，中国统计出版社 2014 年版；李欢等：《生活垃圾处理的碳排放和减排策略》，《中国环境科学》2011 年第 2 期。

（3）网站数据和核算参数。为了获得公路、铁路和航空里程数据，查阅了百度地图、南方航空公司和高铁网等网站；各类交通工具二氧化碳排放系数和均衡因子、我国电力结构中火电比例、火力发电单位煤耗、各类宾馆每个床位每天的能源消耗量、我国电力考虑能源结构折算的二氧化碳排放因子（其计算值为 206.087kg/GJ）、各种能源的热量折算系数和二氧化碳排放因子、生活固体废弃物可燃碳含量和氧化因子等数据来源于文献或通过文献中基础数据计算得出。①

第三节 舟山普陀旅游金三角生态补偿标准

一 区域差异性评估

1. 各客源地游客基本特征的区域差异性

通过统计游客客源地、停留时间、交通方式和中转城市问卷（见表 13－1），汇总得出各客源地游客的基本特征（见表 13－2）。各客源地在游客量所占比例、旅游目的地停留时间、交通方式和中转城市等方面存在显著差异，具体表现为以下四个特征：①客源地。客源市场以中短途游客为主，其中浙江本省游客占到了 2/5 以上，长三角地区游客占到了 2/3 以上，华中和华东地区游客占到了 1/5 以上，而长途游客所占比例则不足 12%。②停留时间。游客旅游目的地停留时间按照距离呈现出长三角地区 < 华中和华东地区 < 广东和京津冀地区 < 东北和西部地区。③交通方式。长三角地区短途客源地游客的交通工具以汽车为主，其中自驾比例超过了 40%；华中和华东地区中途客源地游客乘坐汽车和火车比例较高，其中乘坐火车比例达到了 40%；广

---

① Gössling S., et al., "The Eco－efficiency of Tourism", *Ecological Economics*, Vol. 54, 2005, pp. 417－434；中国国家统计局：《中国统计年鉴》，中国统计出版社 2014 年版；肖建红等：《水库大坝建设的经济价值与经济损失评价——基于生态系统服务视角》，中国社会科学出版社 2014 年版；章锦河等：《旅游生态足迹模型及黄山市实证分析》，《地理学报》2004 年第 5 期；Intergovernmental Panel on Climate Change, *IPCC Guidelines for National Greenhouse Gas Inventories (Volume second: Energy)*, Intergovernmental Panel on Climate Change, 2006；李欢等：《生活垃圾处理的碳排放和减排策略》，《中国环境科学》2011 年第 2 期。

东和京津冀地区、东北和西部地区长途客源地游客乘坐飞机和火车比例较高，其中乘坐飞机比例超过了50%。④中转城市。宁波是各客源地最主要的中转城市；杭州湾跨海大桥修建完成后，杭州中转城市的地位被削弱，长途游客在上海中转的比例超过了杭州。

表13-2　　　　　　　　　　各客源地游客基本特征

客源地	百分比（%）	游客量（人次）	停留时间（h）	交通方式				中转城市		
				自驾	长途汽车	火车	飞机	直达/宁波	杭州	上海
浙江省	43.05	2560114	39.53	43.67	52.03	4.30	0.00	100.00	0.00	0.00
江苏省	15.26	907666	47.85	42.03	36.96	21.01	0.00	100.00	0.00	0.00
上海市	8.88	528193	44.25	49.48	45.36	5.15	0.00	100.00	0.00	0.00
长三角	67.19	3995973	41.96	44.19	47.86	7.95	0.00	100.00	0.00	0.00
华中和华东	20.85	1239926	53.89	20.00	27.15	40.00	12.85	78.57	13.81	7.62
广东和京津冀	4.25	252588	57.51	0.00	14.58	35.42	50.00	62.50	18.75	18.75
东北和西部	6.95	413112	60.26	5.63	14.09	29.57	50.70	49.30	18.31	32.39
港澳台及国外	0.76	45164	46.59	0.00	0.00	0.00	100.00	0.00	0.00	100.00

注：本书取普陀山游客量为普陀旅游金三角的游客量，所以，表中游客量是依据普陀山景区2013年游客量计算得出；国际游客停留时间取国内游客停留时间的平均值；本表为汇总值，在本书核算时，国内游客周转量是按照52个客源地分别进行核算的（具体参见核算方法部分）。

2. 二氧化碳排放量和人均二氧化碳排放量的区域差异性

（1）旅游业二氧化碳排放量和人均二氧化碳排放量的区域差异性。长三角地区游客量占游客总量的67.19%，但二氧化碳排放量却只占各客源地旅游业二氧化碳排放总量的20.60%；东北和西部地区、港澳台及国外地区游客量分别占游客总量的 6.95% 和 0.76%，但二氧化碳排放量却分别占各客源地旅游业二氧化碳排放总量的 32.51% 和 9.61%（见表 13 - 2 和表 13 - 3）。旅游交通是各客源地旅游业二氧化碳排放量的最主要来源（见表 13 - 3 和表 13 - 4），各客源地旅游业二氧化碳排放量的差异主要是由旅游交通二氧化碳排放量的差异引起；各客源地旅游交通二氧化碳排放量占各自旅游业二氧化碳排放量的比例为 62.59%—99.14%；且该比例按照距离呈现出长三角地区 < 华中和华东地区 < 广东和京津冀地区 < 东北和西部地区 < 港澳台及国外地区（见表 13 - 4）。同时，各客源地旅游业人均二氧化碳排放量也存在显著差异（见表 13 - 3），且按照距离也呈现出长三角地区 < 华中和华东地区 < 广东和京津冀地区 < 东北和西部地区 < 港澳台及国外地区（见表 13 - 3）。

表 13 - 3　　　　　　　　　旅游业二氧化碳排放量

客源地	交通（t）	住宿（t）	餐饮（t）	游览（t）	废弃物（t）	合计（t）	人均排放量（kg）
浙江省	52047.413	19054.875	1037.155	5853.076	5160.689	83153.207	32.48
江苏省	37148.761	8177.640	445.108	2075.157	2214.775	50061.441	55.15
上海市	16298.180	4400.742	239.532	1207.584	1191.866	23337.905	44.18
长三角	105494.355	31633.257	1721.795	9135.817	8567.330	156552.553	39.18
华中和华东	152635.036	12581.254	684.796	2834.788	3407.419	172143.294	138.83
广东和京津冀	106981.635	2735.118	148.872	577.481	740.760	111183.866	440.18
东北和西部	239985.559	4687.237	255.126	944.480	1269.459	247141.860	598.24
港澳台及国外	72445.528	396.191	21.565	103.257	107.302	73073.842	1617.97
各客源地	677542.113	52033.057	2832.154	13595.822	14092.270	760095.416	127.82

表 13-4　旅游各环节和各类交通工具二氧化碳排放量所占比例　　单位:%

客源地	旅游各环节二氧化碳排放量所占比例					各类交通工具二氧化碳排放量所占比例				
	交通	住宿	餐饮	游览	废弃物	飞机	火车	汽车	轮船	索道
浙江省	62.59	22.92	1.25	7.04	6.21	0.00	2.40	87.88	9.43	0.28
江苏省	74.21	16.34	0.89	4.15	4.42	0.00	12.32	82.85	4.69	0.14
上海市	69.84	18.86	1.03	5.17	5.11	0.00	2.75	90.85	6.22	0.18
长三角	67.39	20.21	1.10	5.84	5.47	0.00	5.95	86.57	7.26	0.22
华中和华东	88.67	7.31	0.40	1.65	1.98	53.80	12.67	31.93	1.56	0.05
广东和京津冀	96.22	2.46	0.13	0.52	0.67	90.22	6.35	2.97	0.45	0.01
东北和西部	97.10	1.90	0.10	0.38	0.51	88.18	6.27	5.20	0.33	0.01
港澳台及国外	99.14	0.54	0.03	0.14	0.15	99.17	0.00	0.71	0.12	0.00
各客源地	89.14	6.85	0.37	1.79	1.85	68.20	7.00	23.06	1.68	0.05

（2）各类交通工具二氧化碳排放量和旅游交通人均二氧化碳排放量的区域差异性。各客源地旅游交通二氧化碳排放量差异较大（见表13-4和表13-5）。华中和华东地区旅游交通二氧化碳排放量是长三角地区的1.45倍，游客量却只相当于长三角地区的0.31倍；广东和京津冀地区、东北和西部地区、港澳台及国外地区旅游交通二氧化碳排放量分别是长三角地区的1.01倍、2.27倍和0.69倍，但游客量却分别只相当于长三角地区的0.06倍、0.10倍和0.01倍（见表13-2和表13-5）。长三角地区短途客源地游客汽车交通二氧化碳排放量占该地区旅游交通二氧化碳排放量的86.57%；华中和华东地区中途客源地游客飞机交通二氧化碳排放量占比超过了50%；而其他地区长途客源地游客飞机交通二氧化碳排放量占比超过了85%，为88.18%—99.17%（见表13-4）。

各客源地旅游交通人均二氧化碳排放量差异也较大。各客源地旅游交通人均二氧化碳排放量按照距离呈现出长三角地区＜华中和华东地区＜广东和京津冀地区＜东北和西部地区＜港澳台及国外地区（见表13-5）；同时，通过对比各客源地旅游业人均二氧化碳排放量（见表13-3）和各客源地旅游交通人均二氧化碳排放量（见表13-5）可知，各客源地旅游业人均二氧化碳排放量的差异主要是由旅游

表 13 – 5   各类交通工具二氧化碳排放量

客源地	索道（t）	轮船（t）	汽车（t）	火车（t）	飞机（t）	合计（t）	交通人均排放量（kg）
浙江省	145.651	4910.138	45741.366	1250.257	0.000	52047.413	20.33
江苏省	51.639	1740.847	30777.875	4578.400	0.000	37148.761	40.93
上海市	30.050	1013.041	14806.665	448.424	0.000	16298.180	30.86
长三角	227.341	7664.026	91325.906	6277.082	0.000	105494.355	26.40
华中和华东	70.543	2378.100	48734.243	19332.228	82119.922	152635.036	123.10
广东和京津冀	14.370	484.448	3172.155	6788.110	96522.551	106981.635	423.54
东北和西部	23.503	792.323	12490.772	15058.314	211620.647	239985.559	580.92
港澳台及国外	2.570	86.622	515.389	0.000	71840.948	72445.528	1604.05
各客源地	338.326	11405.519	156238.465	47455.735	462104.068	677542.113	113.93

交通人均二氧化碳排放量的差异引起。

（3）狭义与广义旅游业二氧化碳排放量和人均二氧化碳排放量的区域差异性。本书将旅游业产生的二氧化碳直接排放在旅游目的地行政区域范围（舟山市普陀区和定海区）内的量定义为狭义旅游业二氧化碳排放量，包括旅游交通Ⅰ（景区内非索道交通、景区间旅游交通和市内旅游交通）、旅游餐饮和旅游固体废弃物产生的直接二氧化碳排放量；将旅游业产生的二氧化碳直接或间接（间接排放是指火力发电产生的二氧化碳排放）排放在旅游目的地行政区域范围外的量定义为广义旅游业二氧化碳排放量，包括旅游交通Ⅱ（景区内索道交通和长途旅游交通）、旅游住宿和旅游游览产生的直接或间接二氧化碳排放量。

从表 13 – 6 和表 13 – 7 可知，各客源地狭义旅游业二氧化碳排放量及其人均量差异相对较小（见表 13 – 6），各客源地狭义旅游业二氧化碳排放量的差异主要是由游客量的差异引起的；而各客源地广义旅游业二氧化碳排放量及其人均量差异相对较大（见表 13 – 7），各客源地广义旅游业二氧化碳排放量的差异主要是由长途交通和游客量的差异引起的，特别是长途交通的差异。

表 13 - 6　　　　　　　　　狭义旅游业二氧化碳排放量

客源地	交通 I (t)	餐饮 (t)	废弃物 (t)	合计 (t)	人均狭义排放量 (kg)
浙江省	18863.872	1037.155	5160.689	25061.716	9.79
江苏省	7154.287	445.108	2214.775	9814.170	10.81
上海市	4394.585	239.532	1191.866	5825.983	11.03
长三角	30412.744	1721.795	8567.330	40701.869	10.19
华中和华东	7559.746	684.796	3407.419	11651.962	9.40
广东和京津冀	1163.333	148.872	740.760	2052.965	8.13
东北和西部	2108.107	255.126	1269.459	3632.691	8.79
港澳台及国外	214.477	21.565	107.302	343.343	7.60
各客源地	41458.406	2832.154	14092.270	58382.830	9.82

表 13 - 7　　　　　　　　　广义旅游业二氧化碳排放量

客源地	交通 II (t)	住宿 (t)	游览 (t)	合计 (t)	人均广义排放量 (kg)
浙江省	33183.541	19054.875	5853.076	58091.491	22.69
江苏省	29994.475	8177.640	2075.157	40247.272	44.34
上海市	11903.595	4400.742	1207.584	17511.922	33.15
长三角	75081.611	31633.257	9135.817	115850.684	28.99
华中和华东	145075.290	12581.254	2834.788	160491.332	129.44
广东和京津冀	105818.302	2735.118	577.481	109130.901	432.05
东北和西部	237877.452	4687.237	944.480	243509.169	589.45
港澳台及国外	72231.051	396.191	103.257	72730.499	1610.36
各客源地	636083.707	52033.057	13595.822	701712.586	118.00

二　市场替换减排效果评估

1. 市场替换类型

旅游目的地客源市场替换是降低旅游业二氧化碳排放量的重要策略。[1] 从本书各客源地旅游业二氧化碳排放量和人均二氧化碳排放量

———————

[1] Gössling S. , et al. , "Inter - market Variability in CO₂ Emission - intensities in Tourism: Implications for Destination Marketing and Carbon Management", *Tourism Management*, Vol. 46, 2015, pp. 203 - 212.

的区域差异性分析可知，客源地市场与旅游目的地的距离（长途交通），是影响旅游业二氧化碳排放量的最关键因素。因此，替换长距离游客客源市场是降低旅游业二氧化碳排放量和人均二氧化碳排放量的重要策略。受篇幅所限，本书只考虑了客源地之间完全（100%）替换；其实也可以考虑客源地之间部分替换。同时，直接利用市场替换法通常会对旅游业产生多方面连锁反应；更具有现实性和可操作性的是间接利用市场替换法：以短途游客人均二氧化碳排放量为基准值，以中长途游客与短途游客人均二氧化碳排放量的差值为依据，对中长途游客征收旅游碳排放（增量）税；获得的资金用于植树造林等增汇或碳汇项目建设，用以抵消其增加的二氧化碳排放量。以区域差异性评估研究为基础，本研究提出了五种旅游目的地游客客源市场替换减排策略：①市场替换类型Ⅰ：将华中和华东地区、广东和京津冀地区、东北和西部地区、港澳台及国外地区等游客客源市场替换为长三角地区游客市场；②市场替换类型Ⅱ：将广东和京津冀地区、东北和西部地区、港澳台及国外地区等游客客源市场替换为长三角地区游客市场；③市场替换类型Ⅲ：将广东和京津冀地区、东北和西部地区、港澳台及国外地区等游客客源市场替换为华中和华东地区游客市场；④市场替换类型Ⅳ：将东北和西部地区、港澳台及国外地区等游客客源市场替换为长三角地区游客市场；⑤市场替换类型Ⅴ：将东北和西部地区、港澳台及国外地区等游客客源市场替换为华中和华东地区游客市场。

2. 减排效果

通过研究表明（见表13－8），五种市场替换类型市场替换比例分别为32.81%、11.96%、11.96%、7.71%和7.71%，旅游业二氧化碳排放量及其人均量下降范围为33.76%—69.35%；旅游交通二氧化碳排放量及其人均量下降范围为37.79%—76.83%；狭义旅游业二氧化碳排放量及其人均量下降范围为－3.76%——0.57%；广义旅游业二氧化碳排放量及其人均量下降范围为36.61%—75.43%。由此可见，市场替换策略对减少二氧化碳排放量和人均二氧化碳排放量效果显著；但其主要减少的是旅游交通和广义旅游业二氧化碳排放量及其人均量。

表13-8　　　　　　　　　　　　　减排效果

市场替换类型	变量	市场替换比例（%）	排放量（t）	减排量（t）	人均排放量（kg）	人均减排量（t）	减排比例（%）
类型Ⅰ	各环节排放量	32.81	232985	527111	39.18	88.64	69.35
	旅游交通排放量		156995	520547	26.40	87.53	76.83
	狭义排放量		60580	-2198	10.19	-0.37	-3.76
	广义排放量		172404	529308	28.99	89.01	75.43
类型Ⅱ	各环节排放量	11.96	356543	403552	59.96	67.86	53.09
	旅游交通排放量		276896	400646	46.56	67.37	59.13
	狭义排放量		59601	-1218	10.02	-0.20	-2.09
	广义排放量		296955	404758	49.94	68.06	57.68
类型Ⅲ	各环节排放量	11.96	427381	332715	71.87	55.95	43.77
	旅游交通排放量		345637	331906	58.12	55.81	48.99
	狭义排放量		59039	-656	9.93	-0.11	-1.12
	广义排放量		368361	333352	61.94	56.06	47.51
类型Ⅳ	各环节排放量	7.71	457831	302264	76.99	50.83	39.77
	旅游交通排放量		377209	300333	63.43	50.50	44.33
	狭义排放量		59081	-698	9.93	-0.11	-1.20
	广义排放量		398763	302950	67.06	50.94	43.17
类型Ⅴ	各环节排放量	7.71	503498	256597	84.67	43.15	33.76
	旅游交通排放量		421524	256018	70.88	43.05	37.79
	狭义排放量		58719	-336	9.87	-0.05	-0.57
	广义排放量		444797	256916	74.80	43.20	36.61

通过市场替换，使游客由长途客源市场替换为中短途客源市场，缩短了长途交通的距离和改变了游客的旅游交通方式及中转城市的比例，这引起了旅游交通二氧化碳排放量及其人均量的减少。同时，市场替换也缩短了游客在旅游目的地的停留时间（见表13-2），这引起了旅游住宿二氧化碳排放量的减少；旅游交通和旅游住宿共同作用，引起了广义旅游业二氧化碳排放量及其人均量和旅游业二氧化碳

排放量及其人均量的减少。市场替换引起了狭义旅游业二氧化碳排放量及其人均量略微增加，这主要是因为中短途游客的自驾比例远高于长途游客（见表13-2），市场替换会引起市内交通自驾比例的大幅度提高，进而引起了市内交通二氧化碳排放量的增加和狭义旅游业二氧化碳排放量及其人均量的增加。

三 生态补偿标准评估结果

以短途客源地浙江省（旅游目的地所在省）游客的人均广义二氧化碳排放量为基准值，核算江苏省、上海市、长三角、华中和华东、广东和京津冀、东北和西部、港澳台及国外，各客源地的人均广义二氧化碳排放量与浙江省的差值；以此差值为基础，核算碳排放增量的生态补偿标准和生态补偿额度（碳排放单位价格来自文献）。[①] 具体评估结果如表13-9所示。

表 13-9　　　　　　　　　生态补偿标准评估结果

客源地	广义排放量（千克/人次）	各客源地广义排放量与浙江省的差值（千克/人次）	碳排放增量生态补偿标准（元/人次）	生态补偿额度（10⁴ 元/a）
浙江省	22.69	0.00	0.00	0
江苏省	44.34	21.65	4.43	402
上海市	33.15	10.46	2.14	113
长三角	28.99	6.30	1.29	516
华中和华东	129.44	106.75	21.86	2711
广东和京津冀	432.05	409.36	83.84	2118
东北和西部	589.45	566.76	116.08	4796
港澳台及国外	1610.36	1587.67	325.18	1469
各客源地	118.00	95.31	19.52	11609

游客需承担 19.52 元/人次的碳排放增量生态补偿标准，其中，

---

① 肖建红等：《海岛型旅游目的地生态补偿标准方法体系的构建与应用》，《生态学报》2016 年第 2 期。

江苏省和上海市短途客源地游客承担的碳排放增量生态补偿标准均低于 5 元/人次；而广东和京津冀、东北和西部、港澳台及国外等长途客源地游客承担的碳排放增量生态补偿标准均高于 80 元/人次；华中和华东中途客源地游客承担了 21.86 元/人次的碳排放增量生态补偿标准。通过旅游碳排放增量收费可以获得 11609×10^4 元/a 的生态补偿资金，用于植树造林等增汇或碳汇工程建设；其中，长途客源地游客承担了 72.20% 的生态补偿资金，中途客源地游客承担了 23.35% 的生态补偿资金，江苏省和上海市短途客源地游客只承担了 4.45% 的生态补偿资金。

四　结论

（1）普陀旅游金三角各客源地在游客量所占比例、游客旅游目的地停留时间、游客交通方式和中转城市等方面存在显著差异，再加上各客源地与旅游目的地之间的距离差异，这两种差异导致了各客源地旅游业二氧化碳排放量及其人均量存在显著差异。长三角地区、华中和华东地区等中短途客源地游客量占到了游客总量的 88.04%，但其二氧化碳排放量却只占各客源地旅游业二氧化碳排放总量的 43.25%；长三角地区游客人均二氧化碳排放量分别相当于华中和华东地区、广东和京津冀地区、东北和西部地区和港澳台及国外地区游客人均二氧化碳排放量的 28.22%、8.90%、6.55% 和 2.42%。

（2）旅游交通是各客源地旅游业二氧化碳排放量的最主要来源，其占各客源地旅游业二氧化碳排放量的比例为 62.59%—99.14%。长三角地区短途客源地游客以乘坐汽车（自驾和长途汽车）为主，汽车交通二氧化碳排放量占该地区旅游交通二氧化碳排放量的 86.57%；华中和华东地区中途客源地游客飞机交通二氧化碳排放量占到了该地区旅游交通二氧化碳排放量的 50% 以上；而其他地区长途客源地游客飞机交通二氧化碳排放量占该地区旅游交通二氧化碳排放量的比例则更高，为 88.18%—99.17%。旅游交通特别是长途旅游交通二氧化碳排放量的差异是引起各客源地旅游业二氧化碳排放量及其人均量和广义旅游业二氧化碳排放量及其人均量差异的最主要因素。

（3）市场替换策略对减少旅游业二氧化碳排放量和人均二氧化碳

排放量效果显著。通过将长途客源市场游客替换为中短途客源市场游客，缩短了长途交通的距离和游客旅游目的地的停留时间，改变了游客旅游交通方式和中转城市的比例，进而引起了旅游交通二氧化碳排放量、广义旅游业二氧化碳排放量和旅游业二氧化碳排放量及其人均量的减少。本书提出的五种市场替换策略，市场替换比例分别为32.81%、11.96%、11.96%、7.71%和7.71%，旅游业二氧化碳排放量及其人均量减少的比例分别为69.35%、53.09%、43.77%、39.77%和33.76%。

（4）游客人均承担了19.52元/人次的碳排放增量生态补偿标准，其中，江苏省、上海市、长三角、华中和华东、广东和京津冀、东北和西部、港澳台及国外等客源地游客分别承担了4.43元/人次、2.14元/人次、1.29元/人次、21.86元/人次、83.84元/人次、116.08元/人次和325.18元/人次的碳排放增量生态补偿标准。通过旅游碳排放增量收费共获得 11609×10^4 元/a 的生态补偿资金，用于植树造林等增汇或碳汇工程建设；其中，长途客源地游客承担了 8382×10^4 元/a 的生态补偿资金，中途客源地游客承担了 2711×10^4 元/a 的生态补偿资金，江苏省和上海市短途客源地游客只承担了 516×10^4 元/a 的生态补偿资金。

第四节　长岛生态补偿标准

一　区域差异性评估

1. 各客源地游客量的区域差异性

通过统计游客客源地和停留时间调查问卷可知（见表13-10）：长岛旅游目的地中短途客源地游客量占旅游目的地总游客量的比例超过了80%，其中，山东省短途客源地游客量和京津冀、晋豫等中途客源地游客量占总游客量的比例均超过了40%；而东北、西部、华东、华中和华南等长途客源地游客量占总游客量的比例则不足16%。虽然中短途客源地、长途客源地游客量所占比例存在显著的区域差异性，但是它们在旅游目的地停留时间方面并没有表现出具有规律的区域差异性。

表 13 - 10　　　　　　各客源地游客量占比、游客量和停留时间

客源地	游客量占比（%）	游客量（人次）	停留时间（h）
山东省	41.01	537231	35.32
京津冀	27.85	364835	40.09
晋豫	15.33	200823	38.50
东北	3.47	45457	38.76
西部	3.94	51614	30.86
华东	6.52	85412	37.18
华中和华南	1.88	24628	43.47

2. 二氧化碳排放量的区域差异性

（1）旅游业和人均二氧化碳排放量的区域差异性。山东省、京津冀、晋豫、东北、西部、华东、华中和华南等客源地旅游业二氧化碳排放量占旅游业二氧化碳排放总量的比例分别为 18.14%、27.63%、21.37%、4.14%、13.34%、7.65% 和 7.73%；其中，旅游交通是旅游业二氧化碳排放量最多的环节，上述各客源地旅游交通二氧化碳排放量占各自旅游业二氧化碳排放总量的比例分别达到 81.22%、90.50%、93.51%、92.36%、97.86%、92.55% 和 97.51%。同时，各客源地游客人均二氧化碳排放量存在显著的区域差异性，山东省短途客源地游客人均二氧化碳排放量不足其他中长途客源地游客人均二氧化碳排放量的一半，而西部、华中和华南等长途客源地游客人均二氧化碳排放量却相当于各客源地平均值的 3—4 倍（见表 13 - 11）。

（2）狭义与广义旅游业和人均二氧化碳排放量的区域差异性。山东省、京津冀、晋豫、东北、西部、华东、华中和华南等客源地狭义旅游业二氧化碳排放量占各自旅游业二氧化碳排放总量的比例分别只有 9.31%、4.48%、3.11%、3.65%、1.12%、3.62% 和 1.14%，且各客源地游客人均狭义旅游业二氧化碳排放量差异较小（见表13 - 12）。

表 13 - 11　　　　　　　　　旅游业二氧化碳排放量

客源地	交通 (t)	住宿 (t)	餐饮 (t)	废弃物 (t)	合计 (t)	人均碳排放量 (kg)
山东省	19922.606	3251.076	1016.215	339.366	24529.263	45.66
京津冀	33820.694	2505.982	783.315	261.589	37371.580	102.43
晋豫	27032.277	1324.706	414.074	138.280	28909.337	143.95
东北	5167.857	301.877	94.360	31.512	5595.606	123.10
西部	17656.481	272.903	85.304	28.487	18043.175	349.58
华东	9576.671	544.094	170.072	56.796	10347.633	121.15
华中和华南	10198.208	183.427	57.335	19.147	10458.117	424.64
各客源地	123374.794	8384.065	2620.675	875.177	135254.711	103.25

上述各客源地广义旅游业二氧化碳排放量占各自旅游业二氧化碳排放总量的比例均超过了90%、最高比例达到了98.88%，且客源地游客人均广义旅游业二氧化碳排放量差异较大，如西部、华中和华南等长途客源地游客人均广义旅游业二氧化碳排放量是山东省短途游客的8—10倍以上（见表13 - 13）。

表 13 - 12　　　　　　　　　狭义旅游业二氧化碳排放量

客源地	交通 I (t)	餐饮 (t)	废弃物 (t)	合计 (t)	人均狭义排放量 (kg)
山东省	927.975	1016.215	339.366	2283.556	4.25
京津冀	630.190	783.315	261.589	1675.094	4.59
晋豫	346.888	414.074	138.280	899.242	4.48
东北	78.519	94.360	31.512	204.391	4.50
西部	89.154	85.304	28.487	202.945	3.93
华东	147.535	170.072	56.796	374.403	4.38
华中和华南	42.541	57.335	19.147	119.023	4.83
各客源地	2262.802	2620.675	875.177	5758.654	4.40

表 13 - 13　　　　　　　　广义旅游业二氧化碳排放量

客源地	交通Ⅱ（t）	住宿（t）	合计（t）	人均广义排放量（kg）
山东省	18994.631	3251.076	22245.707	41.41
京津冀	33190.504	2505.982	35696.486	97.84
晋豫	26685.389	1324.706	28010.095	139.48
东北	5089.338	301.877	5391.215	118.60
西部	17567.327	272.903	17840.230	345.65
华东	9429.136	544.094	9973.230	116.77
华中和华南	10155.667	183.427	10339.094	419.81
各客源地	121111.992	8384.065	129496.057	98.85

二　生态补偿标准评估结果

以短途客源地山东省（旅游目的地所在省）游客的人均广义二氧化碳排放量为基准值，核算京津冀、晋豫、东北、西部、华东、华中和华南及各客源地的人均广义二氧化碳排放量与山东省的差值；以此差值为基础，核算碳排放增量的生态补偿标准和生态补偿额度。具体评估结果如表 13 - 14 所示。

表 13 - 14　　　　　　　　生态补偿标准评估结果

客源地	广义排放量（千克/人次）	各客源地广义排放量与山东省的差值（千克/人次）	碳排放增量生态补偿标准（元/人次）	生态补偿额度（10⁴ 元/a）
山东省	41.41	0.00	0.00	0
京津冀	97.84	56.43	11.56	422
晋豫	139.48	98.07	20.09	403
东北	118.60	77.19	15.81	72
西部	345.65	304.24	62.31	321
华东	116.77	75.36	15.44	132
华中和华南	419.81	378.40	77.50	191
各客源地	98.85	57.44	11.77	1541

游客需承担 11.77 元/人次的碳排放增量生态补偿标准。其中，

京津冀、晋豫等中途客源地游客需分别承担 11.56 元/人次和 20.09 元/人次的碳排放增量生态补偿标准；东北、西部、华东、华中和华南等长途客源地游客需分别承担 15.81 元/人次、62.31 元/人次、15.44 元/人次和 77.50 元/人次的碳排放增量生态补偿标准。通过碳排放增量收费制度，长岛旅游目的地可获得 1541×10^4 元/a 的生态补偿资金，用于植树造林等增汇或碳汇工程建设。其中，京津冀和晋豫中途客源地游客承担了生态补偿资金的 53.54%，其他长途客源地游客承担了生态补偿资金的 46.46%。

三　结论

（1）长岛旅游目的地各客源地游客量存在显著的区域差异性。山东省短途客源地游客量、京津冀和晋豫中途客源地游客量占总游客量比例分别为 41.01% 和 43.18%；而其他各长途客源地游客量占总游客量的比例则不足 16%。

（2）各客源地旅游业二氧化碳排放量存在显著的区域差异性。山东省短途客源地旅游业二氧化碳排放量和京津冀、晋豫等中途客源地旅游业二氧化碳排放量占长岛旅游目的地旅游业二氧化碳排放总量的比例分别为 18.14% 和 49.00%，其他各长途客源地旅游业二氧化碳排放量占旅游目的地旅游业二氧化碳排放总量的比例为 32.86%。其中，旅游交通是各客源地旅游业二氧化碳排放量最多的环节，各客源地旅游交通二氧化碳排放量占各自旅游业二氧化碳排放量的比例均超过了 80%，最高比例达到了 97.86%。同时，各客源地游客人均二氧化碳排放量存在显著的区域差异性。

（3）广义旅游业和广义人均二氧化碳排放量存在显著的区域差异性。各客源地狭义旅游业二氧化碳排放量占各自旅游业二氧化碳排放总量的比例均低于 10%，且各客源地游客人均狭义旅游业二氧化碳排放量差异较小；各客源地广义旅游业二氧化碳排放量占各自旅游业二氧化碳排放总量的比例均超过了 90%，且客源地游客人均广义旅游业二氧化碳排放量差异较大。

（4）各客源地游客人均承担 11.77 元/人次的碳排放增量生态补偿标准。其中，中途客源地游客人均承担的碳排放增量生态补偿标准为 11 元/人次至 21 元/人次；长途客源地游客人均承担的碳排放增量生态补偿标准为 15 元/人次至 78 元/人次。通过碳排放增量收费制度，长岛旅游目的地可获得 1541×10^4 元/a 的生态补偿资金，用于植树造林等增汇或碳汇工程建设；其中，中途客源地游客和长途客源地游客分别承担了 53.54% 和 46.46% 的生态补偿资金。

第 七 篇

海岛型旅游目的地生态补偿标准：绿色发展综合方法

第十四章　海岛旅游绿色发展生态
补偿理论与方法

第一节　相关研究

一　生态补偿

目前，国内外已有大量生态补偿方面的研究成果和实际应用案例。[①] 在国际上，生态补偿被称为生态/环境系统服务付费（Payments for Ecosystem/Environmental Services，PES）。[②] 目前，国外关于 PES 的相关研究和实践主要涉及生物多样性保护项目、森林保护项目、流域保护项目、自然保护和景观项目等，涉及的生态系统服务主要包括生物多样性保护、水文服务、碳汇服务和景观服务[③]；国内关于生态补偿的近期研究成果主要涉及森林、流域、农田、草地、矿区、旅游等

---

① 肖建红等：《海岛型旅游目的地生态补偿标准方法体系的构建与应用》，《生态学报》2016 年第 2 期。

② Tacconi L.，"Redefining Payments for Environmental Services"，*Ecological Economics*，Vol. 73，2012，pp. 29 – 36；Wunder S.，"Revisiting the Concept of Payments for Environmental Services"，*Ecological Economics*，Vol. 117，2015，pp. 234 – 243.

③ Mahanty S.，et al.，"Access and Benefits in Payments for Environmental Services and Implications for REDD +：Lessons from Seven PES Schemes"，*Land Use Policy*，Vol. 31，2013，pp. 38 – 47；García – Amado L. R.，et al.，"Motivation for Conservation：Assessing Integrated Conservation and Development Projects and Payments for Environmental Services in La Sepultura Biosphere Reserve，Chiapas，Mexico"，*Ecological Economics*，Vol. 89，2013，pp. 92 – 100；Fauzi A.，et al.，"The Complexity of the Institution of Payment for Environmental Services：A Case Study of Two Indonesian PES Schemes"，*Ecosystem Services*，Vol. 6，2013，pp. 54 – 63；王敏等：《水库大坝建设生态补偿标准研究——以三峡工程为例》，《自然资源学报》2015 年第 1 期。

领域。[①] 生态补偿标准评估是生态补偿研究的核心问题，国内外运用较多的评估方法主要有生态系统服务价值法、机会成本法和条件价值评估法。

二 绿色发展

近年来，随着全球生态环境、气候变化等问题的日益突出，"绿色经济""绿色增长""绿色发展倡议""绿色新政""绿色转型""绿色社会"等一系列带有经济、社会与环境和谐发展和可持续发展含义的新兴词汇应运而生。可持续发展观被赋予了新的含义，从1992年联合国环境与发展大会产生共识的、强调以人为中心的传统可持续发展观，向现在强调人与自然平等、人与自然和谐的绿色可持续发展观转变。《中华人民共和国国民经济和社会发展第十二个五年规划纲要》中用的是"绿色发展"，所以，"绿色发展"这一词汇在我国应用得较多。绿色发展是强调人与自然平等、人与自然和谐发展的新可持续发展观。绿色发展相关问题的研究正在引起国内学术界的高度关注，目前主要研究成果有刘纪远等构建了中国西部绿色发展的概念框架；胡鞍钢和周绍杰提出了绿色发展的三圈模型；李晓西等构建并测算了人类绿色发展指数；黄建欢等分析了金融发展对区域绿色发展的影响机理；杨博琼等研究了基于中国绿色发展的外商直接投资政策选择；苏利阳等和卢强等分别对工业绿色发展进行了评估；欧阳志云等和石敏俊及刘艳艳分别对城市绿色发展进行了评估；蔡宁等构建了基于绿色发展的新型城镇化模式；贺爱忠分析了服务业绿色发展的体制障

---

① 刘灵芝等：《构建森林生态补偿市场化激励机制的探讨——以神农架林区为例》，《林业经济问题》2014年第6期；刘子玥等：《松花江流域湿地保护生态补偿机制研究》，《湿地科学》2015年第2期；王干等：《中国矿区生态补偿资金来源机制和对策探讨》，《中国人口·资源与环境》2015年第5期；余亮亮等：《基于农户受偿意愿的农田生态补偿——以湖北省京山县为例》，《应用生态学报》2015年第1期；李玉新等：《牧民对草原生态补偿政策评价及其影响因素研究——以内蒙古四子王旗为例》，《资源科学》2014年第11期；蒋依依：《旅游地生态补偿空间选择研究——以云南省玉龙县为例》，《旅游学刊》2014年第11期。

碍；丁宪浩和叶立新分析了海洋开发的绿色发展战略等。[①]

　　本书以绿色发展理念（新可持续发展观）为基础，将海岛旅游绿色发展含义界定为旅游目的地生产者供给和游客消费环境友好型海产品、旅游目的地海洋生态系统与森林生态系统能持续稳定地提供核心生态系统服务、旅游业低碳排放及旅游目的地淡水资源保护。海岛旅游绿色发展既有利于旅游目的地海洋生态系统与森林生态系统的保护，又有利于减少旅游业对资源、环境的压力。所以，应对海岛旅游绿色发展进行生态补偿（经济激励）。本书运用海洋渔业生态标签制度（Marine Fisheries' Eco - labeling Schemes，MFELS）、生态系统服务付费（Payments for Ecosystem Services，PES）、市场替换法（Market Replacement Methods，MRM）和条件价值评估法（Contingent Valuation Method，CVM），以舟山普陀旅游金三角和长岛县为案例地，对海岛旅游绿色发展生态补偿标准进行了研究。

第二节　理论基础

一　海岛旅游绿色发展原因和研究范围

1. 海岛旅游绿色发展的主要原因

（1）随着海洋渔业资源的持续衰退，海岛旅游业已成为许多岛屿

---

　　① 刘纪远等：《中国西部绿色发展概念框架》，《中国人口·资源与环境》2013 年第 10 期；胡鞍钢等：《绿色发展：功能界定、机制分析与发展战略》，《中国人口·资源与环境》2014 年第 1 期；李晓西等：《人类绿色发展指数的测算》，《中国社会科学》2014 年第 6 期；黄建欢等：《金融发展影响区域绿色发展的机理——基于生态效率和空间计量的研究》，《地理研究》2014 年第 3 期；杨博琼等：《中国绿色发展和外商直接投资政策选择》，《中国人口·资源与环境》2013 年第 10 期；苏利阳等：《中国省际工业绿色发展评估》，《中国人口·资源与环境》2013 年第 8 期；卢强等：《工业绿色发展评价指标体系及应用于广东省区域评价的分析》，《生态环境学报》2013 年第 3 期；欧阳志云等：《中国城市的绿色发展评价》，《中国人口·资源与环境》2009 年第 5 期；石敏俊等：《城市绿色发展：国际比较与问题透视》，《城市发展研究》2013 年第 5 期；蔡宁等：《中国绿色发展与新型城镇化——基于 SBM - DDF 模型的双维度研究》，《北京师范大学学报》（社会科学版）2014 年第 5 期；贺爱忠：《"两型"试验区服务业绿色发展的体制障碍与对策》，《北京工商大学学报》（社会科学版）2011 年第 6 期；丁宪浩等：《江苏海洋开发绿色发展战略研究》，《农业现代化研究》2009 年第 1 期。

经济收入的重要来源。如2013年，我国14个（除台湾地区）海岛县（市、区）中旅游总收入与GDP的比值超过20%的有长岛县（41.93%）、珠海市万山海洋开发试验区（33.50%，为2012年数值）、洞头县（32.90%）、舟山市（32.24%，含两区两县）、南澳县（24.81%）和东山县（21.37%）。

（2）海岛生态环境脆弱，大量游客的涌入给当地带来了诸如水体污染、珊瑚礁破坏、渔业减产、红树林砍伐、地表植被破坏、淡水资源短缺、海水入侵、生物栖息地破坏等一系列生态环境问题，海岛旅游可持续发展正面临着严重威胁。

（3）旅游业已成为全球温室气体排放的重要来源，其贡献了全球温室气体排放量的5%—14%，旅游交通贡献了旅游业温室气体排放量的75%；特别是航空交通是主要温室气体排放的贡献者。

2. 研究范围

（1）从游客视角对海岛旅游绿色发展生态补偿问题进行研究，未考虑旅游企业、各级政府等其他旅游利益相关者的绿色发展与生态补偿问题。

（2）只对海岛旅游交通、住宿、餐饮、游览和娱乐、固体废物等环节绿色发展生态补偿问题进行研究，未考虑旅游前期规划、旅游基础设施建设与维护等其他方面的海岛旅游绿色发展与生态补偿问题。

二 海岛旅游各环节占用

1. 海岛旅游目的地的典型特征

（1）生态系统脆弱，生态承载力有限。

（2）淡水资源紧缺，日均供水量有限。

（3）交通复杂，通常需要乘坐两种及以上交通工具，乘坐火车、飞机等通常需要在附近中心城市中转。

（4）住宿星级宾馆较少，渔家乐较多。

（5）餐饮海产品消耗量大。

（6）游览和娱乐依托海岛森林生态系统（山）和海洋生态系统（海）。

（7）固体垃圾需要较长距离运输到中心岛屿或附近中心城市进行

处理。

2. 海岛旅游各环节对资源、生态环境的占用

基于上述典型特征，海岛旅游各环节对资源、生态环境的占用如图14-1所示。

（1）旅游目的地区域外二氧化碳排放。包括长途旅游交通碳排放、住宿电力消耗碳排放（按照我国电力结构折算的火电碳排放）、游览和娱乐电力消耗碳排放（同住宿）等。

（2）旅游目的地区域内二氧化碳排放。包括区域内（含景区内）交通碳排放、餐饮能源（管道煤气、液化石油气和煤炭）消耗碳排放、海上娱乐项目能源（柴油和汽油）消耗碳排放、固体废物运输能源（柴油）消耗和固体垃圾本身碳排放等。

（3）海产品消耗。海鲜是吸引游客的特色，游客在海岛上消耗各类海产品。

（4）淡水资源消耗。包括住宿（洗澡、洗漱、洗衣物、洗床上用品等）淡水消耗、餐饮（清洗食材、加工过程、餐具清洗等）淡水消耗、游览和娱乐（游泳后冲澡等）淡水消耗等。

（5）森林生态系统和海洋生态系统核心服务利用。游览和娱乐依托于森林生态系统提供的景观、乘凉和海洋生态系统提供的景观、游泳、调节温度等核心生态系统服务。

以本书研究范围和海岛旅游目的地的典型特征为依据，分析了海岛旅游各环节区域外二氧化碳排放、区域内二氧化碳排放、各类海产品消耗、淡水资源消耗、森林生态系统与海洋生态系统核心服务利用五方面资源、生态环境占用（见图14-1）。在海岛旅游绿色发展与生态补偿研究中，本书通过森林生态系统蓄积淡水服务来研究淡水资源消耗（通过为森林生态系统水文服务付费，保护淡水资源），通过森林生态系统与海洋生态系统吸收二氧化碳服务来研究区域内二氧化碳排放（通过为森林生态系统与海洋生态系统碳汇服务付费，抵消区域内二氧化碳排放）（图14-1三条加粗箭头代表此含义）。所以，海岛旅游各环节对资源、生态环境占用合并为区域外二氧化碳排放、各类海产品消耗、森林生态系统核心服务（景观、乘凉、蓄积淡水、吸

收二氧化碳）与海洋生态系统核心服务（景观、游泳、调节温度、吸收二氧化碳）利用等三个方面。

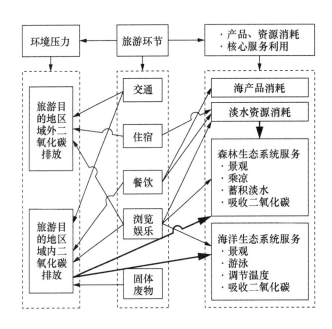

图 14 – 1　各环节占用

三　海岛旅游绿色发展实施路径

1. 区域外二氧化碳排放量——低二氧化碳排放量

旅游交通是旅游业二氧化碳排放最多的环节，其排放量占总排放量的比例一般为 60% —95% 。旅游目的地短途客源地游客、中途客源地游客和长途客源地游客人均区域外二氧化碳排放量的差异主要是由人均长途旅游交通特别是飞机交通二氧化碳排放量的差异引起的。运用市场替换法（MRM），将中途客源地游客或（和）长途客源地游客替换为短途客源地游客，能降低区域外二氧化碳排放量；上述替换可能会对旅游业产生一系列连锁反应，更具有现实性和可操作性的是，以短途客源地游客人均区域外二氧化碳排放量为基准值，以中途客源地游客或长途客源地游客与短途客源地游客人均区域外二氧化碳排放量的差值为依据，对中途客源地游客或（和）长途客源地游客征收旅游碳排放（增量）税；通过征税获得资金用于植树造林等增汇或碳汇项目建设，以抵消二氧化碳排放增量（见图 14-2）。

2. 各类海产品——环境友好型海产品

运用海洋渔业生态标签制度（MFELS），生产者（养殖者或捕捞者）采用合理的捕捞方式（适度捕捞或采用可持续方式捕捞）和生态养殖模式（饵料、排泄物、化学药物等对海洋污染较低，使其能自我恢复）为游客提供环境友好型海产品；游客消费环境友好型海产品。这样既有利于海洋生态系统的保护，又有利于游客自身的健康（见图 14-2）。

3. 海洋生态系统或森林生态系统核心服务——持续、稳定的核心生态系统服务

运用生态系统服务付费（PES）制度，享受海洋生态系统与森林生态系统核心服务的游客支付费用。资金用于继续维护海洋生态系统与森林生态系统的健康，使其能持续、稳定地提供核心生态系统服务（见图 14-2）。

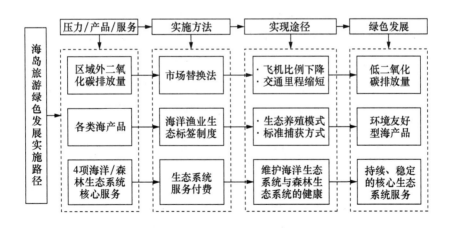

图 14-2　绿色发展实施路径

四　海岛旅游绿色发展生态补偿理论依据

1. 区域外旅游碳排放增量增汇或碳汇

对区域外旅游碳排放（增量）征税主要依据的是污染者付费原则

和庇古理论。国外污染者付费不属于生态补偿范畴，国内多数研究将其划归为生态补偿范畴（本书将其划归为生态补偿范畴）。[①] 政府通过向中长途客源地游客征收旅游碳排放（增量）税获得资金，用于植树造林等增汇或碳汇生态补偿工程建设；以此来抵消中长途客源地游客产生的二氧化碳排放增量，降低海岛旅游二氧化碳排放总量，实现海岛旅游绿色发展。这类海岛旅游绿色发展的生态补偿主体是中途客源地游客和长途客源地游客，生态补偿客体或对象是增汇或碳汇项目代理人；生态补偿标准是碳排放单位价格，可用影子工程法中的造林成本法和影子价格法中的碳税率法两种方法计算结果的均值作为碳排放单位价格；生态补偿方式是征税（见图 14 - 3）。

2. 环境友好型海产品

对环境友好型海产品实施生态补偿主要依据的是保护者得到补偿原则。[②] 养殖者或捕捞者采用生态养殖模式或标准（可持续）捕获方式获得环境友好型海产品，这类海产品有利于保护海洋生态系统；但同时也增加了养殖或捕捞成本。游客通过消费环境友好型海产品支持海洋生态系统保护，并有利于自身健康。环境友好型海产品的生态补偿主体是消费环境友好型海产品的游客，生态补偿客体或对象是环境友好型海产品的养殖者或捕捞者；生态补偿标准是环境友好型海产品与传统海产品的市场差价；生态补偿方式是直接市场，市场直接供给经过第三方认证的环境友好型海产品，游客直接消费环境友好型海产品（见图 14 - 3）。

3. 持续、稳定的海洋生态系统和森林生态系统核心服务

国际上，生态补偿是指生态系统服务付费（PES），其理论依据是受益者付费原则和科斯理论。游客到海岛旅游目的地旅游，享受其海洋生态系统和森林生态系统提供的核心生态系统服务，应支付费用；获得的资金将继续用于维护海洋生态系统和森林生态系统的健

---

① 李文华等：《关于中国生态补偿机制建设的几点思考》，《资源科学》2010 年第 5 期。

② 同上。

康，使其能持续、稳定地为游客提供核心生态系统服务。持续、稳定的海洋生态系统和森林生态系统核心服务的生态补偿主体是游览景区的游客，生态补偿客体或对象是维护海洋生态系统和森林生态系统健康的代理人（维护者或管理者）；生态补偿标准是受访游客的支付意愿值；生态补偿方式可选择景区门票，包含在景区门票中（见图14-3）。

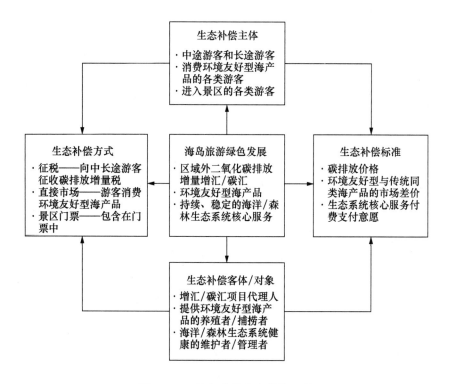

图14-3 绿色发展生态补偿机制

第三节 生态补偿标准评估模型

一 市场替换法

$$S_{ec-MRM}^{i} = (C_{MRM}^{i} - C_{MRM}^{1}) \times (12/44) \times P_C \qquad (14-1)$$

$$C_{MRM}^i = \left[\left(Q_{trans}^i + Q_{accom}^i + Q_{visit}^i \right) \times 1000 \right] / Q^i \qquad (14-2)$$

$$Q_{trans}^i = \sum_j \left(D_j^i \times \beta_j \times \varepsilon_j \right) \qquad (14-3)$$

$$Q_{accom}^i = m^i \times \sum_k \left(365 \times N_k \times R_k \times C_k \times e_{China} \right) \qquad (14-4)$$

$$Q_{visit}^i = \rho^i \times \sum_n \left(E_n \times \eta_n \times r_n \right) \qquad (14-5)$$

式（14-1）至式（14-5）中，S_{ec-MRM}^i 为 i 客源地游客承担区域外旅游碳排放增量的生态补偿标准（元/人次）；$i=1$、2 或 3 分别代表短途、中途或长途；C_{MRM}^i 为 i 客源地游客旅游目的地区域外人均二氧化碳排放量（千克/人次）；C_{MRM}^1 为短途客源地游客旅游目的地区域外人均二氧化碳排放量（千克/人次）；P_C 为碳排放单位价格（元/千克·C）；Q_{trans}^i 为 i 客源地游客长途旅游交通的二氧化碳排放量（t/a）；Q_{accom}^i 为 i 客源地游客旅游住宿的二氧化碳排放量（t/a）；Q_{visit}^i 为 i 客源地游客旅游游览的二氧化碳排放量（t/a）；Q^i 为 i 客源地的游客量（人次/a）；D_j^i 为 i 客源地游客中长途旅游交通第 j 种交通工具的年游客周转量（人·km/a）；β_j 为第 j 种交通工具的二氧化碳排放系数（t/人·km）；ε_j 为第 j 种交通工具排放等当量二氧化碳的均衡因子；m^i 为 i 客源地游客量与该客源地游客平均停留时间的乘积占各客源地该乘积总和的比例（%）；N_k 为第 k 种住宿设施拥有的床位数（张/a）；R_k 为第 k 种住宿设施的年平均客房出租率（%）；C_k 为第 k 种住宿设施每个床位住宿每天的能源消耗量（GJ/张·d）；e_{China} 为我国电力考虑能源结构折算的二氧化碳排放因子（t/GJ）；ρ^i 为 i 客源地游客量占总游客量比例（%）；E_n 为旅游游览和娱乐第 n 种能源的消耗量（kW·h/a 或 kg/a）；η_n 为第 n 种能源的热量折算系数（GJ/kW·h 或 GJ/kg）；r_n 为第 n 种能源的二氧化碳排放因子（t/GJ）。

二 海洋渔业生态标签制度

$$S_{ec-MFELS}^i = \left(WTP_{MFELS}^i \times P_{seafood} \right) \times \left[q_{seafood} \times \left(t^i / 24 \right) \right] \qquad (14-6)$$

式（14-6）中，$S_{ec-MFELS}^i$ 为 i 客源地游客承担环境友好型海产品的生态补偿标准（元/人次）；i 含义同式（14-1）；WTP_{MFELS}^i 为 i 客源地游客对环境友好型海产品的平均支付意愿值（%）；$P_{seafood}$ 为我国海产品平均价格（元/千克）；$q_{seafood}$ 为海岛旅游目的地游客平均每人每天海产品消耗量（千克/人·d）；t^i 为 i 客源地游客在旅游目的地平均停留时间（h）。

三　生态系统服务付费

$$S_{ec-PES}^i = WTP_{PES}^i \qquad\qquad\qquad (14-7)$$

式（14-7）中，S_{ec-PES}^i 为 i 客源地游客承担持续、稳定的核心生态系统服务的生态补偿标准（元/人次）；i 含义同式（14-1）；WTP_{PES}^i 为 i 客源地游客对海洋生态系统和森林生态系统核心生态系统服务的平均支付意愿值（元/人次）。

第十五章　海岛旅游绿色发展
生态补偿标准评估

第一节　数据来源

一　舟山普陀旅游金三角

1. 问卷调查和访谈调查

游客客源地、旅游目的地停留时间、交通方式（自驾、长途汽车、火车或飞机）、中转城市（直达舟山、宁波、杭州或上海）、游客对环境友好型产品的支付意愿和游客对生态系统服务的支付意愿等基础数据，通过交通、海洋渔业生态标签和生态系统服务付费三种问卷调查获得（每位游客只做一种问卷，团队游客只调查一位游客）（见表15-1）；舟山市普陀区和定海区市区内及普陀山镇、朱家尖镇、桃花镇等星级宾馆的床位数，通过访谈舟山市旅游委获得；普陀山景区游览耗电量，通过访谈普陀山供电营业所获得；上述问卷调查和访谈调查时间均为2014年7月30日—8月12日。海岛游客平均每人每天海产品消耗量，通过问卷调查长岛县13个村子的102户渔家乐业主或采购人员获得，问卷调查时间为2011年7月19日—7月26日。

2. 网站数据和文献数据

公路、铁路和航空里程及景区游客量、国际游客量等数据，通过查阅舟山、宁波汽车站，宁波、杭州、上海火车站和国际机场，南方航空公司，百度地图，高铁网，舟山市旅游委和统计局等网站获得；各类交通工具二氧化碳排放系数和均衡因子、社会宾馆床位数、客房出租率、床位每天能源消耗量、各种能源的热量折算系数和二氧化碳排放因子、碳排放的单位价格和我国电力考虑能源结构折算的二氧化碳排放因子（计算值为 0.206 087 t/GJ 或 206.087 kg/GJ）来源于文献或通过文献中的基础数据计算得出①；海产品的均价通过核算 2014 年 10 月 24 日厦门等 12 个城市海产品市场 29 种主要海产品价格得出，其值为 51.18 元/千克。

表 15-1　　　　　　　　　　有效问卷分布

调查地点	游客客源地	停留时间	交通方式和中转城市	海洋渔业生态标签制度	生态系统服务付费
舟山普陀客运中心	522	303	307	215	—
普陀山景区	1023	424	417	197	411
朱家尖国际沙雕广场景区	477	129	129	45	—
桃花岛茅草屋码头	481	129	130	44	—
合计	2503	985	983	501	411

二　长岛县

1. 问卷调查和访谈调查

为了获得游客客源地、游客旅游目的地停留时间、游客乘坐各类交通工具和中转城市、游客对海洋渔业生态标签产品（环境友好型海产品）的支付意愿、游客对海洋生态系统和森林生态系统提供核心生态系统服务的支付意愿等基础数据，设计了旅游交通、MFELS 和 PES

① 肖建红等：《海岛型旅游目的地生态补偿标准方法体系的构建与应用》，《生态学报》2016 年第 2 期；Gössling S., et al., "The Eco – efficiency of Tourism", *Ecological Economics*, Vol. 54, 2005, pp. 417 – 434；肖建红等：《旅游过程碳足迹评估——以舟山群岛为例》，《旅游科学》2011 年第 4 期；浙江省旅游局：《浙江省旅游统计月报》，http://www.tourzj.gov.cn/，2013 – 12 – 19；章锦河等：《旅游生态足迹模型及黄山实证分析》，《地理学报》2004 年第 5 期；Intergovernmental Panel on Climate Change, *IPCC Guidelines for National Greenhouse Gas Inventories (Volume second：Energy)*, Intergovernmental Panel on Climate Change, 2006；中国国家统计局：《中国统计年鉴》，中国统计出版社 2014 年版。

三种调查问卷；并于 2014 年 8 月 15 日—21 日到长岛县旅游目的地进行了游客问卷调查（每位游客只做其中的一种问卷，团队游客只做一位游客）（见表 15-2）；为了获得游客在长岛县每人每天海产品消耗量和餐饮非电力能源消耗量数据，设计了游客海产品消耗量（清单）和能源消耗量调查问卷，2011 年 7 月 19 日—26 日调查了长岛县 13 个村子 102 户渔家乐业主或采购人员。为了获得长岛县非重复统计游客量、各类宾馆床位数和入住率、两条海上游览航线里程和游客量、长岛码头与六个核心景点之间环游里程、长岛县旅游固体垃圾产生量和运输旅游固体垃圾能源消耗量等基础数据，2014 年访谈了长岛县旅游局、长岛码头、船运公司、垃圾中转站等单位相关负责人。

2. 网站数据和文献数据

为了获得公路、铁路和航空里程数据，查阅了百度地图、南方航空公司和高铁网等网站；各类交通工具二氧化碳排放系数和均衡因子、碳的单位价格等来自文献。[①]

表 15-2　　　　　　　　有效问卷分布

调查地点	游客客源地	游客停留时间	交通方式和中转城市	海洋渔业生态标签制度	生态系统服务付费
长岛码头	331	122	121	83	54
月牙湾景区	689	244	240	166	132
九丈崖景区	682	244	240	166	124
合计	1702	610	601	415	310

---

① 肖建红等：《海岛型旅游目的地生态补偿标准方法体系的构建与应用》，《生态学报》2016 年第 2 期；Gössling S., et al., "The Eco-efficiency of Tourism", *Ecological Economics*, Vol. 54, 2005, pp. 417-434.

第二节　游客客源地划分

一　舟山普陀旅游金三角

（1）长三角地区短途游客客源地。将其划分为浙江省各地级市或副省级市（义乌市从金华市中单独列出）、江苏省各地级市或副省级市和上海市，共分 26 个子客源地。

（2）华中和华东地区（除长三角地区，以下均不包含）中途游客客源地。将其划分为安徽省、江西省、福建省、河南省、湖南省、湖北省和山东省，共七个子客源地。

（3）大陆其他地区长途游客客源地。将其划分为广东省、北京市、河北省、天津市、四川省、黑龙江省、辽宁省、陕西省、山西省、广西壮族自治区、吉林省、重庆市、内蒙古自治区、甘肃省、新疆维吾尔自治区、贵州省、宁夏回族自治区、青海省和云南省，共 19 个子客源地。

（4）港澳台及国外地区长途游客客源地。将其划分为中国港澳地区、中国台湾地区、日本、菲律宾、新加坡、泰国、印度尼西亚、美国、加拿大、英国、法国、德国、意大利、俄罗斯、澳大利亚、新西兰、韩国和马来西亚。

二　长岛县

（1）山东省（短途客源地）。

（2）北京市、天津市、河北省、山西省和河南省，以下简称为京津冀晋豫（中途客源地）。

（3）上海市、江苏省、浙江省、安徽省、江西省、福建省、内蒙古自治区、陕西省、宁夏回族自治区、新疆维吾尔自治区、甘肃省、四川省、重庆市、贵州省、辽宁省、吉林省、黑龙江省、湖北省、湖南省和广东省，以下简称为其他省市区（长途客源地）。长岛县旅游目的地的海外旅游者较少，本书忽略了海外客源地。

第三节　评估结果

一　舟山普陀旅游金三角

（1）各参数值。生态补偿标准评估中用到的各参数值如表 15 - 3 所示，其中，港澳台及国外地区游客 t^i、WTP^i_{MFELS} 和 WTP^i_{PES} 参数值取值为大陆各客源地游客的平均值。

表 15 - 3　　　　　　　　　　　　参数值

客源地	ρ^i	t^i	WTP^i_{MFELS}	WTP^i_{PES}	Q^i_{trans}	Q^i_{accom}	Q^i_{visit}	C^i_{MRM}
长三角	67. 19	41. 96	20. 92	71. 72	75082	31633	9136	28. 99
华中和华东	20. 85	53. 89	21. 55	68. 07	145075	12581	2835	129. 44
大陆其他地区	11. 20	59. 19	21. 85	99. 84	343696	7422	1522	529. 73
港澳台及国外	0. 76	46. 59	21. 15	74. 77	72231	396	103	1610. 36
合计/均值	100. 00	46. 59	21. 15	74. 77	636084	52032	13596	118. 00

注：表中 Q^i_{trans} 值包含了普陀山景区内索道交通电力消耗的碳排放量。

（2）生态补偿标准。从表 15 - 4 可知，海岛旅游绿色发展生态补偿标准按照距离旅游目的地的远近呈现出显著的递增趋势，且生态补偿标准 I、生态补偿标准 II 和生态补偿标准 III 呈现出显著的区域差异性。2013 年，普陀旅游金三角旅游目的地长三角地区游客（短途游客）占总游客量的 67.19%，其贡献了 53.41% 的生态补偿资金；华中和华东地区游客（中途游客）占总游客量的 20.85%，其贡献了 20.74% 的生态补偿资金；其他地区游客（长途游客）占总游客量的 11.96%，其贡献了 25.85% 的生态补偿资金。2013 年，普陀旅游金三角旅游目的地运用 MRM 可获得 10841×10^4 元的生态补偿资金，用于植树造林等增汇或碳汇生态补偿工程建设；运用 MFELS 可获得 10353×10^4 元的生态补偿资金，用于奖励环境友好型海产品的养殖者或捕捞者；运用 PES 可获得 44083×10^4 元的生态补偿资金，用于继续维护海洋生态系统与森林生态系统的健康。

表 15 - 4　　　　　　　　　生态补偿标准

客源地	MRM		MFELS		PES		合计	
	生态补偿 标准Ⅰ (元/人次)	资金总额Ⅰ (10⁴元/a)	生态补偿 标准Ⅱ (元/人次)	资金总额Ⅱ (10⁴元/a)	生态补偿 标准Ⅲ (元/人次)	资金总额Ⅲ (10⁴元/a)	生态补偿 标准 (元/人次)	资金总额 (10⁴元/a)
长三角	0.00	0	15.53	6204	71.72	28659	87.25	34863
华中和华东	20.57	2551	20.54	2547	68.07	8440	109.18	13538
大陆其他地区	102.56	6827	22.87	1523	99.84	6646	225.27	14996
港澳台及国外	323.89	1463	17.43	79	74.77	338	416.09	1880
合计/均值	18.23	10841	17.43	10353	74.77	44083	110.43	65277

二　长岛县

（1）各参数值。以 1702 份游客客源地调查问卷、610 份游客停留时间调查问卷、601 份游客交通方式和中转城市调查问卷（见表 15 -2）、102 户渔家乐调查问卷和各相关部门访谈调查为基础，统计核算了长岛县旅游目的地区域内旅游交通、长途旅游交通、旅游住宿、旅游餐饮、旅游固体废弃物等二氧化碳排放量（见表 15 - 5）；以此为基础，核算了 C_{MRM}^i 参数值（见表 15 - 6）；ρ^i、t^i、WTP_{MFELS}^i、WTP_{PES}^i 等参数值如表 15 - 6 所示。

表 15 - 5　　　　　　　　　二氧化碳排放量

客源地	旅游目的地区域内 (t)			旅游目的地区域外 (t)		合计
	市内交通	餐饮	固体废弃物	长途交通	住宿	
山东省	927.975	1016.215	339.366	18994.631	3251.076	24529.263
京津冀晋豫	977.078	1197.389	399.869	59875.893	3830.688	66280.917
其他省市区	357.749	407.071	135.942	42241.468	1302.301	44444.531
合计	2262.802	2620.675	875.177	121111.992	8384.065	135254.711

表 15 −6 参数值

客源地	ρ^i	t^i	WTP^i_{MFELS}	WTP^i_{PES}	C^i_{MRM}
山东省	41.01	35.32	21.22	43.44	41.41
京津冀晋豫	43.18	39.57	25.11	57.89	112.62
其他省市区	15.81	37.09	26.77	54.42	210.24
各客源地	100.00	37.42	23.80	51.58	98.85

（2）生态补偿标准。从表 15 −7 可知，通过 MFELS，2013 年，环境友好型海产品的生产者可获得 2070×10^4 元的生态补偿资金，用于继续提供环境友好型海产品；消费环境友好型海产品的游客平均每人次需承担 15.75 元的生态补偿标准。通过 PES，2013 年，海洋生态系统和森林生态系统的管理者或经营者可获得 6736×10^4 元的生态补偿资金，用于继续维护海洋生态系统和森林生态系统健康；享受海洋生态系统和森林生态系统提供核心生态系统服务的游客平均每人次需承担 51.58 元的生态补偿标准。通过 MRM，2013 年，政府可获得 1541×10^4 元的生态补偿资金，用于植树造林等增汇或碳汇工程建设；游客平均每人次需承担 11.77 元的生态补偿标准。通过 MFELS、PES 和 MRM 三种方法，可获得 10347×10^4 元的海岛旅游绿色发展生态补偿资金，用于海岛型旅游目的地海洋生态系统与森林生态系统健康维护和相关增汇或碳汇工程建设；游客平均每人次需承担 79.10 元的生态补偿标准。同时，山东省游客（短途游客）、京津冀晋豫游客（中途游客）和其他省市区游客（长途游客）承担的经济激励资金具有显著的区域差异性；所以，游客承担海岛旅游绿色发展生态补偿资金不能采用"一刀切"方式，应考虑区域的差异性，采用差异化标准。

表 15 - 7　　　　　　　　　　　生态补偿标准

客源地	MRM		MFELS		PES		合计	
	资金总额 I (10^4 元/a)	生态补偿 标准 I (元/人次)	资金总额 II (10^4 元/a)	生态补偿 标准 II (元/人次)	资金总额 III (10^4 元/a)	生态补偿 标准 III (元/人次)	资金总额 (10^4 元/a)	生态补偿 标准 (元/人次)
山东省	0	0.00	712	13.26	2334	43.44	3046	56.70
京津冀 晋豫	825	14.59	994	17.57	3275	57.89	5094	90.05
其他省 市区	716	34.58	364	17.56	1127	54.42	2207	106.56
合计/ 均值	1541	11.77	2070	15.75	6736	51.58	10347	79.10

第四节　结论与结语

一　结论

（1）海岛旅游绿色发展含义包括旅游目的地生产者供给和游客消费环境友好型海产品、旅游目的地海洋生态系统与森林生态系统能持续稳定地提供核心生态系统服务、旅游业低碳排放及旅游目的地淡水资源保护。海岛旅游绿色发展有利于旅游目的地海洋生态系统与森林生态系统的保护和减少旅游业对资源与环境的压力，应对海岛旅游绿色发展进行生态补偿（经济激励）。

（2）旅游碳排放增量增汇或碳汇生态补偿主要依据是污染者付费原则，通过向中长途游客征收旅游碳排放增量税，获得的资金用于增汇或碳汇生态补偿工程建设，以抵消其二氧化碳排放增量；环境友好型海产品生态补偿主要依据的是保护者得到补偿原则，养殖者或捕捞者采用可持续捕获方式或生态养殖模式为游客提供环境友好型海产品，有利于海洋生态系统保护和游客自身健康，应对其进行经济激励；生态系统服务付费主要依据的是受益者付费原则，游客享受了海洋生态系统与森林生态系统提供的核心生态系统服务应支付费用，资金用于继续维护海洋生态系统与森林生态系统的健康。

（3）运用市场替换法（MRM）、海洋渔业生态标签制度（MFELS）和生态系统服务付费（PES）三种方法，2013 年，普陀旅游金三角旅游目的地可获得 65277×10^4 元的生态补偿资金，游客平均承担的生态补偿标准为 110.43 元/人次；其中，运用 MRM、MFELS 和 PES 分别获得了 10841×10^4 元、10353×10^4 元和 44083×10^4 元的生态补偿资金，游客平均分别承担的生态补偿标准为 18.23 元/人次、17.43 元/人次和 74.77 元/人次。同时，长三角地区、华中和华东地区、大陆其他地区和港澳台及国外地区，游客平均承担的生态补偿标准和贡献的生态补偿资金存在着显著的区域差异性。

（4）山东省短途客源地游客占总游客量的 41.01%，其分别承担了 MFELS、PES 和 MRM 生态补偿资金的 34.40%、34.65% 和 0.00%，其承担了总生态补偿资金的 29.44%；京津冀晋豫中途客源地游客占总游客量的 43.18%，其分别承担了 MFELS、PES 和 MRM 生态补偿资金的 48.02%、48.62% 和 53.54%，其承担了总生态补偿资金的 49.23%；其他省市、区、长途客源地游客占总游客量的 15.81%，其分别承担了 MFELS、PES 和 MRM 生态补偿资金的 17.58%、16.73% 和 46.46%，其承担了总生态补偿资金的 21.33%。

（5）山东省短途客源地游客提供的 MFELS、PES 和 MRM 生态补偿资金分别占其提供总生态补偿资金的 23.37%、76.63% 和 0.00%；京津冀晋豫中途客源地游客提供的 MFELS、PES 和 MRM 生态补偿资金分别占其提供总生态补偿资金的 19.51%、64.29% 和 16.20%；其他省、市、区长途客源地游客提供的 MFELS、PES 和 MRM 生态补偿资金分别占其提供总生态补偿资金的 16.49%、51.07% 和 32.44%。各客源地游客提供的 MFELS、PES 和 MRM 生态补偿资金分别占总生态补偿资金的 20.01%、65.10% 和 14.89%。

二　结语

（1）海岛生态系统脆弱，海岛旅游绿色发展的核心是维护其海洋生态系统和森林生态系统健康，使其能够持续、稳定地提供核心生态系统服务。运用 MFELS，能激励生产者提供环境友好型海产品和激励游客消费环境友好型海产品；这既有利于对海洋生态系统的保护，又有利于游客自身的健康。运用 PES，能筹集到稳定的海洋生态系统和森林生态系统健康维护资金，有利于海洋生态系统和森林生态系统的长期保护。

（2）全球气候变化是绿色发展理念提出的重要动因。旅游业是全球温室气体排放的重要来源，而长途旅游交通特别是航空交通在旅游业温室气体排放中占有最大的份额。海岛旅游交通复杂，游客到达旅游目的地需要乘坐两种及以上交通工具，且通常需要在附近的核心城市中转，这导致海岛长途旅游交通温室气体排放量较多。所以，海岛旅游绿色发展应包含降低海岛长途旅游交通碳排放量和采用低碳的旅游交通方式。运用 MRM，通过向中长途游客征收旅游碳排放（增量）税，激励游客多进行短途旅游来降低旅游碳排放量。政府征收的旅游碳排放（增量）税可用于相关增汇或碳汇工程建设，以减少总碳量。

（3）两个案例不同客源地游客平均每人次承担的 MFELS、PES 和 MRM 生态补偿资金及总生态补偿资金存在显著的差异性；在相关政策制定中应考虑游客承担标准的区域差异性特征。同时，我国景区门票收费相对较高，景区门票中已包含了部分维护生态系统健康的费用；游客已支付景区门票，生态补偿资金中有多少需要从景区门票中出，需要进一步研究明确。

参考文献

蔡萌等：《低碳旅游：一种新的旅游发展方式》，《旅游学刊》2010年第1期。

蔡宁等：《中国绿色发展与新型城镇化——基于SBM—DDF模型的双维度研究》，《北京师范大学学报》（社会科学版）2014年第5期。

蔡培印：《生态产品拾零》，《环境》1996年第1期。

蔡银莺等：《武汉市石榴红农场休闲景观的游憩价值和存在价值估算》，《生态学报》2008年第3期。

陈辞：《生态产品的供给机制与制度创新研究》，《生态经济》2014年第8期。

陈浮等：《旅游价值货币化核算研究——九寨沟案例分析》，《南京大学学报》（自然科学版）2001年第3期。

戴学军等：《基于GIS的旅游交通巨变下客源空间结构演化分析——以惠州龙门县为例》，《热带地理》2011年第5期。

丁曙等：《舟山群岛新区海洋体育旅游资源开发与利用研究》，《浙江体育科学》2013年第4期。

丁宪浩等：《江苏海洋开发绿色发展战略研究》，《农业现代化研究》2009年第1期。

董雪旺等：《条件价值法中的偏差分析及信度和效度检验——以九寨沟游憩价值评估为例》，《地理学报》2011年第2期。

窦银娣等：《旅游风景区旅游交通系统碳足迹评估——以南岳衡山为例》，《生态学报》2012年第17期。

樊雄等：《山东长岛县反渗透海水淡化工程》，《水处理技术》2003年第 1 期。

冯立新等：《骨干交通设施对区域旅游空间格局的影响——以渤海海峡跨海通道为例》，《经济地理》2011 年第 2 期。

福建省东山县统计局：《2014 年东山县国民经济和社会发展统计公报》，2015 年。

福建省平潭综合实验区统计局：《平潭综合实验区 2013 年国民经济和社会发展统计公报》，2014 年。

广东省南澳县人民政府：《政府工作报告：南澳县第十四届人民代表大会第五次会议》，2015 年。

郭剑英等：《旅游资源的旅游价值评估——以敦煌为例》，《自然资源学报》2004 年第 6 期。

郭剑英等：《敦煌旅游资源非使用价值评估》，《资源科学》2005 年第 5 期。

郝伟罡等：《自然保护区游憩价值评估的分组旅行费用区间分析法》，《旅游学刊》2007 年第 7 期。

查爱萍等：《旅行费用法若干问题研究》，《旅游学刊》2010 年第 1 期。

韩宏等：《北山国家森林公园游憩价值经济性评价》，《西北林学院学报》2009 年第 1 期。

贺爱忠，《"两型"试验区服务业绿色发展的体制障碍与对策》，《北京工商大学学报》（社会科学版）2011 年第 6 期。

贺成龙等：《成分法计算钢铁的生态足迹》，《环境科学学报》2009 年第 12 期。

贺征兵等：《基于 CVM 的景观游憩价值评估研究——以太白山国家森林公园为例》，《西北林学院学报》2008 年第 5 期。

胡鞍钢等：《绿色发展：功能界定、机制分析与发展战略》，《中国人口·资源与环境》2014 年第 1 期。

胡林慧：《新区背景下舟山群岛女性旅游品牌的塑造》，《浙江海洋学院学报》（人文科学版）2012 年第 2 期。

黄建欢等：《金融发展影响区域绿色发展的机理——基于生态效率和

空间计量的研究》,《地理研究》2014 年第 3 期。

黄泰等:《高铁对都市圈城市旅游服务力格局演变的影响——以长三
　　角都市圈为例》,《经济地理》2014 年第 11 期。

柯丽娜等:《海岛可持续发展理论及其评价研究》,《资源科学》2011
　　年第 7 期。

贾卓等:《草地生态系统生态补偿标准和优先度研究——以甘肃省玛
　　曲县为例》,《资源科学》2012 年第 10 期。

蒋海兵等:《高速铁路影响下的全国旅游景点可达性研究》,《旅游学
　　刊》2014 年第 7 期。

蒋依依等:《从生态补偿标准研究思考旅游业对生态保护的作用:以
　　云南省玉龙县为例》,《人文地理》2014 年第 5 期。

蒋依依:《旅游地生态补偿空间选择研究:以云南省玉龙县为例》,
　　《旅游学刊》2014 年第 11 期。

李芬等:《森林生态系统补偿标准的方法探讨——以海南省为例》,
　　《自然资源学报》2010 年第 5 期。

李洪波等:《武夷山自然保护区生态旅游资源非使用性价值评估》,
　　《生态学杂志》2010 年第 8 期。

李欢等:《生活垃圾处理的碳排放和减排策略》,《中国环境科学》
　　2011 年第 2 期。

李京梅等:《基于旅行费用法和意愿调查法的青岛滨海游憩资源价值
　　评估》,《旅游科学》2010 年第 4 期。

李蕾等:《基于生态足迹模型的海岛生态资源利用的评价研究——以
　　长岛县为例》,《海洋开发与管理》2011 年第 9 期。

李明明等:《徐州市主城区个人生态足迹空间变异性研究》,《自然资
　　源学报》2010 年第 4 期。

李巍等:《用改进的旅行费用法评估九寨沟的游憩价值》,《北京大学
　　学报》(自然科学版)2003 年第 4 期。

李文华等:《关于中国生态补偿机制建设的几点思考》,《资源科学》
　　2010 年第 5 期。

李晓西等:《人类绿色发展指数的测算》,《中国社会科学》2014 年第

6 期。

李玉新等：《牧民对草原生态补偿政策评价及其影响因素研究——以内蒙古四子王旗为例》，《资源科学》2014 年第 11 期。

李悦铮等：《海岛旅游资源评价体系构建研究》，《资源科学》2013 年第 2 期。

李泽等：《中国海岛县旅游资源开发潜力评价》，《资源科学》2011 年第 7 期。

刘子玥等：《松花江流域湿地保护生态补偿机制研究》，《湿地科学》2015 年第 2 期。

辽宁省长海县统计局：《2014 年长海县国民经济和社会发展统计公报》，2015 年。

林明太等：《旅游型海岛景观生态健康评价》，《生态学杂志》2012 年第 7 期。

刘滨谊等：《旅游资源资本化的机制和方法》，《长江流域资源与环境》2009 年第 9 期。

刘春腊等：《生态补偿的地理学特征及内涵研究》，《地理研究》2014 年第 5 期。

刘纪远等：《中国西部绿色发展概念框架》，《中国人口·资源与环境》2013 年第 10 期。

刘灵芝等：《构建森林生态补偿市场化激励机制的探讨——以神农架林区为例》，《林业经济问题》2014 年第 6 期。

刘敏等：《旅游生态补偿：内涵探讨与科学问题》，《旅游学刊》2013 年第 2 期。

刘某承等：《传统地区稻田生态补偿标准的确定——以云南哈尼梯田为例》，《中国生态农业学报》2012 年第 6 期。

刘秋民：《旅游水产品品牌个性的构建——以浙江舟山旅游水产品为例》，《渔业经济研究》2009 年第 3 期。

刘亚萍等：《生态旅游区自然环境的游憩价值——运用条件价值评估法和旅行费用法对武陵源风景区进行实证分析》，《生态学报》2006 年第 11 期。

刘玉卿等：《基于 SWAT 模型和最小数据法的黑河流域上游生态补偿研究》，《农业工程学报》2012 年第 10 期。

卢强等：《工业绿色发展评价指标体系及应用于广东省区域评价的分析》，《生态环境学报》2013 年第 3 期。

罗芬等：《旅游者交通碳足迹空间分布研究》，《中国人口·资源与环境》2014 年第 2 期。

楼筱环：《生态型海洋旅游发展对策研究——以舟山群岛为例》，《生态经济》2008 年第 12 期。

马丽卿：《海岛型旅游目的地的特征及开发模式选择——以舟山群岛为例》，《经济地理》2011 年第 10 期。

马丽卿等：《比较视角下的我国海岛旅游发展模式和路径选择——以舟山和海南岛为例》，《浙江海洋学院学报》（人文科学版）2013 年第 5 期。

马勇等：《神农架旅游生态补偿实施系统构建》，《人文地理》2010 年第 6 期。

马勇等：《低碳旅游目的地综合评价指标体系构建研究》，《经济地理》2011 年第 4 期。

欧阳志云等：《中国城市的绿色发展评价》，《中国人口·资源与环境》2009 年第 5 期。

潘理虎等：《基于人工社会模型的退田还湖生态补偿机制实例研究》，《自然资源学报》2010 年第 12 期。

潘渊等：《舟山群岛旅游服务标准化的实践与思考》，《中国标准化》2013 年第 3 期。

庞丽花等：《自然保护区生态产品供给能力评估——以呼伦贝尔辉河保护区为例》，《干旱区资源与环境》2014 年第 10 期。

彭永祥等：《贫困地区区域旅游系统对重大机遇的滞后弱响应——以秦岭终南山公路隧道通车后的柞水旅游为例》，《干旱区资源与环境》2009 年第 1 期。

邱大雄：《能源规划与系统分析》，清华大学出版社 1995 年版。

裘洁洁：《基于 ASEB 栅格分析法的体验式旅游开发研究——以舟山

群岛新区为例》，《浙江海洋学院学报》（人文科学版）2013 年第
5 期。

任淑华等：《舟山海岛旅游开发策略研究》，《经济地理》2011 年第
2 期。

任耀武等：《初论"生态产品"》，《生态学杂志》1992 年第 6 期。

山东省长岛县统计局：《长岛县国民经济主要统计数据》，2004—
2014 年。

山东省长岛县统计局：《长岛县国民经济和社会发展统计公报》，
2004—2014 年。

上海市崇明县统计局：《2014 年崇明县国民经济和社会发展统计公
报》，2015 年。

石敏俊等：《城市绿色发展：国际比较与问题透视》，《城市发展研
究》2013 年第 5 期。

石培华等：《中国旅游业能源消耗与 CO_2 排放量的初步估算》，《地理
学报》2011 年第 2 期。

苏飞等：《基于集对分析的旅游城市经济系统脆弱性评价——以舟山
市为例》，《地理科学》2013 年第 5 期。

苏利阳等：《中国省际工业绿色发展评估》，《中国人口·资源与环
境》2013 年第 8 期。

唐明方等：《游客对低碳旅游的认知和意愿——以丽江市为例》，《生
态学报》2014 年第 17 期。

陶玉国等：《基于替代式自下而上法的区域旅游交通碳排放测度》，
《生态学报》2015 年第 12 期。

陶在朴：《生态包袱与生态足迹》，经济科学出版社 2003 年版。

王大悟：《海洋旅游开发研究——兼论舟山海洋文化旅游和谐发展的
策略》，《旅游科学》2005 年第 5 期。

王干等：《中国矿区生态补偿资金来源机制和对策探讨》，《中国人
口·资源与环境》2015 年第 5 期。

王湖滨等：《舟山市海洋旅游品牌战略探析》，《浙江海洋学院学报》
（人文科学版）2007 年第 3 期。

王蕾等：《自然保护区生态补偿定量方案研究——基于"虚拟地"计算方法》，《自然资源学报》2011 年第 1 期。

王敏等：《水库大坝建设生态补偿标准研究——以三峡工程为例》，《自然资源学报》2015 年第 1 期。

王朋薇等：《生态旅游资源非使用价值评估——以达赉湖自然保护区为例》，《生态学报》2012 年第 3 期。

王萌等：《渔业生态标签制度的发展与问题》，《中国渔业经济》2011 年第 1 期。

王兴华：《西南地区发展生态产品存在的问题与对策研究》，《生态经济》2014 年第 4 期。

王兆峰等：《基于交通改善的湘西旅游城镇化响应时空分异与机制研究》，《经济地理》2013 年第 1 期。

汪德根：《武广高速铁路对湖北省区域旅游空间格局的影响》，《地理研究》2013 年第 8 期。

汪德根：《京沪高铁对主要站点旅游流时空分布影响》，《旅游学刊》2014 年第 1 期。

汪运波等：《基于生态足迹成分法的海岛型旅游目的地生态补偿标准研究》，《中国人口·资源与环境》2014 年第 8 期。

魏小安等：《"高速时代"的中国旅游业发展》，《旅游学刊》2012 年第 12 期。

吴楚材等：《张家界国家森林公园游憩效益经济评价的研究》，《林业科学》1992 年第 5 期。

吴丽娟等：《乡村旅游目的地乡村性非使用价值评估——以福建永春北溪村为例》，《地理科学进展》2010 年第 12 期。

吴普：《离岸岛屿目的地旅游交通能耗与 CO_2 排放测算——以海口市为例》，《旅游学刊》2014 年第 8 期。

伍鹏：《马尔代夫群岛和舟山群岛旅游开发比较研究》，《渔业经济研究》2006 年第 3 期。

武文婷等：《基于支付意愿法的杭州市园林植物景观游憩价值评估研究》，《中国园林》2010 年第 8 期。

肖建红等:《舟山群岛旅游交通生态足迹评估》,《生态学报》2011 年
　　第 3 期。

肖建红等:《海岛旅游地生态安全与可持续发展评估——以舟山群岛
　　为例》,《地理学报》2011 年第 6 期。

肖建红等:《旅游过程碳足迹评估——舟山群岛为例》,《旅游科学》
　　2011 年第 4 期。

肖建红等:《围填海工程的生态环境价值损失评估——以江苏省两个
　　典型工程为例》,《长江流域资源与环境》2011 年第 10 期。

肖建红等:《舟山普陀旅游金三角游憩价值评估》,《长江流域资源与
　　环境》2011 年第 11 期。

肖建红等:《基于生态足迹思想的皂市水利枢纽工程生态补偿标准研
　　究》,《生态学报》2011 年第 22 期。

肖建红等:《基于河流生态系统服务功能的皂市水利枢纽工程的生态
　　补偿标准》,《长江流域资源与环境》2012 年第 5 期。

肖建红等:《水库大坝建设的经济价值与经济损失评价——基于生态
　　系统服务视角》,中国社会科学出版社 2014 年版。

肖建红等:《海岛型旅游目的地生态补偿标准方法体系的构建与应
　　用》,《生态学报》2016 年第 2 期。

肖潇等:《旅游交通碳排放的空间结构与情景分析》,《生态学报》
　　2012 年第 23 期。

谢双玉等:《旅行费用区间分析法和分区旅行费用法的比较及应用》,
　　《旅游学刊》2008 年第 2 期。

谢贤政等:《应用旅行费用法评估黄山风景区游憩价值》,《资源科
　　学》2006 年第 3 期。

徐东文等:《基于 CVM 的旅游资源非使用价值评估——以历史文化名
　　城阆中为例》,《华中师范大学学报》(自然科学版) 2008 年第
　　4 期。

徐海军等:《海岛旅游研究新进展对海南国际旅游岛建设的启示》,
　　《旅游学刊》2011 年第 4 期。

许抄军等:《历史文化古城的非利用价值评估研究——以凤凰古城为

例》，《经济地理》2005 年第 2 期。

许丽忠等：《熵权多目的地 TCM 模型及其在游憩资源旅游价值评估中的应用——以武夷山景区为例》，《自然资源学报》2007 年第 1 期。

许丽忠等：《条件价值法评估旅游资源非使用价值的可靠性检验》，《生态学报》2007 年第 10 期。

薛达元：《生物多样性经济价值评估：长白山自然保护区案例研究》，中国环境科学出版社 1997 年版。

薛达元等：《长白山自然保护区生物多样性旅游价值评估研究》，《自然资源学报》1999 年第 2 期。

薛达元：《长白山自然保护区生物多样性非使用价值评估》，《中国环境科学》2000 年第 2 期。

烟台市统计局：《烟台统计年鉴》，中国统计出版社 2011 年版。

杨博琼等：《中国绿色发展和外商直接投资政策选择》，《中国人口·资源与环境》2013 年第 10 期。

杨桂华等：《自然遗产地旅游开发造血式生态补偿研究》，《旅游学刊》2012 年第 5 期。

杨仲元等：《交通发展对区域旅游空间结构的影响研究——以皖南旅游区为例》，《地理科学》2013 年第 7 期。

殷平：《高速铁路与区域旅游新格局构建——以郑西高铁为例》，《旅游学刊》2012 年第 12 期。

喻燕：《旅游资源总价值货币化估算研究——黄山风景区实证》，《旅游科学》2010 年第 5 期。

余亮亮等：《基于农户受偿意愿的农田生态补偿——以湖北省京山县为例》，《应用生态学报》2015 年第 1 期。

袁宇杰：《中国旅游间接能源消耗与碳排放的核算》，《旅游学刊》2013 年第 10 期。

赵玲等：《ITCM 在我国游憩价值评估中的应用及改进》，《旅游学刊》2009 年第 3 期。

赵强等：《千佛山风景区的非使用价值评估》，《南京林业大学学报》

（自然科学版）2011 年第 6 期。

赵勇：《兰州黄河风情线旅游资源非使用价值评价及影响因素分析》，《资源开发与市场》2007 年第 12 期。

曾贤刚等：《生态产品的概念、分类及其市场化供给机制》，《中国人口·资源与环境》2014 年第 7 期。

詹卫华等：《基于 CVM 的厦门公共休闲环境非使用价值评估》，《水利经济》2010 年第 6 期。

章锦河等：《旅游生态足迹模型及黄山实证分析》，《地理学报》2004 年第 5 期。

章锦河等：《九寨沟旅游生态足迹与生态补偿分析》，《自然资源学报》2005 年第 5 期。

张冰等：《长白山自然保护区旅游生态补偿支付意愿分析》，《林业资源管理》2013 年第 1 期。

张建春等：《芜湖长江大桥与安徽旅游交通条件的改善》，《人文地理》2002 年第 4 期。

张思锋等：《基于 HEA 方法的神府煤炭开采区受损植被生态补偿评估》，《资源科学》2010 年第 3 期。

张一群等：《对旅游生态补偿内涵的思考》，《生态学杂志》2012 年第 2 期。

张茵等：《基于分区的多目的地 TCM 模型及其在游憩资源价值评估中的应用——以九寨沟自然保护区为例》，《自然资源学报》2004 年第 5 期。

浙江省洞头县统计局：《2014 年洞头县国民经济和社会发展统计公报》，2015 年。

浙江省旅游局：《浙江省旅游业统计公报》，http：//www. tourzj. gov. cn/，2008 - 12 - 31。

浙江省旅游局：《浙江省旅游统计月报》，http：//www. tourzj. gov. cn/，2013 - 12 - 19。

浙江省玉环县统计局：《2014 年玉环县国民经济和社会发展统计公报》，2015 年。

甄翌等:《生态足迹模型在区域旅游可持续发展评价中的改进》,《生态学报》2008 年第 11 期。

中国国家海洋局:《全国海洋功能区划 (2011—2020 年)》,2012 年。

中国国家海洋局:《全国海岛保护规划 (2011—2020 年)》,2012 年。

中国国家统计局:《中国统计年鉴》,中国统计出版社 2008 年版。

中国国家统计局:《中国统计年鉴》,中国统计出版社 2009 年版。

中国国家统计局:《国际统计年鉴》,中国统计出版社 2009 年版。

中国国家统计局:《2010 年第六次全国人口普查主要数据公报》,ht-tp://www. stats. gov. cn/。

中国国家统计局:《中国统计年鉴》,中国统计出版社 2011 年版。

舟山市旅游委员会:《2008 年我市旅游经济运行情况》,http://www. zstour. gov. cn/。

舟山市旅游委:《统计分析》,http://www. zstour. gov. cn/。

舟山市统计局:《舟山统计年鉴》,中国统计出版社 2002—2014 年版。

朱竑等:《青藏铁路对西藏旅游业可持续发展的影响及其对策》,《经济地理》2005 年第 6 期。

朱晶晶等:《海岛型旅游地旅游空间结构演化机理分析——以浙江省舟山群岛为例》,《人文地理》2007 年第 1 期。

Aguilar F. , et al. , "Conjoint Effect of Environmental Labeling, Disclosure of Forest of Origin and Price on Consumer Preferences for Wood Products in the US and UK", *Ecological Economics*, Vol. 70, 2010, pp. 308 – 316.

Aguiló E. , et al. , "The Short – term Price Effect of a Tourist Tax Through a Dynamic Demand Model: The Case of the Balearic Islands", *Tourism Management*, Vol. 26, 2005, pp. 359 – 365.

Ahmad S. , et al. , "Willingness to Pay for Reducing Crowding Effect Damages in Marine Parks in Malaysia", *The Singapore Economic Review*, Vol. 54, 2009, pp. 21 – 39.

Ahmed M. , et al. , "Valuing Recreational and Conservation Benefits of Coral Reefs: The Case of Bolinao, Philippines", *Ocean & Coastal*

Management, Vol. 50, 2007, pp. 103 – 118.

Albrecht M., et al., "Effects of Ecological Compensation Meadows on Arthropod Diversity in Adjacent Intensively Managed Grassland", *Biological Conservation*, Vol. 143, 2010, pp. 642 – 649.

Arin T., et al., "Divers' Willingness to Pay to Visit Marine Sanctuaries: An Exploratory Study", *Ocean & Coastal Management*, Vol. 45, 2002, pp. 171 – 183.

Arrow K., et al., "Report of the NOAA Panel on Contingent Valuation", *Federal Register*, Vol. 58, 1993, pp. 4602 – 4614.

Asafu – Adjaye J., et al., "A Contingent Valuation Study of Scuba Diving Benefits: Case Study in Mu Ko Similan Marine National Park, Thailand", *Tourism Management*, Vol. 29, 2008, pp. 1122 – 1130.

Baerenklau K. A., et al., "Spatial Allocation of Forest Recreation Value", *Journal of Forest Economics*, Vol. 16, 2010, pp. 113 – 126.

Báez A., et al., "Using Contingent Valuation and Cost – benefit Analysis to Design a Policy for Restoring Cultural Heritage", *Journal of Cultural Heritage*, Vol. 13, 2012, pp. 235 – 245.

Bakhat M., et al., "Evaluating a Seasonal Fuel Tax in a Mass Tourism Destination: A Case Study for the Balearic Islands", *Energy Economics*, Vol. 38, 2013, pp. 12 – 18.

Barnes J. I., et al., "Tourists' Willingness to Pay for Wildlife Viewing and Wildlife Conservation in Namibia", *South African Journal of Wildlife Research*, Vol. 29, 1999, pp. 101 – 111.

Barr R. F., et al., "Investigating the Potential for Marine Resource Protection Through Environmental Service Markets: An Exploratory Study from La Paz, Mexico", *Ocean & Coastal Management*, Vol. 52, 2009, pp. 568 – 577.

Bateman I. J., et al., *Economic Valuation with Stated Preference Techniques: A Manual*, Edward Elgar, 2002.

Becken S., et al., "Energy Use Associated with Different Travel

Choices", *Tourism Management*, Vol. 24, 2003, pp. 267 – 277.

Bedate A. , et al. , "Economic Valuation of the Cultural Heritage: Application to Four Case Studies in Spain", *Journal of Cultural Heritage*, Vol. 5, 2004, pp. 101 – 111.

Begossi A. , et al. , "Compensation for Environmental Services from Artisanal Fisheries in SE Brazil: Policy and Technical Strategies", *Ecological Economics*, Vol. 71, 2011, pp. 25 – 32.

Bennett J. W. , et al. , "Using Direct Questioning to Value the Existence Benefits of Preserved Natural Areas", *Australian Journal of Agricultural Economics*, Vol. 28, 1984, pp. 136 – 152.

Berghoef N. , et al. , "Determinants of Interest in Eco – labelling in the Ontario Wine Industry", *Journal of Cleaner Production*, Vol. 52, 2013, pp. 263 – 271.

Bestard A. B. , et al. , "Estimating the Aggregate Value of Forest Recreation in a Regional Context", *Journal of Forest Economics*, Vol. 16, 2010, pp. 205 – 216.

Beuchelt T. , et al. , "Profits and Poverty: Certification's Troubled Link for Nicaragua's Organic and Fairtrade Coffee Producers", *Ecological Economics*, Vol. 70, 2011, pp. 1316 – 1324.

Bicknell K. B. , et al. , "New Methodology for the Ecological Footprint with an Application to the New Zealand Economy", *Ecological Economics*, Vol. 27, 1998, pp. 149 – 160.

Biénabe E. , et al. , "Public Preferences for Biodiversity Conservation and Scenic Beauty within a Framework of Environmental Services Payments", *Forest Policy and Economics*, Vol. 9, 2006, pp. 335 – 348.

Bin G. S. , et al. , "Measuring Buildings for Sustainability: Comparing the Initial and Retrofit Ecological Footprint of a Century Home—The REEP House", *Applied Energy*, Vol. 93, 2012, pp. 24 – 32.

Blackman A. , et al. , "User Financing in a National Payments for Environmental Services Program: Costa Rican Hydropower", *Ecological Economics*, *Vol. 69*, *2010*, *pp. 1626 - 1638*.

Brécard D. , et al. , "Determinants of Demand for Green Products: An Application to Eco - label Demand for Fish in Europe", *Ecological Economics*, Vol. 69, 2009, pp. 115 - 125.

Brécard D. , "Consumer Confusion Over the Profusion of Eco - labels: Lessons from a Double Differentiation Model", *Resource and Energy Economics*, Vol. 37, 2014, pp. 64 - 84.

Brouhle K. , et al. , "Determinants of Participation Versus Consumption in the Nordic Swan Eco - labeled Market", *Ecological Economics*, Vol. 73, 2012, pp. 142 - 151.

Byrnes T. A. , et al. , "Greenhouse Gas Emissions from Marine Tours: A Case Study of Australian Tour Boat Operators", *Journal of Sustainable Tourism*, Vol. 14, 2006, pp. 255 - 270.

Cadarso M. A. , et al. , "Calculating Tourism's Carbon Footprint: Measuring the Impact of Investments", *Journal of Cleaner Production*, Vol. 111, 2016, pp. 529 - 537.

Capacci S. , et al. , "Seaside Tourism and Eco - labels: The Economic Impact of Blue Flags" *Tourism Management*, Vol. 47, 2015, pp. 88 - 96.

Casey J. F. , et al. , "Are Tourists Willing to Pay Additional Fees to Protect Corals in Mexico?", *Journal of Sustainable Tourism*, Vol. 18, 2010, pp. 557 - 573.

Chang H. H. , "Does the Use of Eco - labels Affect Income Distribution and Income Inequality of Aquaculture Producers in Taiwan?" *Ecological Economics*, Vol. 80, 2012, pp. 101 - 108.

Clawson M. , et al. , *The Economics of Outdoor Recreation*, John's Hopkins Press, 1966.

Collins A. , et al. , "Assessing the Environmental Impacts of Mega Sporting Events: Two Options?" *Tourism Management*, Vol. 30, 2009, pp.

828 – 837.

Costanza R. , et al. , "The Value of the World's Ecosystem Services and Natural Capital", *Nature*, Vol. 387, 1997, pp. 253 – 260.

Currie C. , et al. , "Maintaining Sustainable Island Destinations in Scotland: The Role of the Transport—tourism Relationship", *Journal of Destination Marketing & Management*, Vol. 3, 2014, pp. 162 – 172.

Dawson J. , et al. , "The Carbon Cost of Polar Bear Viewing Tourism in Churchill, Canada", *Journal of Sustainable Tourism*, Vol. 18, 2010, pp. 319 – 336.

Delaplace M. , et al. , "Can High Speed Rail Foster the Choice of Destination for Tourism Purpose?" *Procedia – Social and Behavioral Sciences*, Vol. 111, 2014, pp. 166 – 175.

Do Valle P. O. , et al. , "Tourist Attitudes towards an Accommodation Tax Earmarked for Environmental Protection: A Survey in the Algarve", *Tourism Management*, Vol. 33, 2012, pp. 1408 – 1416.

Dwyer L. , et al. , "Estimating the Carbon Footprint of Australian Tourism", *Journal of Sustainable Tourism*, Vol. 18, 2010, pp. 355 – 376.

El Hanandeh A. , "Quantifying the Carbon Footprint of Religious Tourism: The Case of Hajj", *Journal of Cleaner Production*, Vol. 52, 2013, pp. 53 – 60.

Eijgelaar E. , et al. , "Antarctic Cruise Tourism: The Paradoxes of Ambassadorship, 'Last Chance Tourism' and Greenhouse Gas Emissions", *Journal of Sustainable Tourism*, Vol. 18, 2010, pp. 337 – 354.

FAO. , "*Review the State of World Marine Fishery Resources*", Food and Agriculture Organization of the United Nations, Rome, 2009.

Fauzi A. , et al. , "The Complexity of the Institution of Payment for Environmental Services: A Case Study of Two Indonesian PES Schemes", *Ecosystem Services*, Vol. 6, 2013, pp. 54 – 63.

Fix P. , et al. , "The Economics Benefits of Mountain Biking at One of Its Meccas: An Application of the Travel Cost Method to Mountain Biking in Moab, Utah", *Journal of Leisure Research*, Vol. 29, 1997, pp. 342 – 352.

Filimonau V. , et al. , "The Carbon Impact of Short – haul Tourism: A Case Study of UK Travel to Southern France Using Life Cycle Analysis", *Journal of Cleaner Production*, Vol. 64, 2014, pp. 628 – 638.

Fleming C. M. , "The Recreational Value of Lake McKenzie, Fraser Island: An Application of the Travel Cost Method", *Tourism Management*, Vol. 29, 2008, pp. 1197 – 1205.

Franzitta V. , et al. , "Toward a European Eco – label Brand for Residential Buildings: Holistic or By – components Approaches?", *Energy*, Vol. 36, 2011, pp. 1884 – 1892.

Frost P. G. H. , et al. , "The CAMPFIRE Programme in Zimbabwe: Payments for Wildlife Services", *Ecological Economics*, Vol. 65, 2008, pp. 776 – 787.

Füzyová L. , et al. , "Economic Valuation of Tatras National Park and Regional Environmental Policy", *Polish Journal of Environment Study*, Vol. 18, 2009, pp. 811 – 818.

Gago A. , et al. , "Specific and General Taxation of Tourism Activities: Evidence from Spain", *Tourism Management*, Vol. 30, 2009, pp. 381 – 392.

García – Amado L. R. , et al. , "Efficiency of Payments for Environmental Services: Equity and Additionality in a Case Study from a Biosphere Reserve in Chiapas, Mexico", *Ecological Economics*, Vol. 70, 2011, pp. 2361 – 2368.

García – Amado L. R. , et al. , "Motivation for Conservation: Assessing Integrated Conservation and Development Projects and Payments for Environmental Services in La Sepultura Biosphere Reserve, Chiapas, Mexico", *Ecological Economics*, Vol. 89, 2013, pp. 92 – 100.

Gondran N. , "The Ecological Footprint as a Follow – up Tool for an Administration: Application for the Vanoise National Park", *Ecological Indicators*, Vol. 16, 2012, pp. 157 – 166.

Gooroochurn N. , et al. , "Economics of Tourism Taxation: Evidence from Mauritius", *Annals of Tourism Research*, Vol. 32, 2005, pp. 478 – 498.

Gottlieb D. , et al. , "Analyzing the Ecological Footprint at the Institutional Scale – The Case of an Israeli High – school", *Ecological Indicators*, Vol. 18, 2012, pp. 91 – 97.

Gössling S. , et al. , "Ecological Footprint Analysis as a Tool to Assess Tourism Sustainability", *Ecological Economics*, Vol. 43, 2002, pp. 199 – 211.

Gössling S. , "Global Environmental Consequences of Tourism", *Global Environmental Change*, Vol. 12, 2002, pp. 283 – 302.

Gössling S. , et al. , "The Eco – efficiency of Tourism", *Ecological Economics*, Vol. 54, 2005, pp. 417 – 434.

Gössling S. , et al. , "Voluntary Carbon Offsetting Schemes for Aviation: Efficiency, Credibility and Sustainable Tourism", *Journal of Sustainable Tourism*, Vol. 15, 2007, pp. 223 – 248.

Gössling S. , et al. , " 'It Does not Harm the Environment!' An Analysis of Industry Discourses on Tourism, Air Travel and the Environment", *Journal of Sustainable Tourism*, Vol. 15, 2007, pp. 402 – 417.

Gössling S. , "Carbon Neutral Destinations: A Conceptual Analysis", *Journal of Sustainable Tourism*, Vol. 17, 2009, pp. 17 – 37.

Gössling S. , et al. , "Implementing Carbon Neutral Destination Policies: Issues from the Seychelles", *Journal of Sustainable Tourism*, Vol. 18, 2010, pp. 377 – 391.

Gössling S. , et al. , "Inter – market Variability in CO_2 Emission – intensities in Tourism: Implications for Destination Marketing and Carbon Management ", *Tourism Management*, Vol. 46, 2015, pp.

203 – 212.

Gürlük S. , et al. , "A Travel Cost Study to Estimate Recreational Value for a Bird Refuge at Lake Manyas, Turkey", *Journal of Environmental Management*, Vol. 88, 2008, pp. 1350 – 1360.

Howitt O. J. A. , et al. , "Carbon Emissions from International Cruise Ship Passengers' Travel to and from New Zealand", *Energy Policy*, Vol. 38, 2003, pp. 2552 – 2560.

Høyer K. G. , et al. , "Household Consumption and Ecological Footprints in Norway – Does Urban Form Matter?" *Journal of Consumer Policy*, Vol. 26, 2003, pp. 327 – 349.

Hunter C. , "Sustainable Tourism and the Touristic Ecological Footprint", *Environment, Development and Sustainability*, Vol. 4, 2002, pp. 7 – 20.

Hunter C. , et al. , "The Ecological Footprint as a Key Indicator of Sustainable Tourism", *Tourism Management*, Vol. 28, 2007, pp. 46 – 57.

Iamtrakul P. , et al. , "Public Park Valuation Using Travel Cost Method", *Proceedings of the Eastern Asia Society for Transportation Studies*, Vol. 5, 2005, pp. 1249 – 1264.

Intergovernmental Panel on Climate Change, *IPCC Guidelines for National Greenhouse Gas Inventories (Volume second: Energy)*, Intergovernmental Panel on Climate Change, 2006.

Jack B. K. , et al. , "Designing Payments for Ecosystem Services: Lessons from Previous Experience with Incentive – based Mechanisms", *PNAS*, Vol. 105, 2008, pp. 9465 – 9470.

Jakobsson K. M. , et al. , *Contingent Valuation and Endangered Species: Methodological Issues and Applications*, Edward Elgar, 1996.

Jones C. , "Scenarios for Greenhouse Gas Emissions Reduction from Tourism: An Extended Tourism Satellite Account Approach in a Regional Setting", *Journal of Sustainable Tourism*, Vol. 21, 2013, pp. 458 – 472.

Juhasz A. , et al. , "Does Use of Tropical Beaches by Tourists and Island Residents Result in Damage to Fringing Coral Reefs? A Case Study in Moorea French Polynesia" *Marine Pollution Bulletin*, Vol. 60, 2010, pp. 2251 – 2256.

Karlsen K. M. , et al. , "Eco – labeling of Seafood: Does it Affect the Harvesting Patterns of Norwegian Fishermen?" *Marine Policy*, Vol. 36, 2012, pp. 1123 – 1130.

Kelly J. , "Modelling Tourism Destination Energy Consumption and Greenhouse Gas Emissions: Whistler, British Columbia, Canada", *Journal of Sustainable Tourism*, Vol. 15, 2007, pp. 67 – 90.

Kim S. S. , et al. , "Assessing the Economic Value of a World Heritage Site and Willingness – to – pay Determinants: A Case of Changdeok Palace", *Tourism Management*, Vol. 28, 2007, pp. 317 – 322.

Kirby D. S. , et al. , "Assessment of Eco – labelling Schemes for Pacific tuna Fisheries", *Marine Policy*, Vol. 43, 2014, pp. 132 – 142.

Kissinger M. , et al. , "Urban Hinterlands—The Case of an Israeli Town Ecological Footprint", *Environment Development and Sustainability*, Vol. 10, 2008, pp. 391 – 405.

Kissinger M. , et al. , "Place Oriented Ecological Footprint Analysis: The Case of Israel's Grain Supply", *Ecological Economics*, Vol. 69, 2010, pp. 1639 – 1645.

Kondyli J. , "Measurement and Evaluation of Sustainable Development: A Composite Indicator for the Islands of the North Aegean Region, Greece", *Environmental Impact Assessment Review*, Vol. 30, 2010, pp. 347 – 356.

Kriström B. , et al. "Spike Models in Contingent Valuation", *American Journal of Agricultural Economics*, Vol. 79, 1997, pp. 1013 – 1023.

Kuo N. W. , et al. , "Quantifying Energy Use, Carbon Dioxide Emission, and Other Environmental Loads from Island Tourism Based on a Life Cycle Assessment Approach", *Journal of Cleaner Production*, Vol.

17, 2009, pp. 1324 – 1330.

Kuriyama K. , "Environmental and Economic Values of World Heritage Sites in Japan", *Harvard Asia Quarterly*, Vol. 11, 2008, pp. 32 – 40.

Lee C. K. , et al. , "Estimating the Use and Preservation Values of National Parks' Tourism Resources Using a Contingent Valuation Method", *Tourism Management*, Vol. 23, 2002, pp. 531 – 540.

Li G. J. , et al. , "Application of the Componential Method for Ecological Footprint Calculation of a Chinese University Campus", *Ecological Indicators*, Vol. 8, 2008, pp. 75 – 78.

Lin T. P. , "Carbon Dioxide Emissions from Transport in Taiwan' s National Parks", *Tourism Management*, Vol. 31, 2010, pp. 285 – 290.

Liston – Heyes C. , et al. , "Recreational Benefits from the Dartmoor National Park", *Journal of Environmental Management*, Vol. 55, 1999, pp. 69 – 80.

Lockwood M. , et al. , "Nonmarket Economic Valuation of an Urban Recreation Park", *Journal of Leisure Research*, Vol. 27, 1995, pp. 155 – 167.

Logar I. , et al. , "Respondent Uncertainty in Contingent Valuation of Preventing Beach Erosion: An Analysis with a Polychotomous Choice Question", *Journal of Environmental Management*, Vol. 113, 2012, pp. 184 – 193.

Loomis J. B. , et al. , "A Willingness – to – pay Function for Protecting Acres of Spotted Owl Habit from Fire", *Ecological Economics*, Vol. 25, 1998, pp. 315 – 322.

Mahanty S. , et al. , "Access and Benefits in Payments for Environmental Services and Implications for REDD + : Lessons from Seven PES Schemes", *Land Use Policy*, Vol. 31, 2013, pp. 38 – 47.

Majumdar S. , et al. , "Using Contingent Valuation to Estimate the Willingness of Tourists to Pay for Urban Forests: A Study in Savannah, Geor-

gia", *Urban Forestry & Urban Greening*, Vol. 10, 2011, pp. 275 – 280.

Marette S. , et al. , "Consumers' Willingness to Pay for Eco – friendly Apples Under Different Labels: Evidences from a Lab Experiment", *Food Policy*, Vol. 37, 2012, pp. 151 – 161.

Martín – Cejas R. R. , et al. , "Ecological Footprint Analysis of Road Transport Related to Tourism Activity: The Case for Lanzarote Island", *Tourism Management*, Vol. 31, 2010, pp. 98 – 103.

Martín – López B. , et al. , "Effects of Spatial and Temporal Scales on Cultural Services Valuation", *Journal of Environmental Management*, Vol. 90, 2009, pp. 1050 – 1059.

Mary J. K. , et al. , "Theoretical and Empirical Specifications Issues in Travel Cost Demand Studies", *American Journal of Agricultural Economies*, Vol. 68, 1986, pp. 660 – 667.

Mathieu L. , et al. , "Valuing Marine Parks in a Developing Country: A Case Study of the Seychelles", *Environment & Development Economics*, Vol. 8, 2003, pp. 373 – 390.

Michalena E. , et al. , "Contribution of the Solar Energy in the Sustainable Tourism Development of the Mediterranean Islands", *Renewable Energy*, Vol. 35, 2010, pp. 667 – 673.

Millennium Ecosystem Assessment, *Ecosystems and Human Well – being: Synthesis*, Island Press, 2005.

Mitchell R. C. , et al. , "*Using Surveys to Value Public Goods: The Contingent Valuation Method*", Resources for the Future, 1989.

Mladenov N. , et al. , "The Value of Wildlife – viewing Tourism as an Incentive for Conservation of Biodiversity in the Okavango Delta, Botswana", *Development Southern Africa*, Vol. 24, 2007, pp. 409 – 423.

Mmopelwa G. , et al. , "Tourists' Perceptions and Their Willingness to Pay for Park Fees: A Case Study of Self – drive Tourists and Clients for Mobile Tour Operators in Moremi Game Reserve, Botswana", *Tourism*

Management, Vol. 28, 2007, pp. 1044 – 1056.

Munday M. , et al. , "Accounting for the Carbon Associated with Regional Tourism Consumption", *Tourism Management*, Vol. 36, 2013, pp. 35 – 44.

Mwebaze P. , et al. , "Economic Valuation of the Influence of Invasive Alien Species on the Economy of the Seychelles Islands", *Ecological Economics*, Vol. 69, 2010, pp. 2614 – 2623.

Newton P. , et al. , "Consequences of Actor Level Livelihood Heterogeneity for Additionality in a Tropical Forest Payment for Environmental Services Programme with an Undifferentiated Reward Structure", *Global Environmental Change*, Vol. 22, 2012, pp. 127 – 136.

Notaro S. , et al. , "Estimating the Economic Benefits of the Landscape Function of Ornamental Trees in a Sub – Mediterranean Area", *Urban Forestry & Urban Greening*, Vol. 9, 2010, pp. 71 – 81.

Pagliara F. , et al. , "High Speed Rail and the Tourism Market: Evidence from the Madrid Case Study", *Transport Policy*, Vol. 37, 2015, pp. 187 – 194.

Palmer T. , et al. , "Tourism and Environmental Taxes: With Special Reference to the 'Balearic Ecotax'", *Tourism Management*, Vol. 24, 2003, pp. 665 – 674.

Pascoe S. , et al. , "Estimating the Potential Impact of Entry Fees for Marine Parks on Dive Tourism in South East Asia", *Marine Policy*, Vol. 47, 2014, pp. 147 – 152.

Peeters P. , et al. , "Reducing the Ecological Footprint of Inbound Tourism and Transport to Amsterdam", *Journal of Sustainable Tourism*, Vol. 14, 2006, pp. 157 – 171.

Peeters P. , et al. , "Major Environmental Impacts of European Tourist Transport", *Journal of Transport Geography*, Vol. 15, 2007, pp. 83 – 93.

Perch – Nielsen S. , et al. , "The Greenhouse Gas Intensity of the Tourism Sector: The Case of Switzerland", *Environmental Science & Policy*,

Vol. 13, 2010, pp. 131 – 140.

Pongponrat K. , "Participatory Management Process in Local Tourism Development: A Case Study on Fisherman Village on Samui Island, Thailand", *Asia Pacific Journal of Tourism Research*, Vol. 16, 2011, pp. 57 – 73.

Prayaga P. , et al. , "The Value of Recreational Fishing in the Great Barrier Reef, Australia: A Pooled Revealed Preference and Contingent Behavior Model", *Marine Policy*, Vol. 34, 2010, pp. 244 – 251.

Ransom K. P. , et al. , "Valuing Recreational Benefits of Coral Reefs: The Case of Mombasa Marine National Park and Reserve, Kenya", *Environmental Management*, Vol. 45, 2010, pp. 145 – 154.

Reczkova L. , et al. , "Some Issues of Consumer Preferences for Eco – labeled Fish to Promote Sustainable Marine Capture Fisheries in Peninsular Malaysia", *Procedia – Social and Behavioral Sciences*, Vol. 91, 2013, pp. 497 – 504.

Rey – Maquieira J. , et al. , "Quality Standards Versus Taxation in a Dynamic Environmental Model of a Tourism Economy", *Environmental Modelling & Software*, Vol. 24, 2009, pp. 1483 – 1490.

Ruijgrok E. C. M. , "The Three Economic Values of Cultural Heritage: A Case Study in the Netherlands", *Journal of Cultural Heritage*, Vol. 7, 2006, pp. 206 – 213.

Santana – Jiménez Y. , et al. , "Estimating the Effect of Overcrowding on Tourist Attraction: The Case of Canary Islands", *Tourism Management*, Vol. 32, 2011, pp. 415 – 425.

Scarpa R. , et al. , "Valuing the Recreational Benefits from the Creation of Nature Reserves in Irish Forests", *Ecological Economics*, Vol. 33, 2000, pp. 237 – 250.

Schafer A. , "Global Passenger Travel: Implications for Carbon Dioxide Emissions", *Energy*, Vol. 24, 1999, pp. 657 – 679.

Seetanah B. , "Assessing the Dynamic Economic Impact of Tourism for Island Economies", *Annals of Tourism Research*, Vol. 38, 2011, pp. 291 – 308.

Shrestha R. K. , et al. , "Value of Recreational Fishing in the Brazilian Pantanal: A Travel Cost Analysis Using Count Data Models", *Ecological Economics*, Vol. 42, 2002, pp. 289 – 299.

Simmons C. , et al. , "Footprinting UK Households: How Big is Your Ecological Garden?" *Local Environment*, Vol. 3, 1998, pp. 355 – 362.

Simmons C. , et al. , "Two Feet – two Approaches: A Component – based Model of Ecological Footprinting", *Ecological Economics*, Vol. 32, 2000, pp. 375 – 380.

Smith I. J. , et al. , "Carbon Emission Offsets for Aviation – generated Emissions Due to International Travel to and from New Zealand", *Energy Policy*, Vol. 37, 2009, pp. 3438 – 3447.

Tacconi L. , "Redefining Payments for Environmental Services", *Ecological Economics*, Vol. 73, 2012, pp. 29 – 36.

Thrane M. , et al. , "Eco – labelling of Wild – caught Seafood Products", *Journal of Cleaner Production*, Vol. 17, 2009, pp. 416 – 423.

Tol R. S. J. , "The Impact of a Carbon Tax on International Tourism", *Transportation Research Part D: Transport and Environment*, Vol. 12, 2007, pp. 129 – 142.

Tortella B. D. , et al. , "Hotel Water Consumption at a Seasonal Mass Tourist Destination: The Case of the Island of Mallorca", *Journal of Environmental Management*, Vol. 92, 2011, pp. 2568 – 2579.

Truffer B. , et al. , "Eco – labeling of Electricity: Strategies and Tradeoffs in the Definition of Environmental Standards", *Energy Policy*, Vol. 29, 2001, pp. 885 – 897.

Tuan T. H. , et al. , "Capturing the Benefits of Preserving Cultural Heritage", *Journal of Cultural Heritage*, Vol. 9, 2008, pp. 326 – 337.

Tyrväinen L. , et al. , "The Economic Value of Urban Forest Amenities: An Application of the Contingent Valuation Method", *Landscape and Urban Planning*, Vol. 43, 1998, pp. 105 – 118.

Van Sickle K. , et al. , "Budgets, Pricing Policies and User Fees in Canadian

Parks' Tourism", *Tourism Management*, Vol. 19, 1998, pp. 225 – 235.

Vatn A., "An Institutional Analysis of Payments for Environmental Services", *Ecological Economics*, Vol. 69, 2010, pp. 1245 – 1252.

Wackernagel M., et al., *Our Ecological Footprint: Reducing Human Impact on the Earth*, New Society Publishers, 1996.

Wackernagel M., et al., "*Ecological Footprint of Nations*", Commissioned by the Earth Council for the Rio + 5 Forum. International Council for Local Environmental Initiatives, Toronto, 1997.

Wackernagel M., et al., "National Natural Capital Accounting with the Ecological Footprint Concept", *Ecological Economics*, Vol. 29, 1999, pp. 375 – 390.

Wackernagel M., et al., "Footprints for Sustainability: The Next Steps", *Environment, Development and Sustainability*, Vol. 2, 2000, pp. 23 – 44.

Ward F. A., et al., "*Valuing Nature with Travel Cost Model*", Edward Elgar Publishing, 2000.

Wessels C., et al., "Assessing Consumer Preferences for Ecolabeled Seafood: The Influence of Species, Certifier, and Household Attributes", *American Journal of Agricultural Economics*, Vol. 81, 1999, pp. 1084 – 1089.

Whitehead J. C., et al., "Willingness to Pay for Submerged Maritime Cultural Resources", *Journal of Cultural Economics*, Vol. 27, 2003, pp. 231 – 240.

Whittlesea E. R., et al., "Towards a Low Carbon Future—The Development and Application of REAP Tourism, a Destination Footprint and Scenario Tool", *Journal of Sustainable Tourism*, Vol. 20, 2012, pp. 845 – 865.

Wilkinson P. F., "Sustainable Tourism in Island Destinations", *Annals of Tourism Research*, Vol. 38, 2011, pp. 1206 – 1208.

Wilkinson P. F., "Island Tourism: Sustainable Perspectives", *Annals of Tourism Research*, Vol. 39, 2012, pp. 505 – 506.

Willis K. G. , et al. , "An Individual Travel – cost Method of Evaluating Forest Recreation", *Journal of Agricultural Economics*, Vol. 42, 1991, pp. 33 – 42.

Wunder S. , "Payments for Environmental Services: Some Nuts and Bolts", CIFOR Occasional Paper, 2005.

Wunder S. , "Revisiting the Concept of Payments for Environmental Services", *Ecological Economics*, Vol. 117, 2015, pp. 234 – 243.

Xu P. , et al. , "Chinese Consumers' Willingness to Pay for Green – and Eco – labeled Seafood", *Food Control*, Vol. 28, 2012, pp. 74 – 82.

Yang B. , et al. , "Geospatial Analysis of Barrier Island Beach Availability to Tourists", *Tourism Management*, Vol. 33, 2012, pp. 840 – 854.

Zandersen M. , et al. , "A Meta – analysis of Forest Recreation Values in Europe", *Journal of Forest Economics*, Vol. 15, 2009, pp. 109 – 130.

Zellweger – Fischer J. , et al. , "Population Trends of Brown Hares in Switzerland: The Role of Land – use and Ecological Compensation Areas", *Biological Conservation*, Vol. 144, 2011, pp. 1364 – 1373.